职业教育课程改革成果教材

心灵成长

——新编中职学生心理健康教育

主　编　李文柱
副主编　贾梅英　温魁宾　胡彦双　常　虹
参　编　郑忠品　魏惠荣　李文芝　张艳辉
　　　　王达会　焦伟珍　朱立红　郝凌宇
　　　　叶一凡　胡巧慧

机械工业出版社

本书以学生为主体，以学生成长需要为导向，以人本主义思想、积极心理学和发现教育理念为引领，以提高学生的心理素质为目标；按照针对性、实用性、可操作性、有效性的原则，将教材在结构上分为六大模块：模块一——认识自己　活出精彩；模块二——管控情绪　快乐由我；模块三——人际交往　多彩人生；模块四——快乐学习　快乐成长；模块五——尊重生命　热爱生活；模块六——择业就业　人生新征程。各模块下面设计了3~4个主题，每个主题下面设置了8个栏目，包括导语、心理测试、案例故事、心理知识、醒世心语、心灵鸡汤、心灵工作坊、心灵成长记等。构建起了以心灵故事、案例分析、课堂讨论、角色扮演、静心感悟及游戏等多种新颖、有趣、实用、可操作性强的心理体验活动为主线的心理健康教育教学体系。

本书可以作为中职学校心理健康教育课程教材使用，也可以作为对心理学有兴趣的读者自学、参考用书。

图书在版编目(CIP)数据

心灵成长：新编中职学生心理健康教育/李文柱主编. —北京：机械工业出版社，2019.2(2024.9重印)
职业教育课程改革成果教材
ISBN 978-7-111-62049-5

Ⅰ.①心… Ⅱ.①李… Ⅲ.①心理健康—健康教育—中等专业学校—教材 Ⅳ.①G444

中国版本图书馆 CIP 数据核字(2019)第 032066 号

机械工业出版社(北京市百万庄大街22号　邮政编码100037)
策划编辑：宋　华　责任编辑：宋　华　孟晓琳
责任校对：王　欣　封面设计：鞠　杨
责任印制：常天培
北京机工印刷厂有限公司印刷
2024年9月第1版第9次印刷
184mm×260mm・15印张・356千字
标准书号：ISBN 978-7-111-62049-5
定价：45.00元

电话服务　　　　　　　网络服务
客服电话：010-88361066　机 工 官 网：www.cmpbook.com
　　　　　010-88379833　机 工 官 博：weibo.com/cmp1952
　　　　　010-68326294　金　书　网：www.golden-book.com
封底无防伪标均为盗版　机工教育服务网：www.cmpedu.com

序一　开启你的英雄之旅

——对同学们说的话

亲爱的同学,当你打开这本书时,便是和我们最美好的遇见。

我们每个人都是独一无二的存在,都是有生命追求与生命尊严的价值主体,都是自己人生的英雄。

我们每个人的内心世界,都是一个浩瀚的宇宙,里面蕴藏着巨大的宝藏,等待我们去开发。

我们每个人的心中,都有一个梦想——成为最好的自己。

梦想是人生的指路明灯。人因拥有梦想而充实,人类因拥有梦想而伟大。实现中华民族伟大复兴是近代以来中华民族最大的梦想,也是每个中国人的梦想。它有赖于每一个人最大限度地把自己的聪明才智和创造力发挥出来。习近平总书记曾鼓励青少年朋友们:"敢于有梦、勇于追梦、勤于圆梦。"

相信每一个同学在孩童时代都有一个梦想,成为科学家、宇航员、军人、医生……随着年龄的增长,一些人可能被一次次不理想的学业成绩击打得垂头丧气,渐渐地,有的同学成为班级的"待优生",习惯了远离优秀。面对各种批评和打击,他们的心灵变得更加脆弱和敏感,有的甚至变得有些麻木。出于本能的自我保护,只能将自己脆弱的心灵一层层包裹起来,将梦想和需求冰封起来,很少再向他人敞开心扉,很少再谈及自己的感受和人生梦想。但是,他们内心仍然拥有梦想,拥有渴望进步与成功的强烈愿望,拥有许许多多的优点和长处,希望被人看到、被人尊重、被人理解、被人肯定和赏识……

亲爱的同学,为了实现你的梦想,你肯定在不懈地抗争和努力着。

为了实现你的梦想,你可能还需要对自己有更多的了解,需要更深入地认识你自己——觉知你的渴望,你的需要,你的潜能,你的资源,你的价值,你的梦想与使命;你可能还需要更深入地了解你的情绪,并学会将负向情绪转化为支持自己的正能量;你可能还需要了解你生活里的重要他人,并与之建立良好的人际关系,汲取他们的力量;你可能还需要……

有句话说得好:有过人的智慧,却不懂得控制情绪,是个危险的人;有超人的智商,却不了解自己,是个迷惘的人;有优异的成绩,却不懂得交往,是个寂寞的人。

亲爱的同学,当你走进这本书,它会为你呈现一个充满阳光的新天地。它如同一面镜子,能帮助你认识自己、悦纳自己、发掘自己,成为优秀的自己;它是导师,能引导你管控自己的情绪,摆脱消极情绪的困扰,成为快乐的自己;它是知己,能告诉你如何拥有良好的人际关系,成为人见人爱的自己;它是灯塔,指引你尊重生命,热爱生活,快乐学习,凭优势就业,信心满满地向着自己的梦想进发,成为最好的自己。

当你走进这本书,相信它一定会给你一个个惊喜,因为每一个栏目都是为你精心设计:

心理测试:通过测试让你更深入地认识自己,然后有针对性地去寻找答案。

案例故事:他人的成功就是激励你前进的动力,他人的失利就是给你最好的忠告。

心理知识:这是为你准备的相关知识的自助餐,你可以徜徉其中,按需取用。

醒世心语:名人大师的警醒和忠告为你指明前行的方向。

心灵鸡汤:为你准备的一碗碗"心灵鸡汤",定会带给你心灵的启迪,让你的心灵找到归属。

心灵工作坊:通过一些有趣的心理游戏与活动,让你在亲身体验中感悟提升。

心灵成长记:及时记录、总结自己的心路历程,留下美好的人生回味,为日后的征程加油助力。

本书不是一本简简单单的教材,更准确地说,它是一本指导同学们自学的心灵成长读本,是一坛心理鸡汤,是引导启发同学们去自主认识自己、发现自己、肯定自己、激励自己、成就自己、开启自己英雄之旅的心灵导师,也是同学们的学习作业本、成长感悟记录本和心灵成长档案。希望它成为你爱不释手、愿意珍藏的一本书或者说一本日记本;希望它能为你打开一扇门,帮助你"遇见最好的自己",成就你的青春梦想,收获你的精彩人生。

亲爱的同学,精彩的人生要靠自己的努力去创造和经营。一个人想要改变自己的人生,改变自己的命运,最佳的方法就是勇于追梦、勇于奋斗。追梦路上也许不会一帆风顺,也许会有数不清的困难和失败经历。但困难和失败是人生的必修课,失败并不意味着一事无成,它反而会让你得到经验;失败并不代表命运对你不公,它反而是命运对你更好的给予,会让你变得更加坚强、乐观、勇敢。

人生之旅是自我实现之旅,是心灵成长之旅,也是追梦之旅。

我们相信——心中有梦、勇于追梦的你一定会把命运掌握在自己手中,因为——你就是自己人生的英雄。

亲爱的同学,仔细聆听内心的召唤,像英雄一样踏上征程,开启你的英雄之旅吧!

我们愿与你一路相伴同行!

序二　唤醒学生心中的巨人

——对教师说的话

亲爱的老师,您好!当你打开这本书时,我们愿就以下几个问题与您探讨、共勉。

一、关于心理健康教育的本质

有人说,教育本质上是一种发现,是一种唤醒,是帮助学生发现自己、成为最好的自己;是唤醒学生内心沉睡的巨人,激发学生的潜能;帮助学生进行完整的自我认知和自我成长,养成个人独立之人格。心理健康教育的本质即是如此。

50多年前,一位纳粹集中营的幸存者当上了美国一所中学的校长,每当有新教师来到学校,他就会交给那位教师一封信。信中写道:"亲爱的老师,我亲眼看到过人类不应该见到的情景:毒气室由学有专长的工程师建造;儿童被学识渊博的医生毒死;幼儿被训练有素的护士杀害。看到这一切,我怀疑:教育究竟是为了什么?我的请求是:请你帮助学生成长为有人性的人。只有使我们的孩子在成长为有人性的人的情况下,读写算的能力才有价值。"一个有一技之长、身心健康的人才会是一个对社会有用的人。

"养鱼养水,养树养根,养人养心",心灵成长了,何愁生命之花不绽放、专业技能不提升?何愁人不发展,事业不成功?教育以心为本,育人先育心,心育是教育之母。能够唤醒孩子心中沉睡的巨人的教育才是成功的教育!

二、关于教师的角色与责任

著名教育家叶澜先生在《教师角色与教师发展新探》一书的导论中曾提出:"我们研究的重点不是放在'育人'这一通常被人关注的教师研究的热门主题上,而是要放在教师如何'育己'这一被人忽视,然而却是对教育质量、教师的生命质量具有决定性意义的问题上。因为我们坚信,没有教师生命质量的提升,就很难有高的教育质量;没有教师的精神解放,就很难有学生的精神解放。总之,教育是一个使教育者和受教育者都变得更完善的职业,而且,只有当教育者自觉地完善自己时,才能更有利于学生的完善和发展。"教育学家乌申斯基说:"在教育工作中,一切都应以教育者的人格为依据。因为教育的力量只能从人格活动的源泉中产生出来。"著名心理治疗师萨提亚说:"咨询师的任务就是帮助人们的眼睛重新焕发出光芒——让他们感受到自己的价值。"

教育是启迪智慧,是唤醒灵魂,是润泽生命。作为教师,我们要唤醒学生心中的巨人,首先要唤醒自己心中的巨人。心理健康教育不仅要求教师具有一定的专业技能,对自己的心灵负责任,做自己的心灵建设者,自己的心理咨询师,而且要求教师做学生心灵成长的导师,学生心灵的倾听者和陪护者,用自己健康的心灵去培育学生的心灵,引领学生心灵成长。只有幸福的老师,才能培养出幸福的学生。

三、以"发现教育"理念引领中职心理健康课程教学

"发现教育"是建立在对教育对象的全面客观认识基础上的因材按需施教的教育。它

倡导并要求教育者全面客观地认识学生,用多维立体的发展的眼光来看待学生。既要看到学生身上的问题与不足,又要看到他们身上的优点与长处;既要看到他们学习中的困难与压力、困惑与无助,又要看到他们的努力与付出,看到他们内心的渴望与追求,看到他们身上许许多多的优秀品质。通过对学生的发现、认可、欣赏和激励,来唤醒学生,激发学生的潜能和学习兴趣;同时,引导学生发现自我,在不断唤醒自我、完善自我的基础上超越自我、成就自我。

心理健康课程的目标不是传授心理学知识,而是通过一系列的心理健康教育活动,给学生注入积极能量,提高其自我觉知能力,解决学生心理发展中的矛盾和冲突,提高他们的心理素质,促进学生身心全面和谐发展。心理健康教育不是说教的过程,更不是代替学生成长的灌输过程,而是引导学生自我教育、自我成长、自我反思、自我疗愈,充分挖掘学生潜能的过程,也是引导学生从一个心理懵懂甚至有些麻木的人,逐步成长为有觉知的、清醒的、身心和谐的人。

心理健康课程要实现有趣、有用、有效,提高学生的自我调适能力,就要在教学中践行"以爱为基础,以发现、接纳、尊重、欣赏、支持和激励学生为原则,以师生共同成长为目标的快乐教育教学理念"。要加强心理活动和体验环节,引导学生在活动中经历、体验,并将体验和感悟转化为行动。同时,还要重视班级、校园文化建设,把心理健康教育有意识地渗透进课堂之外的隐性课程之中,使显性课程与隐性课程相结合,搞好活动的向外延伸,促进教学效果的提高。

四、用爱成就教师的职业幸福

马卡连柯说:"没有爱就没有教育。"苏霍姆林斯基把教师热爱学生视为"教育的奥秘"。心理学家威廉·杰姆斯说:"人性最深层的需要就是渴望别人的赞赏,这是人类之所以区别于动物的地方。"

研究发现,幸福指数高的教师的共同特征是:真爱学生,课堂生动,语言风趣,深得学生喜欢。亲其师,信其道;师不亲,道不信。我们只有不断提升自我,在唤醒孩子心中的巨人之前,先唤醒自己心中的巨人,做一名充满爱心的教师,才能赢得学生的爱戴。当我们通过学习和自我觉醒感受到自己内心的爱的时候,就会感到无比幸福,感觉浑身充满力量,就会带着爱走进学生的内心,与学生在人格、思想、学习、生活等各个方面建立一种民主平等的朋友式的和谐师生关系;把学生的缺点当特点,以多元的视角和发展的眼光,全面客观地看待学生;用我们的爱激发学生的爱、培育学生的爱;用爱打开学生情感和智慧的大门,用爱和智慧唤醒学生被尘封的心灵,唤醒他们心中的梦想和对成功的渴望,激发他们的潜能,如此"皮格马利翁效应"和"罗森塔尔效应"必将体现在每一个学生身上。

多年的教学经历,使我们深刻认识到——爱比教育更重要,并深深地感觉到——敬业不仅是一种美德,也是一件非常快乐的事情,是一个人实现人生价值的最佳途径,也是对自己人生最大的奖赏。作为一名教师,我们的价值和快乐来源于课堂,来源于我们的学生,体现在我们用知识、技能和爱去引导、支持、帮助、成就学生。在成就学生的同时,也成就了我们自己,使我们感受到教师职业的快乐与幸福。

衷心祝愿各位亲爱的老师,带着爱和好奇,与我们的学生一起踏上心灵之旅,收获那满满的人生幸福!

与您共勉。

前　言

　　中职学校的心理健康教育是根据中职学生生理、心理发展的规律和特点，运用心理学的教育方法和手段，培养中职学生良好的心理素质，促进中职学生身心全面和谐发展和整体素质全面提高的教育，是中职学校德育工作的重要组成部分。

　　目前中职学校的心理健康教育存在着一些问题亟待解决，这主要体现在：一是对学生心理健康教育重视程度不够，认为没有必要专门开设此课程；二是把心理健康和思想品德课程混为一谈，认为心理健康教育是渗透在学校德育教育之中的，可以通过后者来实现；三是在教学内容上，心理学学科化倾向严重；四是教学方法以说教和灌输为主，忽视了学生的心理活动和体验。一言概之，即当前落后的教育观念、方法与新时代中职学生日益增长的成长需求之间存在着严重的矛盾。

　　中职学生正处于身心发展的关键时期，在生理上他们进入了青春期，心理上进入了断乳期。面对当前社会经济生活的深刻变化，他们的心理发展呈现出矛盾性和不平衡性等诸多特点，随之出现了一些心理与行为适应问题，给他们的学习和生活带来了困扰。在中职学校设置心理健康课程，不仅是中职学生心理健康发展的需要，也是中职学校实施素质教育的需要，对帮助中职学生正确认识和解决成长和生活中的各种问题，养成良好的心理品质和意志品质，促进中职学生更好地适应学校和社会生活，健康快乐地成长，具有十分重要的意义。

　　心理健康和思想品德课程既密切相关又有很大的区别。心理健康教育以心理学、教育学、生理学、医学等相关理论为主要依据，侧重于学生心理素质的培养，重视对学生个性、思维、情感、记忆、人格发展以及良好心理素质等方面的培养和潜能的充分发展，是对学生的学习、人际关系、自我和社会生活适应等各方面的教育，目标是促进学生心理健康，使学生身心全面和谐发展，成为一个正常的人。思想品德教育以马列主义、毛泽东思想等为主要依据，侧重于学生思想品德塑造，主要是让学生掌握正确的思想道德观念和政治思想观点，培养学生树立正确的人生观、世界观，教育目标是使学生成为高尚之人。心理健康教育是德育的重要基础，没有健康的心理，就很难形成良好的品德。当前中职学生的很多问题，如故意违纪、捣乱、搞破坏乃至厌学等，看起来是道德品行的问题，其实是心理问题，是学生的心理出现了障碍，是学生不会表达或没有找到合适的渠道表达其内在的情绪情感。只有具备了健康的心理品质，学生才能准确地理解、认同思想品德教育，使之内化并巩固，使学生在心智健全的基础上成长为一个品行高尚的人。

　　当前一些中职学校采用的心理健康教育教材，内容大多是将心理学的理论知识体系搬到心理健康课程中，教学内容主要是普通心理学、教育心理学的相关理论知识。事实证明，不从中职学生的现实生活出发，不以学生的成长需求为导向，不以学生的个性心理体验活动为主要教学内容，只是单纯地讲授心理学理论知识，靠说教和灌输，让学生靠学习记忆心理学的概念和原理,是不能直接将其内化为学生心理素质的,也很难解决他们在现实生活中所面临的心理行为问题,达不到提高学生心理素质和心理健康水平的目的。

有鉴于此,我们组织一些职业院校中从事心理健康教育的优秀教师和相关心理咨询人员,历经两年多的时间,共同编撰了这部中职心理健康教育创新教程《心灵成长——新编中职学生心理健康教育》一书,以满足职业院校心理健康教育教学所需。本书也是2016年度河北省高层次人才工程项目《中职学校心理健康教育的理论与实践创新研究》(编号A2016001143)的一项重要成果。

本书的特点:

1)以生为本,理念先进。在课程设计理念上,我们以学生为主体,以学生成长需要为导向,以人本主义思想、积极心理学和发现教育理念为引领,结合当代心理学理论的最新发展,将一些简便实用、易于操作的心理咨询技术方法融入教材的编撰中,引领教师和学生在心理活动体验中做到自我发现、自我觉知、自我教育、自我成长。

2)目标明确,能力为本。本课程的目标是在以"爱的教育"为核心的基础上,以发现、接纳、尊重、肯定、欣赏、支持和激励学生为原则,引导帮助中职学生在认知学习中体验,在体验中感悟、调试、成长,增强学生运用心理健康理论方法解决自己成长中遇到的心理问题的能力,提高学生的心理素质。

3)内容实用,操作性强。根据当前中职学生生理、心理发展的规律和特点,以及他们内在的成长需求以及面临的生活、学习和社会问题,我们按照针对性、实用性、可操作性、有效性原则,对原有的课程内容进行了拆分、调整、补充、创新、组合,构建起以学生的直接经验为中心,以心灵故事、案例分析、课堂讨论、角色扮演、静心感悟及游戏等多种新颖、有趣、实用、可操作性强的各类心理体验活动为主要教育方式,以支撑学生自主学习为第一原则的心理健康课程教育体系。

4)结构紧凑,形式新颖。本书在结构上分为六大模块;模块一——认识自己 活出精彩;模块二——管控情绪 快乐由我;模块三——人际交往 多彩人生;模块四——快乐学习 快乐成长;模块五——尊重生命 热爱生活;模块六——择业就业 人生新征程。各模块下设计了3~4个主题,每个主题下面设置了8个栏目,包括导语、心理测试、案例故事、心理知识、心灵鸡汤、醒世心语、心灵工作坊、心灵成长记等,方便教师教学和学生学习。

关于心理健康教育课程名称的重新界定:

在教学中,我们发现,许多学生对心理健康课程有一定抵触。他们认为,开设心理健康教育课程,似乎已把他们界定为心理不健康的人或者说是有心理问题的人。而他们认为自己没有心理问题,心理很健康,只是有时有一些困惑和烦恼而已。故此,我们把心理健康课程名称改名为"心灵成长"。更改此课程名称的原因还在于,心理健康教育的本质正是促使人心灵成长,使之拥有幸福精彩的人生。我们认为,心灵成长是每一个人需要用自己的一生来完成的功课。心灵成长既意味着对自己过去和现在的接纳,也意味着对美好未来的期待和创造;"心灵成长"这一课程名称还意味着教师与学生以平等的、朋友般的关系相处,师生共同学习、共同成长。而"心理健康教育"往往意味着教师对学生的教育,教师与学生往往是教育者与被教育者的关系。

本书使用建议:

本书可以作为中职学校心理健康教育课程教材使用,也可以作为学生自学及对心理学感兴趣的读者的学习参考用书。我们建议课程授课时数为36~72课时。

本书由河北省衡水科技工程学校正高级讲师、国家二级心理咨询师李文柱主编,贾梅英、温魁宾、胡彦双、常虹任副主编,参编人员有郑忠品、魏惠荣、李文芝、张艳辉、王达会、焦伟珍、朱立红、郝凌宇、叶一凡、胡巧慧。在编写过程中,我们得到了衡水科技工程学校、灵寿县职教中心、邯郸峰峰矿区职教中心、温州市职业中专学校以及重庆工商学校的领导的大力支持,衡水市青少年心理研究所宋荣香所长也提出了许多宝贵的建议,在此一并表示感谢。

另外,为了增加教材的可读性和趣味性,我们参考了大量资料,并通过图书、网络等途径选编了很多图片和现实的故事案例。由于条件所限,无法一一联系到原作者,一时难以注明作者和出处,敬请谅解。在此声明:本书引用事例、图片的作品版权仍归原出版人所有,在此谨向这些文献的作者致谢。

虽然我们在编写过程中边研究边实践边修改,反复酝酿推敲,但百密难免一疏,加之水平有限,书中错漏和不成熟之处在所难免,敬请广大读者和同行不吝赐教。

编　者

目　　录

序一
序二
前言

模块一　认识自己　活出精彩 ················· 1
　　主题一　初识自我——我是谁 ················· 2
　　主题二　悦纳自我——学会爱自己 ················· 11
　　主题三　探索自我——发现未知的自己 ················· 22
　　主题四　成就自我——开启英雄之旅 ················· 33

模块二　管控情绪　快乐由我 ················· 42
　　主题一　认识觉察——我的情绪 ················· 43
　　主题二　情绪管理——做情绪的主人 ················· 55
　　主题三　正视挫折——乐观生活 ················· 64
　　主题四　提升情商指数——向快乐出发 ················· 75

模块三　人际交往　多彩人生 ················· 86
　　主题一　感恩父母——爱的幸福源泉 ················· 87
　　主题二　感恩老师——架设师生爱心桥 ················· 100
　　主题三　同学友谊——地久天长 ················· 107
　　主题四　异性交往——走出朦胧的情愫 ················· 118

模块四　快乐学习　快乐成长 ················· 127
　　主题一　学习——我成长的需要 ················· 128
　　主题二　学习——我自信,我能行 ················· 137
　　主题三　科学的学习方法和策略 ················· 145

模块五　尊重生命　热爱生活 ················· 154
　　主题一　生命——一个美丽的旅程 ················· 155
　　主题二　爱生活——提升幸福指数 ················· 164
　　主题三　自我保护——筑起心灵防火墙 ················· 173

模块六　择业就业　人生新征程 ·· 182
　主题一　职业规划——生命里程的新起点 ·· 183
　主题二　职业选择——我的职业生涯角色 ·· 193
　主题三　择业心理——我的未来不是梦 ·· 201

附录　几个常用的心理测量量表 ·· 211
　附录A　自卑心理诊断量表 ·· 212
　附录B　自尊量表(SES) ·· 215
　附录C　抑郁自评量表(SDS) ·· 216
　附录D　伯恩斯抑郁症清单(BDC) ·· 217
　附录E　焦虑自评量表(SAS) ·· 218
　附录F　SCL-90症状自评量表 ·· 219

参考文献 ·· 225

模块一
认识自己　活出精彩

主题一　初识自我——我是谁
主题二　悦纳自我——学会爱自己
主题三　探索自我——发现未知的自己
主题四　成就自我——开启英雄之旅

> 我们每个人都是世界上独一无二的个体,所以要充分地认识自己,扬长避短,散发独特的个人魅力。
>
> ——题记

主题一 初识自我——我是谁

世界上有一个人,离你最近也最远,与你最亲也最疏,你常常想起,也最容易忘记……

这个人是谁呢?就是你自己。

尼采曾经说过:"聪明的人只要认识自己,便什么也不会失去。"正确认识自己,才能确立人生的奋斗目标,才能使自己充满自信,才能使人生的航船不迷失方向。

然而,人这一生最难做到的就是认识自己,古希腊人在太阳神阿波罗神庙给人们留下警训:"人啊,认识你自己!"

我是怎样的人

指导语:下面请大家做一个小测试,以增进对自己的了解。请写出20句"我是一个……的人"。这可能要花点时间和精力,但是认真填写之后,相信你会有所收获的。

1. 我是一个_____的人。
2. 我是一个_____的人。
3. 我是一个_____的人。
4. 我是一个_____的人。
5. 我是一个_____的人。
6. 我是一个_____的人。
7. 我是一个_____的人。
8. 我是一个_____的人。
9. 我是一个_____的人。
10. 我是一个_____的人。

11. 我是一个＿＿＿＿＿＿＿＿＿＿＿＿＿＿＿＿＿＿＿＿＿＿＿＿＿＿＿＿＿＿＿＿的人。
12. 我是一个＿＿＿＿＿＿＿＿＿＿＿＿＿＿＿＿＿＿＿＿＿＿＿＿＿＿＿＿＿＿＿＿的人。
13. 我是一个＿＿＿＿＿＿＿＿＿＿＿＿＿＿＿＿＿＿＿＿＿＿＿＿＿＿＿＿＿＿＿＿的人。
14. 我是一个＿＿＿＿＿＿＿＿＿＿＿＿＿＿＿＿＿＿＿＿＿＿＿＿＿＿＿＿＿＿＿＿的人。
15. 我是一个＿＿＿＿＿＿＿＿＿＿＿＿＿＿＿＿＿＿＿＿＿＿＿＿＿＿＿＿＿＿＿＿的人。
16. 我是一个＿＿＿＿＿＿＿＿＿＿＿＿＿＿＿＿＿＿＿＿＿＿＿＿＿＿＿＿＿＿＿＿的人。
17. 我是一个＿＿＿＿＿＿＿＿＿＿＿＿＿＿＿＿＿＿＿＿＿＿＿＿＿＿＿＿＿＿＿＿的人。
18. 我是一个＿＿＿＿＿＿＿＿＿＿＿＿＿＿＿＿＿＿＿＿＿＿＿＿＿＿＿＿＿＿＿＿的人。
19. 我是一个＿＿＿＿＿＿＿＿＿＿＿＿＿＿＿＿＿＿＿＿＿＿＿＿＿＿＿＿＿＿＿＿的人。
20. 我是一个＿＿＿＿＿＿＿＿＿＿＿＿＿＿＿＿＿＿＿＿＿＿＿＿＿＿＿＿＿＿＿＿的人。

数据分析：

1. 你用多长时间完成了以上20个句子？这可能反映了你对自己的了解程度，也可能反映了你是否愿意表露自己。

2. 将你填写的20项做如下归类：

a. 身体状况（即体貌特征，如年龄、身高、体形、长相等）
编号：＿＿＿＿＿＿＿＿＿＿＿＿＿＿＿＿＿＿＿＿＿＿＿＿＿＿＿＿＿＿＿＿＿＿＿＿

b. 性格（如乐观、主动、随和等）
编号：＿＿＿＿＿＿＿＿＿＿＿＿＿＿＿＿＿＿＿＿＿＿＿＿＿＿＿＿＿＿＿＿＿＿＿＿

c. 能力（如口才、文采、记忆、特长等）
编号：＿＿＿＿＿＿＿＿＿＿＿＿＿＿＿＿＿＿＿＿＿＿＿＿＿＿＿＿＿＿＿＿＿＿＿＿

d. 情绪状态（如痛苦、喜悦、烦恼、开心等）
编号：＿＿＿＿＿＿＿＿＿＿＿＿＿＿＿＿＿＿＿＿＿＿＿＿＿＿＿＿＿＿＿＿＿＿＿＿

e. 人际关系（如受欢迎的、乐于助人的、害羞的、孤独的等）
编号：＿＿＿＿＿＿＿＿＿＿＿＿＿＿＿＿＿＿＿＿＿＿＿＿＿＿＿＿＿＿＿＿＿＿＿＿

上面的分类反映了你对自己的了解深度。这些句子主要体现了你的外在属性、表层信息？还是体现了内在属性、深层信息？如果是前者，你需要反思一下。

3. 评估一下自己的描述是肯定的还是否定的。如："我是一个悲观的人"就表示否定，相反，"我是一个聪明的人"则表示肯定。肯定的描述记+1分，否定的描述记-1分，将所有的项目得分加起来，得到一个总分。如果总分大于零，则表示你对目前的自己还比较满意；如果总分小于零，则表示你对目前的自己还不满意。

案例故事

你 是 谁

剑桥大学有一位德高望重的教授。该教授在欢送又一批学生即将毕业时，忽然患了眼疾，自称失明了。非常敬仰他的学生纷纷前来看望他，他问每一个来看望他的学生："你是谁？告诉我你究竟是谁，你有什么特点特长？小时候幻想做什么？毕业后准备到什么地方去？将来准备做什么……"

同学们觉得老教授在眼睛失明之后居然这样关心他们，都很感动，就把各自的情况和想法如实地告诉了老教授。老教授一边听一边点头,不时地说着"很好""再说一遍""你很了解自己了",等等。

与同学们分手时,他一一握着同学们的手,异常亲切而语重心长地说:"我知道你是谁了!不过,今后的漫长岁月里,你千万不要忘了自己是谁啊!"有的同学觉得怪怪的,偷偷对其他同学说:"老人家的眼睛不好,思维也好像不太清晰了,有些絮叨了。"

谁知,在学生们毕业离校的前一天,老教授的眼睛又"奇迹"般地复明了。他在送别会上对同学们说:"在我双目失明、意志消沉的时候,是同学们的关怀和激励让我又心明眼亮了!我也给那些曾经看望我的同学们精心制作了一份礼物——我们的谈话录音。在今后的人生旅程中,当你们失意的时候、迷茫的时候、不知所措的时候,就听听这盘录音带吧……"

直到这时,同学们才真正领悟到老教授的良苦用心。

感悟分享:

你就是自己的圣人

1947年,美孚石油公司董事长贝里奇到开普敦巡视工作,在卫生间看到一位黑人小伙子正跪在地板上擦水渍,而且他每擦一下,都虔诚地叩一下头。贝里奇感到奇怪,问他为何如此。黑人回答,他是在感谢一位圣人。因为是这位圣人帮他找到了这份工作,让自己终于有了饭吃。

贝里奇笑了笑说:"我也曾遇到一位圣人。20年前,我来到南非的大温特胡克山,正巧遇到他,并得到他的指点,使我成为美孚石油公司董事长。你愿意见他一下吗?"

小伙子听了后也去寻找那位圣人。30天的时间里,他一路披荆斩棘,风餐露宿,终于登上了白雪覆盖的大温特胡克山。然而,他在山顶徘徊了一天,什么都没有遇到。黑人小伙子很失望地回来了。他见到贝里奇说:"董事长先生,一路上我处处留意,但直至山顶,我发现,除我之外,根本没有什么圣人。"贝里奇说:"你说得很对,除你之外,根本没有什么圣人。因为,你自己就是圣人。"

20年后,这位黑人小伙子成为美孚石油公司开普敦分公司的总经理,他的名字叫贾姆纳。在一次世界经济论坛峰会上,面对众多记者提问自己传奇的一生时,他说:"你发现自己的那一天,就是你遇到圣人的时候,就是你人生成功的开始。能创造奇迹的人,只有自己。你就是自己的圣人!"

感悟分享:

沉香与木炭

一个年老的富翁让他的儿子去闯天下。年轻人来到热带雨林中找到一种树木,这种树木高十余米,在一大片雨林中只有一两株,年轻人觉得这种树木木质不错而且稀有,就准备砍去贩卖。这种树木砍下之后,让外层腐烂,留下木头呈黑色的部分,会散发出无比的香气,放在水中也不像其他树那样浮在水面上,而是沉到水底。年轻人把这种带有香味的树木运到市场出售,但是没人买他的树,倒是旁边卖木炭的小贩生意很火。日子一天天过去了,年轻人的树仍无人问津。他想:大概我的树真的不及那人的炭。于是他把树烧成炭挑到市场上,结果一会儿就卖光了。年轻人很得意地回家告诉了老父,老父听了,忍不住落下泪来。原来年轻人烧成木炭的香木,正是世上最珍贵的树木——沉香。

沉香

其实在我们的日常生活中,有许多人都会像这位年轻人一样,手里有"沉香"却不知道它的珍贵,反而羡慕别人的木炭,最后竟丢了自己的珍宝。人们往往容易看到别人身上令人羡慕的优点,却忽略了对自己的认识。当你愿意静下心来好好审视自己的时候,你会惊喜地发现自身的潜力与优点。

感悟分享:

_____

_____

_____

_____

心理知识

认识你自己

认识自我很重要,但也很困难。在现实生活中,"我是谁""我是一个什么样的人""我的生命价值是什么",这些问题困扰着一代又一代哲学家和心理学家。因此,认识自我不仅是社会心理学中的一个古老课题,也是其他很多学科研究的重点。

一、自我认识

自我认识也称为自我认知、自我意识,是个体对自己存在的觉察,包括对自己的行为和心理状态的认知。它是一个人在社会化进程中逐渐发展起来的,对自己以及周围环境关系的多层次认识、体验和评价,是个体关于全部思想、情感和态度的总和。它具有目的性、社会性和能动性的特点。

从内容上看,自我认识可分为:生理自我,是对自己的身体、性别、年龄、容貌、仪表、健康状况以及所有物等方面的认识;社会自我,是对自己在一定社会关系和人际关系中的角色、地位、名望等方面的认识;心理自我,是对自己的能力、性格、气质、兴趣、信念、世界观、情绪、感受、需要、动机等个性特征的认识。

二、自我认识的重要性

1. 正确认识自己,有助于我们明己之长,知己之短,确定符合自身实际的目标

只有正确认识自己,才能真正了解自己,知道自己真正想要的是什么,想过什么样的生活,最适合自己的职业是什么,才能更好地实现自己的价值。

2. 正确认识自己,有利于发掘自身潜能,塑造崭新的自我

无论是在个人发展方面还是在人际关系方面,认识自己都发挥着不可替代的作用。所以,在你起航之前,请务必记得先认识自己。只有先认识了自己,才能不断提高自身素养,获得更大的自我发展空间,你的成功才有坚实的基础!

三、如何正确认识自己

1. 通过自我观察认识自己

我们对自己的各种身心状态和人际关系等都要有清楚的认识,并且在自我认识过程中伴随着情感体验,如由身高外貌等引发的自豪、自信或自卑的情绪情感,以及在自我认识、自我情感体验过程中,我们是否会有目的、自觉地调节和控制我们的行为和想法。

2. 通过他人评价认识自己

我们都知道"旁观者清",在认识自己的过程中,我们要主动向他人询问来了解自己。要虚心听取他人的评价,同时又要客观、冷静地分析他人的评价,以便我们从多角度来认识自己。以诚恳的态度才能获得别人对我们的真实看法。德国有一句谚语:"只有在人群中间,才能认识自己。"

3. 通过社会比较认识自己

自我观察和他人评价难免会有各自的主观投射,因此,我们可以通过合理的社会比较来更好地认识自己。将现在的自己与过去的自己、未来的自己进行纵向比较,与同龄人或者有类似条件的人进行横向比较,通过更全面的纵横社会比较来正确认识自己。

4. 通过社会实践认识自己

我们可以通过参加各种活动,根据活动过程与结果来分析自己的表现及成果,客观认识自己。例如:通过与他人的合作分析自己的人际沟通能力;通过组织开展活动分析自己的组织管理能力;通过读书活动发现自己的知识掌握程度,及时查漏补缺,等等。

5. 通过反思总结认识自己

曾子曰:"吾日三省吾身。""自省"是通向成功的必经之路。懂得自省的人才能跟得上时代步伐,才能不断成长。所以,我们还要经常反思和总结,多记录自己的得与失、优点与不足,更全面地认识自己。

醒世心语

★ 知人者智,自知者明。

★ 认识你自己,就能认识整个世界。

★ 外在的眼睛看见现象,内在的眼睛看到本质。许多时候,我们的内在眼睛是关闭着的。于是,我们看见利益,却看不见真理;看见万物,却看不见美;看见世界,却看不见上帝。我们的日子是满的,生命却是空的;头脑是满的,心却是空的。

★ 一个人真正伟大之处,就在于能正确认识自己。

★ 以铜为镜,可以正衣冠;以古为镜,可以知兴替;以人为镜,可以明得失。

心灵鸡汤

还有一人你没认识

古刹新来了一个小和尚,他积极主动地去见方丈,殷勤诚恳地说:"我新来乍到,先干些什么呢?请方丈指教。"

方丈微微一笑,对小和尚说:"你先认识和熟悉一下寺里的众僧吧。"

第二天,小和尚又来见方丈,殷勤诚恳地说:"寺里的众僧我都认识了,接下来该去干些什么呢?"

方丈微微一笑道:"肯定还有遗漏,接着去了解去认识吧。"

三天过后,小和尚再次来见方丈,很有把握地说:"寺里的所有僧侣我都认识了。"

方丈微微一笑,因势利导地说:"还有一人,你没认识,而且这个人对你特别重要。"

小和尚走出方丈的禅房,一个人一个人地询问着、一间屋一间屋地寻找着。他一遍一遍地琢磨,一遍一遍地寻思着。

不知过了多少天,一头雾水的小和尚在一口水井里忽然看到自己的身影,他豁然顿悟了,赶忙跑去见老方丈……

感悟分享:

自我宣言

在这世上,我是独一无二的个体,也许我有些地方与别人相似,但我仍是无人能取代的,我的一言一行,都体现了我的个性,因为这是我自己的选择,我是自己的主人。

我的身体,从头到脚,我的脑子,包括情绪思想,我的眼睛,包括所看到的一切事物,我的感觉,不管是兴奋,是快乐还是失望悲伤,我所说的一句一字,不管是对是错,中听还是逆耳,我的声音不管是轻柔还是低沉,以及我的所作所为,不管是值得称赞还是有待改善,我就是我。

我有我自己的幻想、美梦、希望以及恐惧。成功和胜利由我自己创造,失败和挫折由我自己承担,因为我是自己的主宰,所以我能深刻了解自己。由于我认识自己,所以我能喜欢自己,接纳自己的一切,进而将自己,最好的一面呈现出来。

然而人多少会对自己产生疑惑,内心总有一处连自己也无法理解的角落,但只要我多支持和关爱自己,我必定能鼓起勇气和希望,为心中的疑问找到答案,并更进一步地了解自己。我必须接受自己的所见所闻、一言一行、所思所想,因为这是我真实的感受。之后我可以回头检视这些发自内心的行为,若有不适宜之处便加以纠正,若有可取之处则继续保持。我身心健全,能自食其力,我愿发挥自身潜能,并关怀他人,为创造一个更美好的世界贡献一分力量。

我能掌握自己做自己的主人,我就是我,世上不会有第二个我。

——维吉尼亚·史代尔

感悟分享:

_____
_____
_____
_____

活动体验一　我的自画像

【活动目的】

让学生更全面地认识自己的优点与不足,并能通过"优秀品质筐"进一步认识自己更多的特质。

【活动步骤及内容】

第一步:每个人准备一张 A4 白纸,在左上角写下自己的名字。将纸如图对折,中间画线隔开。请同学们先将有关形容自己优点和缺点的词语填写在相应的表格中。

我的优点：	我的缺点：

我的其他优点（从"优秀品质筐"中查找）：

第二步：教师通过挂图或投影展示"优秀品质筐"中的词语，请同学们再根据自己的真实情况，尽可能多地从"优秀品质筐"中找出属于自己的优点，填写在上面的表中。

> 爱说笑的、爱冒险的、漂亮的、谨慎的、聪明的、喜欢合作的、有创造力的、好奇的、大胆的、果断的、坚毅的、宽容的、慷慨的、勇敢的、引人注目的、爱争论的、独立的、乐观的、能言善道的、有耐心的、强壮的、实际的、机智的、自信的、值得信赖的、苗条的、敏捷的、温和的、顺从的、善良的、爱运动的、体贴的、诚实的、爱国的、勤奋的、刻苦的、友善的、大方的、受欢迎的、会组织的、友好的、重感情的……
>
> （除了这些词汇，学生还可以选用其他符合自己特征的词汇来描述自己。）

感悟分享：

_____
_____
_____
_____

模块一　认识自己　活出精彩

活动体验二 我是谁

【活动目的】

让学生聆听音乐,在全身心放松的状态下,让其想象一些关于我是谁的画面。进而通过对画面意义的分析,让学生思考和感悟自己的心态,在心里回答"我是谁"这一问题。

【活动步骤及内容】

1. 每个人坐在座位上,静心,闭上眼睛,深呼吸,从头部、双肩、四肢乃至全身逐渐放松。
2. 室内保持安静,关灯,拉上窗帘,播放音乐。
3. 随着音乐声,在教师的引导下,学生进入一种放松状态,面前慢慢出现一些关于"我"的画面。
4. 音乐声结束,大家慢慢睁开眼睛,交流自己的感受。

【注意事项】

1. 音乐的选择很关键,宜选择一些旋律平稳、无明显主题的弦乐曲。
2. 环境也很重要,需周边没有干扰,室内温度适宜,空气流通,灯光暗淡,座位舒适。
3. 指导语不可忽视,让学生在指导语的引导下,平静地进入状态。

感悟分享:

_____
_____
_____
_____
_____
_____
_____

心灵成长记

_____
_____
_____
_____
_____
_____

你应庆幸自己是世上独一无二的,应该把自己的禀赋发挥出来。经验、环境和遗传造就了你的面目,无论是好是坏,你都得耕耘自己的园地;无论是好是坏,你都得弹起生命的琴弦。

——卡耐基

主题二　悦纳自我——学会爱自己

我们一心想成为太阳,却可能只是别人眼中的一颗星星;我们多想自己成为大河,却可能只是他人心中的一条山溪。

所有人的人生都是一样的,有圆有缺,有满有空,这是你不能选择的。既然如此,那就欣然接受,悦纳自己吧!

如果你不能做山顶的一棵松,那就做一丛小树;如果你不能做一丛小树,那就做一片绿草。

有句名言说得好:"既然生活创造了我,我就不是多余的。"既然上帝创造了不一样的人,我们就要用不同的方式拼出自己不一样的精彩!

朋友,别抱怨,别犹豫,调整一下评价的那杆"秤",接纳现实,告别昨天,活在当下;天空依然高远,大地依然宽广!

你有足够爱自己吗

指导语:请用"是"或者"否"回答以下问题。

1. 我觉得疼痛是一种赐予。(　　)
2. 我的生活里总是充满危机。(　　)
3. 我会因自己的过错严重而持续地惩罚自己。(　　)
4. 我的内心不断地告诉我,必须改变自己。(　　)
5. 我每天玩手机6个小时以上。(　　)

6. 我从来不背离事实,即使我会因此而树敌。(　　)

7. 我经常承担他人犯下的过错。(　　)

8. 当我无事可做时,我无法安静下来。(　　)

9. 压力越大,我的感觉就越好。(　　)

10. 当我感觉不太舒服的时候,我不会马上去看医生。(　　)

11. 每一种我看到的不公平现象,都能够唤起我的打抱不平欲望。(　　)

12. 我在所有领域里都是完美主义者,再小的不完美都会让我感觉难受。(　　)

13. 进行体育活动时,我觉得挑战自己的体力极限是一种享受。(　　)

14. 在学校里我和老师吵架的次数比和同学更多。(　　)

15. 我很少会为自己争取利益,但是会为他人争取利益。(　　)

16. 即使遇到不顺心的事情,我仍然对自己的处境感到满意。(　　)

数据分析:

"是"记1分,"否"不记分。

得分7分以下:你对自己很好,你认为自己把生活变得艰辛是没有意义的。你知道,产生英雄的地方往往环境和情况都不容乐观。你并不寻求这种让人不舒服的、需要人具有特殊勇气的地方。你宁可避免危机的出现,也不愿意在危机中用勇气证明自己、显示自己。你认为这不是怯懦,而是谨慎和聪明。

得分7~12分:你经受了生活的考验,喜欢寻求挑战。只有当你通过成就证明自己的时候,才能相信自己是一个有价值的人。因此你对自己要求过高,超出了适当的范围。在这一点上,你表现出一种自我困扰的倾向,但是你对此有不同的看法,把它看作是勤奋的表现或者特别的责任感。

得分12分以上:你对待自己太苛刻了。你严格地要求自己,也以同样的标准要求其他人。你走在人生的道路上,从来不看后果——你走的道路不是所有人都会走的。这可能是勇敢的标志。但是如果你是认真的,你会让自己身处险境。你经常由于不明智而给自己造成困惑,而后又需要用很大的勇气来解决这些问题,因为只有在危机中你才能真正活跃起来。你困扰自己和惩罚自己的倾向总是大于爱护自己、享受生活的倾向。

案例故事

神奇的发卡

有一个女孩子,总觉得自己不漂亮,不讨男孩子喜欢,有一点自卑。

一天,她上学路过一家商店,看到一个漂亮的发卡。当她戴上它的时候,店里的顾客都夸她漂亮。于是她非常高兴地买下发卡,并戴着它去了学校。

她深信那个发卡让自己与众不同,整日里自信地昂着头,脸上洋溢着笑容。

奇迹真的发生了:平日很少跟她来往的同学,纷纷来跟她打招呼,男孩子们也主动与她搭话。原本自卑、忧郁的她,一下子变得开朗活泼起来。

这个女孩子心想,这都是因为我戴了那个神奇的发卡。随即她想到店里似乎还有很多其他样式的发卡,应当再买一个来试试。于是放学后,她立刻跑到那家商店。

岂知她才进店门,老板就笑嘻嘻地对她说:"我就知道你会回来拿你的发卡。当我发现它掉在地上时,你已经一溜烟地跑去上学了。所以我就暂且替你保存起来了。"

这时她才发现原来自己的头上根本就没有戴什么神奇的发卡。

感悟分享:
_____
_____
_____
_____

疤痕实验的启示

在一次心理科学实验活动中,心理学家们征集了10位志愿者,请他们参加一个名为"疤痕实验"的心理研究活动。

心理学家们请电影化妆师在每位志愿者的左脸颊上精心地涂抹上逼真的鲜血和令人生厌的疤痕。然后给每位志愿者一面小镜子,使他们都能看到自己脸上的疤痕。当志愿者们在心中记下自己可怕的"尊容"后,心理学家收走了镜子。之后,心理学家告诉每一位志愿者,为了让疤痕更逼真、更持久,他们需要在疤痕上再涂抹一些粉末。事实上,心理学家并没有在疤痕上涂抹任何粉末,而是用湿棉纱把化妆出来的假疤痕和血迹彻底擦干净了。然而,每一位志愿者依然相信,在自己的脸上有一大块望而生厌的伤疤。

志愿者们被分别带到了各大医院的候诊室,装扮成急切等待医生治疗面部疤痕的患者。候诊室里,人来人往,全都是素昧平生的陌生人,志愿者们在这里可以充分观察和感受人们的种种反应。实验结束后,志愿者们各自向心理学家陈述了自己的感受。

他们的感受出奇地一致。志愿者A说:"候诊室里那个胖女人最讨厌,一进门就对我露出鄙夷的目光。她都没看看她自己,那么胖,那么丑!"志愿者B说:"现在的人真是缺乏同情心。本来有一个中年男子和我坐在同一个沙发上的,没一会儿,他就赶紧拍屁股走开了。我脸上不就是有一块疤吗?至于像躲避瘟神一样躲着我吗?这样的人,可恶得很!"志愿者C说:"我见到的陌生人中,有两个年轻女人给我的印象特别深。她们穿着非常讲究,像个有知识、有修养的白领,可是我却发现她们俩一直在私下嘲笑我!如果换成两个小伙子,我一定将他们痛揍一顿!"志愿者们普遍认为,众多的陌生人对面目可憎的自己都非常厌恶、缺乏善意,而且眼睛总是无礼地盯着自己的伤疤。

这一实验结果使早有准备的心理学家们也大吃一惊:人们关于自身错误的、片面的认识,竟然如此深刻地影响和改变着他们对外界的感知。如我们所知,他们的脸上是干干净净的,没有丝毫的疤痕。之所以产生这样的感受,是因为他们将"疤痕"牢牢地装在了心里。

正是由于心中的"疤痕"在频频作怪,才使得他们的言行、对陌生人的感受与以往大为迥异。

事实上,我们每个人心中,纵然没有心理学家为我们设置的"疤痕",但或多或少都会有一些这样或那样的"疤痕"。可怕的是,这些心中的"疤痕"都会通过自己对外界和他人的言行,毫无遮掩地展现出来。比如,如果我们认为自己不够可爱甚至令人生厌,认为自己卑微无用,认定自己有某种缺陷……那么,我们在与外界交往中,一定会在不知不觉中用我们的言行反复进行佐证,直到让每个人都认定我们确实就是那样的一个人。

这个心理实验真切地告诉我们:一个健康、积极的心态对人生何其重要。

感悟分享:

_____
_____
_____
_____
_____
_____

悦纳自己

一个连自己都不喜欢的人,是不可能让别人喜欢的。所以学会悦纳自己、欣赏自己、爱自己,是人生最重要的一门功课。

一、悦纳自己,爱自己

评价一个人的心理健康与否,有一个重要的指标,就是能不能接受自我,即"悦纳自己"。悦纳自己、爱自己是一种修养,更是一种难能可贵的品质。

一个悦纳自己、爱自己的人,并不意味着他(她)的一切都是完美的,而是他(她)能够坦然承认自己的不足,无条件地接受自己。即使有无法弥补的缺陷也能泰然处之,从不贬低自己,并能将其成功转化为另一优势,成为自己的得分点。

一个悦纳自己、爱自己的人,不拒绝、不逃避事实,或者对于自己做过的一些事情、犯过的一些错误,不会内疚怨恨自己,而是勇于面对并接纳现实。

一个悦纳自己、爱自己的人,不会停滞不前。他(她)不但会接纳、肯定自己,还会不断激励自己,提升自己。

一个悦纳自己、爱自己的人,往往具有高水平的自尊自信,在工作、生活和学习中会有更强的竞争力,更容易处理好人际关系。自信水平低的人,往往无法悦纳自己,更不会相信自己的实力。

二、如何做到悦纳自己、爱自己

第一,要了解认识自己。全面客观地看待自己,了解自己的情绪感受与需求。从外表到内在对自己有一个客观的评价,看到缺点的同时,也要多关注优点,并用欣赏的态度看自己。同时,还要看到一些所谓的缺点其实也有积极正向的一面。许多缺点都可以通过完善和提升变成新的优点,若只想着自身的缺点和不足,就会悲观失望。只有全面看待自己,才能够正确地认识自己。

第二,接纳自己,肯定并欣赏自己。停止自责,爱自己的缺点。要克服自卑和完美主义倾向,接纳自己的不完美,正视自己的缺陷。悦纳自己不仅是欣然接受自己的优点,更是乐于接纳自己的不足和不幸,这是实现心理健康重要的一步。

学会欣赏并接纳自己,不仅是心理健康的需要,更是一种能力和一门艺术。欣赏别人是豁达,欣赏自己是自信。我们不仅要善于欣赏和接纳自己,还要能够让别人也欣赏和接纳自己,自尊自信是赢得别人欣赏与尊重的前提。所以我们必须以一种积极的心态来看待自己,在接纳自己的同时不断充实自己。

第三,激励自己,完善并提高自己。一个悦纳自己、爱自己的人,要用乐观的态度面对生活、面对未来,用发展的观点看待自己,不断激励自己,克服困难。把自己想成胜利者、成功者,并对自己说:"别人行,我也行。"而不是武断地给自己贴上"不行""做不到"的标签,陷入自责、内疚、怨恨自己的境地。要勇于挑战自己、肯定自己的价值,强化自己的优点,并为自己确立恰当的、力所能及的目标,体验成功的快乐,不断增强自信和自尊,从而使自己处于一种良好的心境之中,促进自我潜能的发挥,形成自我发展的良性循环。

第四,喜欢自己,肯定自己的价值,有愉快感和满足感。每一个人都像一棵树,这棵树可以叫作积极心态树,也可以叫作消极心态树,也可以称之为希望之树或失望之树。你的心态越积极,你的树上结的好果子就越多,你的人生就越丰硕。

第五,照顾好自己的身体。

醒世·心语

- ★ 一个不会悦纳自己的人,是难以快乐的。
- ★ 跌倒了要学会爬起来,并始终爱自己。
- ★ 如果发现自己不能创造奇迹,那就努力让自己变成一个奇迹。
- ★ 每一个人的内心都有非常美好的一面,只不过许多人还没有展示出来罢了。
- ★ 一个懂得热爱自己的人,一定能恰如其分地做好其他一切事情。

心灵 鸡汤

只为取悦自己

一位30多岁的青年诗人,从小就很有才华,也非常勤奋,十多年写了很多诗,不少已经在诗刊上发表,很受读者喜爱和欢迎,在业内也有了一定的名气。但他并不满足,因为他还有更多的诗没有发表,未被欣赏。他自认这些诗作的意境水准都相当高,因此经常慨叹自己生不逢时,怀才不遇。

这天他去拜访一位禅师朋友,向禅师说出了自己的苦恼。禅师笑了,指着窗外一株茂盛的植物说:"你看,那是什么花?"诗人看了一眼说:"夜来香。"

禅师说:"对。那你知道,夜来香为什么不在白天开花,而在夜晚开花吗?"诗人看了看禅师,摇了摇头。禅师笑着说:"夜晚开花,并无人注意,它开花,只为了取悦自己!"

"取悦自己?"诗人吃了一惊,他从来没有这么想过。

禅师笑道:"白天开放的花,可以引人注目,得到他人的赞赏。而夜来香,在无人欣赏时,依然开放自己,芳香自己,依然可以自己快乐。"

诗人赞叹道:"好一个夜来香!孤芳自赏夜独放,沁人心脾入梦乡。"

禅师最后说:"记住,你不可能让所有人都喜欢你、欣赏你。人不是活给别人看的,先做回真正的自己,做最好的自己。把自己当作世界上最重要的人来照顾。当你照顾好了自己,快乐就会光顾你。"

感悟分享:

_____

_____

_____

欣赏自己

也许你想成为太阳,可你却只是一颗星星;
也许你想成为大树,可你却只是一株小草;
也许你想成为大河,可你却只是一泓山溪;
于是,你很自卑。
很自卑的你总是以为命运在捉弄自己。
其实,你不必这样:
欣赏别人的时候,一切都好;
审视自己的时候,却总是很糟。
和别人一样,

你也是一片风景，
也有阳光，也有空气，
也有寒来暑往，
甚至有别人未曾见过的一颗春草，
甚至有别人未曾听过的一阵虫鸣……
做不了太阳，就做星辰，在自己的星座发热发光；
做不了大树，就做小草，以自己的绿色装点希望；
做不了伟大，就做实在的自我；
平凡并不可卑，关键的是必须做最好的自己。
不必总是欣赏别人，也欣赏一下自己吧，
你会发现，天空一样高远，大地一样广大，
自己与别人有不一样的活法。
走向超越只有靠你自己。
欣赏自己，相信自己，
你会有更加美好的生活。
感悟分享：

_____

_____

_____

当我真正开始爱自己

——卓别林

当我真正开始爱自己，
我才认识到，所有的痛苦和情感的折磨，
都只是提醒我：活着，不要违背自己的本心。
今天我明白了，这叫作"真实"。
当我真正开始爱自己，
我才懂得，把自己的愿望强加于人，
是多么的无礼，就算我知道，时机并不成熟，
那人也还没有做好准备，
就算那个人就是我自己，
今天我明白了，这叫作"尊重"。
当我开始爱自己，
我不再渴求不同的人生，
我知道任何发生在我身边的事情，
都是对我成长的邀请。
如今，我称之为"成熟"。
当我开始真正爱自己，

我才明白,我其实一直都在正确的时间,
正确的地方,发生的一切都恰如其分。
由此我得以平静。
今天我明白了,这叫作"自信"。
当我开始真正爱自己,
我不再牺牲自己的自由时间,
不再去勾画什么宏伟的明天。
今天我只做有趣和快乐的事,
做自己热爱、让心欢喜的事,
用我的方式,以我的韵律。
今天我明白了,这叫作"单纯"。
当我开始真正爱自己,
我开始远离一切不健康的东西。
不论是饮食和人物,还是事情和环境,
我远离一切让我远离本真的东西。
从前我把这叫作"追求健康的自私自利",
但今天我明白了,这是"自爱"。
当我开始真正爱自己,
我不再总想着要永远正确,不犯错误。
我今天明白了,这叫作"谦逊"。
当我开始真正爱自己,
我不再继续沉溺于过去,
也不再为明天而忧虑,
现在我只活在一切正在发生的当下,
今天,我活在此时此地,
如此日复一日,这就叫"美"。
当我开始真正爱自己,
我明白,我的思虑让我变得贫乏和病态,
但当我唤起了心灵的力量,
理智就变成了一个重要的伙伴,
这种组合我称之为"心的智慧"。
我们无须再害怕自己和他人的分歧、矛盾和问题,
因为即使星星有时也会碰在一起,
形成新的世界,
今天我明白,这就是"生命"!
感悟分享:

心灵工作坊

活动体验一　写给自己的信

【活动目的】

通过此次活动，使学生在自己内心真切体会到如何欣赏自己，爱自己，并把这些心理情感落实到学习、生活中的方方面面，这对学生们养成积极、自信的心态具有指导性意义。

【活动步骤及内容】

第一步：每人发一张精美信纸，并在大屏幕上呈现以下开头内容：

> 亲爱的自己，从今天起为了自己骄傲地活着吧，好好爱自己，很少有人会心疼你。
>
> 亲爱的自己，不要太在意一些人，太在乎一些事，顺其自然，以最佳心态面对，因为世界就是这样，往往在最在乎的事物面前，我们最没有价值。
>
> 亲爱的自己，永远不要为难自己，比如_____
>
> 亲爱的自己，如果不开心了，_____
>
> 亲爱的自己，_____
>
> 亲爱的自己，_____
>
> 亲爱的自己，_____
>
> 亲爱的自己，_____
>
> 亲爱的自己，_____
>
> 亲爱的自己，_____
>
> 亲爱的自己，_____
>
> 亲爱的自己，一定要好好爱自己，要知道只有你足够爱自己，别人才会来爱你！

第二步：让同学们依照上面的提示，给自己写一封信，表达出在生活、学习中如何欣赏自己、爱自己。

第三步：写完之后，每个人在班里大声读出写给自己的信，并分组讨论、交流、分享。

第四步：进一步修正这封信，并收藏好，每天拿出来读一读。

感悟分享：

_____

_____

_____

_____

_____

_____

活动体验二 神奇魔方——变变变

【活动目的】

通过体验活动,大家集思广益,帮助同学们把"特点"变为"优点",将缺点和不足转化为优点和长处,让同学们更大程度地发掘自己的优点,发扬自己的优点,走出心理困境,实现悦纳自我。

【活动步骤及内容】

1. 每人拿出一张纸,折成三部分,分别书写"现实中的自己""理想中的自己"以及"别人眼中的自己",对照看看有没有不一致的地方。

现实中的自己	理想中的自己	别人眼中的自己

2. 仔细分析一下不一致的内容,思考哪些是通过努力可以改变的,哪些是不可改变的。
可以改变的:_____
不可改变的:_____

3. 请每个人将自己不可改变的特点写在卡片上,交到主持人手中。

4. 主持人随机抽取一张卡片,念出卡片上的特点,如"长得太矮""太黑",大家集思广益,如何把这些"不可改变的特点"转变成"优点",并将大家的建议记录下来,填写在下表中。

特点　　　　　　　　　　　　优点
我做事比较慢　　　　　　　　做事特别细心
我长得比较黑　　　　　　　　身体健康
我不爱说话　　　　　　　　　善于思考
我个子比较矮　　　　　　　　行动敏捷

5. 组织学生讨论——将"不可改变的特点"变成"优点"后,感觉如何?

我的特点: (缺点、不足)	我的特点的另一面: (变成"优点")

【活动评价及心理分析】

悦纳自己是一种修养,更是一种难能可贵的品质。一个悦纳自己的人,一定要无条件地接受自己,包括很多无法弥补的缺陷。缺陷无法改变,我们可以改变看待它的心态。

感悟分享:

心灵成长记

模块一　认识自己　活出精彩

> 人生最本质的财富,是你自己,你自己就是一座巨大的矿藏,只要开发,就能有无穷的潜力。也只有开发,你的一切才能显现出来,才能熊熊燃烧起来,才能闪出光彩来。
>
> ——胡廷楣

主题三　探索自我——发现未知的自己

我们总是习惯去亲近那些熟悉的事物,把握已知的世界和已知的自己。但却没有想过,越是把自己框定在熟悉的范围里,就越容易丧失创造力和热情,也越容易平庸和沉寂,总有一天会被时代大潮淘汰。

世上每个人都是不同的个体,而在我们每个人身上也都蕴藏着一份特殊的才能,这份才能犹如一位熟睡的巨人,等着我们去唤醒它。我们有无穷的机会去充分发挥所长,只要我们能够用心审视自己,必将发现一个崭新的自己,你就会发现一切皆有可能。

潜能测试

1983年哈佛大学著名心理学家霍华德·加德纳以其划时代的学术专著《多元智能》,向流行百年的智商测验发起了挑战。他认为人的智能是多元的,并非仅仅是过去的单一的智力,人的智能存在差异,但不存在高低,智能的特点和智能的发展以及评价都是多元化的。为此,他将人的智能细分成以下八个部分,形成了一个完整的"智力圆"。

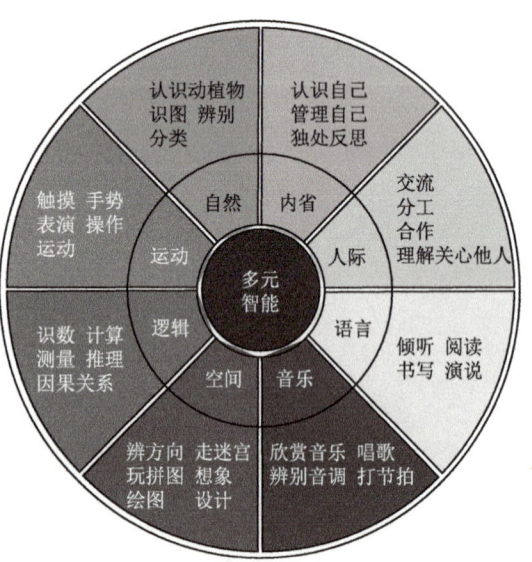

A. 语言智能,又称言语—语言智能,是指人们对于语言文字的掌握、运用、表现能力。这种能力在诗人、作家和演说家身上表现得最为突出。

B. 逻辑智能,又称逻辑—数理智能,是指数学思维和逻辑推理、科学分析的能力。

C. 空间智能,又称视觉—空间智能,就是在脑中形成一个外部空间世界的模式,并能够运用和操作这种模式的能力。水手、工程师、外科医生、雕刻家、画家等都具有高度发达的空间智能。

D. 音乐智能,又称音乐—节奏智能,从事音乐创作、演奏和其他舞台表演的人,通常在这方面比较突出。

E. 运动智能,又称身体—动觉智能,是运用整个身体或身体的一部分解决问题或制造产品的能力。舞蹈家、体育运动员、外科医生、手工艺大师等在这方面有突出的表现。

F. 人际智能,就是理解他人的能力,教育家、心理医生、宗教领袖、政治家、推销员、经纪人等都具有这方面的长处。

G. 内省智能,又称自知—自省智能,这是一种深入自己内心世界、了解自己的感情生活、辨别自己的情绪变化、体验自己精神活动的能力,即建立准确且真实的自我模式,并在实际生活中有效地运用这一模式的能力。由于这种智能的隐形性,如果观察者想探知的话,需要有来自语言、音乐或者其他显性智能的证据。一般来说,文学家、哲学家、心理学家、神学家、音乐家都是易于显现自己的自我认知智能的人。

H. 自然智能,如达尔文等人的发现自然的能力就是一个证明。

指导语:下面是一个多元智能测试,请根据自己的实际情况对下列问题做出判断(测试方法:回答"是"与"否",将结果记录下来,最后与类型对比即可)。

1. 我在背诗和有韵律的词句时表现很出色。(　　)
2. 能注意到自己愁闷和高兴的情绪变化。(　　)
3. 常常问诸如"时间是从什么时候开始的?"问题。(　　)
4. 很少迷路。(　　)
5. 跳舞的动作很优美。(　　)
6. 唱歌时音阶很准。(　　)
7. 经常会问打雷、闪电和下雨是怎样形成的等问题。(　　)
8. 听别人经常说的一个词用错了,就会纠正。(　　)
9. 很早就会系鞋带,出人意料地学会骑车。(　　)
10. 特别喜欢扮演某种角色并编出剧情。(　　)
11. 出外旅行时,能记住沿途标记,说"我们曾到过这个地方……"(　　)
12. 喜欢听各种乐器发出的声音,并能通过音色辨认出它们。(　　)
13. 绘画很好,对物体描绘清晰。(　　)
14. 善于模仿各种身体动作以及面部表情。(　　)
15. 就像喜欢根据大小和颜色把玩具分类一样,善于划分种类。(　　)
16. 擅长把动作与情感联系起来,譬如说"我发昏了才做出这事……"(　　)
17. 能够相当精彩地讲故事。(　　)
18. 能够对不同的声响发表议论。(　　)
19. 当某人被引荐,有时会说:"她使我想起了谁。"(　　)
20. 对别人能完成与不能完成的事能做出准确的评论。(　　)
21. 在看电影、电视时,能够很快看出谁是反面角色。(　　)

22. 观察力强,能发现事物的细枝末节。(　　)
23. 小时候说话早,表达能力强。(　　)
24. 喜欢下棋打牌。(　　)
25. 学歌学得快。(　　)
26. 能够熟练地掌握各种工具器械。(　　)
27. 不卑不亢,有自信心。(　　)
28. 有"眼力架",能够应酬客人。(　　)
29. 很少不知所措。(　　)
30. 喜欢读书,无须大人督促。(　　)
31. 能很快学会等量转换,例如,500克是1斤,3尺是1米。(　　)
32. 从小就爱摆弄乐器,长大一些后,能识别出没有歌词的乐曲演奏曲。(　　)
33. 是拆装玩具、折纸的能手,别人都说我手巧。(　　)
34. 知道如何计划自己的事情。(　　)
35. 喜欢养动植物。(　　)
36. 能够区分不同动植物的品种。(　　)

数据分析:
第1、8、17、23、30题表现出的是言语—语言智能;
第6、12、18、25、32题表现出的是音乐—节奏智能;
第3、7、15、24、31题表现出的是逻辑—数理智能;
第4、11、13、22、29题表现出的是视觉—空间智能;
第5、9、14、26、33题表现出的是身体—动觉智能;
第10、16、20、27、34题表现出的是自知—自省智能;
第2、10、19、21、28题表现出的是人际交往智能;
第35、36题表现出的是自然智能。

倘若你对上面与某项才能有关的问题都答"是",那么你就可能在那方面有先天优势。

案例故事　　换一种方式靠近成功

他出生在美国新泽西州一个贫穷的移民家庭,腼腆内向,孩子都不喜欢和他在一起,因为他什么也不会。每次考试,他都是倒数。老师不想让他回答问题,因为他总是羞涩地说"不知道"。大家认为他是笨蛋,是个白痴,伙伴们嘲笑他,说他永远和失败在一起,是失败的难兄难弟。邻居们说,这个孩子将来注定一事无成。父母听到这样的话,暗暗为他担心。

他努力过,可是收效甚微,自己在学业方面取得的进步近乎为零。但是,他还是在不断地加班加点苦读。

时间在一天天地流逝,而学校也在考虑劝其退学。

一次,他看到一个老人为了一张被老鼠咬坏的一美元钞票而痛哭不已。为了不让老人伤心,他悄悄回家将自己平时积攒的硬币换成一张一美元的钞票,交给了老人,说这是他用魔法变回来的。老人激动不已,说他是个善良聪明的孩子。

父亲知道这件事后,认为自己的孩子还不是太笨。接下来的这天,是他永远不会忘记的。

父亲要带他出门,目的地是波士顿。他说:"我们坐汽车可以到达。"父亲说:"那我们坐汽车吧。"可是,在中途的一个小站,父亲下车买东西忘记了汽车出发的时间。就这样,汽车在他的喊叫声中呼啸而去。他很害怕,心想这下怎么办,没有汽车,父亲怎么才能到波士顿呢?波士顿汽车站到了,他下车时却看到父亲正在不远处等着他。他快速跑了过去,扑进父亲的怀里,诉说一路的忐忑不安,害怕父亲到不了波士顿,并惊讶父亲是如何到达的。

父亲说:"我是骑马来的。"是这样的!他惊讶不已。

父亲说:"只要我们能到达目的地,管它用什么方式呢。孩子,就像你学业不成功,并不代表你在其他方面不能成功,换一种方式吧!"此时,他猛然醒悟。

随后,他看到很多人为了自己的理想不能实现而痛苦不已,就想假如自己用魔法帮助他们实现,即使是假的,但起码从精神上减轻了他们的痛苦。从此,他对魔术表现出浓厚的兴趣,并跟随一些魔术师学习魔术。教他魔术的老师发现他在这方面具有很高的悟性,学东西很快,而且每次在原有的基础上都能创新。很快老师的技巧便被他学光了,他不得不换老师。就这样,短短的两年时间里,他换了四个魔术老师。

他就是大名鼎鼎的魔术师大卫·科波菲尔,一个令人匪夷所思的成功人士。

有人问他是怎么成功的,大卫·科波菲尔说:"父亲告诉我,成功对我们来说好比是个固定的车站,我们在为怎么到达而绞尽脑汁,大家都在争夺汽车上的座位,没有得到座位的人不得不等下一班汽车,可是,为什么我们不能骑马或者乘轮船去车站呢?这样,我们不是也到达了吗?只不过我们换了一种方式。"

感悟分享:
_____
_____
_____
_____

潜能爆发的力量

科学家们曾做过下面的科学实验。

第一次,科学家在老鼠和奶酪的中间放了一张电网,当老鼠看到食物的时候,会马上想要冲过去,但却被电网击中,于是老鼠再也不敢过去,即便他已经饥肠辘辘。

第二次,他们把奶酪换成了小老鼠,当老鼠看到自己的小孩时,竟然不顾电击的痛苦毫不犹豫地冲过去!这是因为,当老鼠想要奶酪的时候,只是为了填饱自己的肚子;可一旦变成了需要被保护的小老鼠时,那就不再单是自己的事情了!于是超常的潜能就会被发挥出来。

所以一旦你与一个更有价值的人或物连接,你为一个更有价值的人或物服务,你就会从大我出发,而不是从小我出发,你内在的潜能就会爆发,就能应对更大更多的挑战。

这就是为什么在地震中,母亲可以为了孩子撑起那么重的石头、钢板,但是如果事后你再让她把东西扛起来,她就做不到了。这样的实例有很多。

一名日本妇女趁幼儿熟睡之际外出购物,返家途中,在巷口与人闲聊,这时家中的幼儿醒来寻母,爬上阳台呼叫。小孩不幸失足从阳台上坠落下来,说时迟,那时快,其母飞奔至楼下,奇迹般地接住了自己的孩子。按道理说,3岁幼儿的体重约15千克重,从五楼坠下,在重力加速度的作用下,在将要到达地面时的重量绝非常人所承受得了的。这件事在日本引起了轰动。后来新闻界还专门请来举重运动员和赛跑运动员做了一个模拟试验,结果都无法成功地接住,也无法及时赶到出事地点。

一个弱女子在这种情况下奋不顾身,其运动技能的水平居然能远远超过训练有素的运动员。这是伟大母爱的力量激发了其沉睡的潜能!

无独有偶,2011年7月2日下午1点半,在杭州滨江区的一住宅小区,一个2岁女童突然从10楼坠落,楼下的吴菊萍奋不顾身地冲过去用双手接住了孩子,女孩稚嫩的生命得救了,但吴菊萍的手臂瞬间被巨大的冲击力撞成粉碎性骨折。这一感人事迹在网络上热传,无数网民为之动容,称其为"最美妈妈"。吴菊萍被评为全国见义勇为模范。

类似的事件也曾在英国及美国发生过。在一个夏天,美国一位残障、一直以轮椅代步的青年母亲,在她孩子失足掉进游泳池的时候,她连人带轮椅冲进泳池,救起了她的孩子,并随即实施人工呼吸,救活了她的孩子。事后警方请这位母亲描述整个经过时,她却答不上半句话来。

读了这些故事,感动之余不免被人的惊人潜能有所触动,我们每个人都蕴藏着巨大的潜能,在特定的情况下能够完成自己平时完成不了的事情。

感悟分享:
_____
_____
_____
_____
_____
_____
_____

挖掘自身的潜能

一、人脑的潜能

脑科学家发现,人的大脑细胞只有10%被开发,即便人高度紧张和兴奋时,也有大约50%的脑细胞处于休眠状态。苏联学者叶夫莫雷夫指出:"人的潜力之大,令人震惊万分。如果人们迫使大脑开足一半马力,那么我

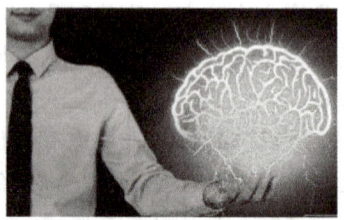

们就能毫不费力地学会40种语言,把《苏联大百科全书》从头到尾背下来,完成几个大学的课程。"

二、潜能的释放决定人生的高度

爱迪生曾经说:"如果我们做出所有我们能做的事情,我们毫无疑问地会使我们自己大吃一惊。""对于许多人来说,可能从来没有期望过自己能做出什么惊天动地的事情来",或许这便是症结所在——正是因为你从来没有想过自己能够做出惊天动地的事情来,所以将自己固定在一个自我期望的范围内,永远无法实现真正的自我突破。

每个人都是一座宝藏,在其最深处蕴藏着足以令人梦想成真的丰富能源。只有认识自己、发现自己、挑战自己的人才能找到这个宝藏的入口,从而利用其中的资源成就自己的人生。所以,同学们,请不要随便为自己设限。不要忽视了自己的潜能,只要你能够抱着一种积极向上的心态去开发自己的潜能,你就可以让全身充满能量,你的工作能力也就会不断增强。如果你抱着一种非常消极的心态,不去开发自己的潜能,那你就只能永远叹息命运的不公平,并且从此消沉下去。

三、潜能释放受阻的原因

(1)自我观念的局限　这是影响人类潜能释放的最大原因。俗话说"没有憋死的牛,只有愚死的汉",愚死的汉不知道自己的潜力是无限的,而是给自己画地为牢,设定一个区域,终身固守在这个区域里面。

(2)没有目标　没有目标就相当于没有梦想。如果一个人知道自己有无限的潜能,却没有目标,潜能还是没有办法聚集起来,更不可能得到释放。

(3)价值观不匹配　所有成功的人都是做了自己喜欢做的事,体能、智能被激活了,能量输出的通道才会打开。所以必须做自己喜欢做的事,要符合自己的价值观,这才是潜能开发的理由和前提。

(4)情绪问题的困扰　一般人有两种情况:一种是总是活在过去,为过去的事情懊悔。另一种是担心未来,经常考虑那些不可预知的事情是否发生,期待的结果能否实现。如果一个人无法从内疚感、恐惧感和焦虑中挣脱出来,每天心绪烦乱,萎靡不振,就无法聚集起生命的能量专注做一件事情,这样创造力就无法释放。

(5)环境制约和缺乏激励　如果一个人所处的环境每天不需要去思考,只是按习惯模式去工作、生活,这样的环境就是在制约着你。纵然具备很强的能力,也绝不相信自己能做出惊天动地的事。

(6)不良的生活方式,即习惯的制约　模式化的习惯不仅限于行为习惯方面,更重要的是情感习惯和思维习惯,很多人因为习惯而束缚了手脚。

四、如何发现并激发自己的潜能

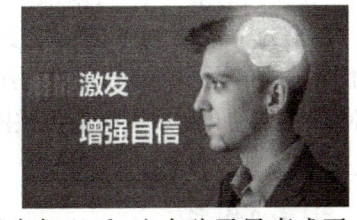

(1)经常给予自己积极的暗示,提高自己的信心和勇气,能帮助我们发掘潜能　有这样一个故事:一个小孩子在沙滩上用沙子堆城堡,一位长者走过来问:"你在玩沙子吗?"孩子回答说:"不,我是设计师,在建一座美丽的城堡。"多年以后,这个孩子果真成了一

名著名的建筑设计师。

(2)在心里想象出一个比自己更好的"自我"的形象，以此激励自己的斗志，有利于释放自己的潜能。

(3)在实践中激发潜能，养成习惯，先从小事上练习——"现在就去做"，这样很快便会养成一种强而有力的习惯，在紧要关头或有机会时便会立刻掌握。

五、你有无限的资源

每一个人不仅具有巨大的潜能，还有许许多多可以利用的无穷的财富资源，如身体资源（生理资源、心理资源）、社会关系资源、经济政治资源、文化历史资源、自然资源等。这些都是你可以利用的资源。你就是你所管辖的资源委员会的主席，你有权力、有能力、有资格去调动包括你和你周围的所有一切资源。

醒世·心语

★ 每个人身上都有太阳，主要是如何让它发光。

★ 每个人的心里都潜藏着巨大的正能量，一旦正确使用这种能量，就足够成就丰功伟业。

★ 没有人事先了解自己到底有多大的力量，直到他试过以后才知道。

★ 每个人都可以让世界变得不同，应该尝试。

★ 如果你有自信，它会在无意之中释放出正能量，推动你走向成功；如果你自卑或恐惧，它也会在无形中释放出负能量，导致你走向失败。

心灵 鸡汤

南瓜能承受多大的压力

你认为，一个小小的南瓜能承受多大的压力？

在美国麻省理工学院进行了一项很有意思的实验。实验人员用很多铁圈将一个小南瓜整个箍住，以观察当南瓜逐渐长大时，对这个铁圈产生的压力有多大。最初他们估计南瓜最大能够承受大约500磅⊖的压力。

在实验的第一个月，南瓜承受了500磅的压力；到第二个月时，这个南瓜承受了1 500磅的压力，并且当它承受到2 000磅的压力时，研究人员必须对铁圈加固，以免南瓜将铁圈撑开。

⊖ 1磅≈0.454千克。

最后，整个南瓜承受了超过 5 000 磅的压力后终于瓜皮破裂。

他们打开南瓜后，发现它已经无法再食用，因为它的中间充满了坚韧牢固的层层纤维，试图想要突破包围它的铁圈。为了吸收充分的养分，以便于突破限制它成长的铁圈，它的根部往不同的方向全方位地伸展，延展超过 8 万英尺①，最后这个南瓜独自控制了整个花园的土壤与资源。

一个小小的南瓜竟能够承受如此庞大的外力，那么人类在相同的环境下又能够承受多大的压力？

我们往往对于自己能够变得多么坚强都毫无概念，事实上，我们能够承受超过我们所认为的压力。我们拥有比自己想象大得多的潜能！能够像小南瓜一样将绑住我们的"钢圈"挣脱，展示我们的天赋，成就我们的梦想。

感悟分享：

_____
_____
_____
_____
_____

你值多少钱

一位少年对一位老年人抱怨自己一无所有。老年人说："这样吧，我们来做一个交换。你把你的手给我，我给你 100 万块。"少年吃了一惊："你给我 1000 万也不成！"老年人又说："那把你的双脚给我，我让你当州长。"少年摇摇头说："你让我当总统也不行。"老年人再次建议道："把你的双眼给我，我让你娶到全国最美丽的女子。"少年毫不犹豫地拒绝了："就是给我一个天仙也买不了我的眼睛。"老年人奇怪地说："你有一双价值超过 1000 万的手，重要程度超过总统地位的脚和比天仙还要紧的眼睛，那你怎么还说自己一无所有呢？"

少年恍然大悟，原来自己身上就有着非常珍贵的东西，然而自己却从来没有注意过，更不要说充分利用自己身上的长处了。一个人没有认清自己的真面目、不能看明自己的优势所在，就不能把命运掌握在自己手中，也就不可能取得成功。

电影《阿甘正传》中的阿甘经常挂在嘴边一句话："我妈妈说，要将上帝给你的恩赐发挥到极限。"片头的那根羽毛，它在空中时而迎风飞舞，时而缓缓飘荡，像极了阿甘的人生。阿甘是一个智商只有 75 的人，可他却活出了常人都难以企及的精彩，长跑、打乒乓球、捕虾、创业……几乎做什么都会成功。他正是实践了妈妈说的那句话——将上帝的恩赐发挥到了极限。

我们都具备成为天才的条件，只是自己尚未发现和运用罢了。成功的第一步来自于对自己的认识，开发未知的自我，这样才能更好地实现自我，释放潜能。

也许，此时此刻的你还很渺小、很平凡，没关系，那都只是表象，不要为此对自己感到失望，更不要为此而感到自卑，因为你的身上隐藏着巨大的潜能！请记住：你心里住着一个

---

① 1 英尺 = 0.304 8 米。

"巨人",当你不断去挖掘这个"巨人"时,它就会被唤醒。到那时,你的人生便可以展示出应有的风采,而你也将成为一个全新的、强大的自己!

感悟分享:

_____
_____
_____
_____
_____

与自我对话:我想成为什么样的人

"更快、更高、更强"是奥林匹克运动的一句著名格言。这句格言充分表达了奥林匹克运动不断进取、永不满足的奋斗精神。同样,这句话对于每一个人来说也是具有非同寻常的意义。它告诉我们,想要成为一个什么样的人,就和自己去对话,通过自身不懈的努力拼搏,即使在面对异常强大的对手时,也要敢于去争取胜利;同时它还激励我们,要时刻充满自信,敢于向自己提出更高的要求,敢于不断地超越自我,永远保持昂扬的斗志。

数千年来,人们一直认为要在 4 分钟内跑完 1 英里①是一件不可想象的事情。因为人们认为人的身体的能力是有极限的,没有人可以在更短时间内跑完 1 英里。但是,就在 1954 年的某一天,美国运动员班尼斯特打破了人们的这个想法。更有趣的是,在这之后的一年里,竟然有 37 人达到了这一成绩,而再往后的两年时间里,先后有 200 多人达到了这一成绩!这是怎么回事?难道我们的 DNA 改变了吗?其实是因为我们相信自己原来可以做到!

当有人问及班尼斯特是如何打破这个世界纪录的时候,他的回答非常耐人寻味,原来每天早上起来后,他都会大声地对自己说:"我一定能在 4 分钟内跑完一英里……"这样大喊 100 遍后,他才会在教练的指导下进行跑步训练,直到他最终打破了这项世界纪录。

事情就是这样,一旦你学习了与自己对话,学会了用这种正向的、积极的方式激励自己,你就会了解自己到底想要成为一个什么样的人,并且能够成为这样的人。正是在这种不断与自己对话的过程中,人们开始相信自身所具有的潜力,随之一种正能量在人们的体内激荡,让人们拥有无穷的信心和力量,并将超出常人想象的事情作为奋斗目标,从而会有超出一般人的作为。

建立"相信我可以做到"的信念系统非常重要!在许多成功者的身上,我们都可以看到那种在与自己对话之后的超凡信心所起到的巨大作用。凡是那些在事业上取得相当成就的人,他们都非常明确地知道自己想要什么,自己想成为什么样的人,于是他们就有了一种超乎常人的自信。在这种自信心的驱动之下,他们敢于对自己提出更高的要求,并且能够在失败之中看到成功的希望,最终也都能够获得成功。因此,在通往成功的路上,正确地认识自我以及拥有强大的自信心是必不可少的,它可以帮助你走过一条条不平坦的道路,也可以帮助你铲除前进道路上的各种荆棘。人生从来没有极限,每个人的内心都有一个沉睡的巨人,

---

① 1 英里 = 1 609.344 米。

我们要通过不断地提出更高的要求来唤醒那个沉睡的巨人,实现人生的突破。

与之相反,如果一个人始终都不曾对自己提出要求,那么他遇到事情的时候就会选择逃避,不敢为天下先,在这种消极心理的支配之下,他最终将一事无成。从某种意义上来说,人们的行为和结果是自己思想的产物,所以,为了实现更高的人生价值,我们应当积极地与自己对话,给自己提出更高的要求并付诸实践。

感悟分享:
_____
_____
_____
_____

 心灵工作坊

活动体验一　我的需要

【活动目的】
帮助学生认识自己,了解自己内在的独特需要和渴望。
【活动步骤及内容】
1. 请大家仔细想一想"我需要什么",然后根据自己的真实情况列出10条,写在下面的横线上。给大家6分钟的时间写完。
①我需要_____
②我需要_____
③我需要_____
④我需要_____
⑤我需要_____
⑥我需要_____
⑦我需要_____
⑧我需要_____
⑨我需要_____
⑩我需要_____
2. 写完后,按照需要的重要程度将上述需要排序。
1)_____ 2)_____ 3)_____ 4)_____ 5)_____
6)_____ 7)_____ 8)_____ 9)_____ 10)_____
【活动评价及心理分析】
明白自己真正想要的是什么,比现在拥有什么更重要。许多人是从现在的工作生活状况,以及能提供的条件去设想未来生活;而令人羡慕的成功者,则大多是从想要的生活出发,

去设想以后的工作。当你以想要的生活为向导,引领自己一步步走向未来时,梦想终会变为现实。你可以做得到!

感悟分享:

_____

_____

活动体验二　一杯水的容量

【活动目的】

通过此次活动体验,让学生了解自己的潜能是无限的,一定要挖掘自己的潜能,实现不断的自我超越。

【活动准备】

材料:几个大水杯,几盒回形针。

【活动步骤及内容】

1. 把水杯装满水,水位线距离杯口仅有2毫米。

2. 请学生回答:装满水的水杯里还能放进多少个回形针?

3. 请学生将回形针一个一个地放进水杯里,并计数。水将要溢出时,统计一下每个水杯放了多少个回形针。

4. 请同学们思考:为什么水杯明明已经装满水了,还能放得下这么多回形针呢?将回形针放到杯子里还有什么更好的方法呢?

_____

_____

【活动评价及心理分析】

一杯水明明看着已经很满了,但仍有容纳大量回形针的空间。我们总是习惯性地为自己设限,过高地估计困难的程度,而低估了自身的潜能。确实,平时我们在遇到困难时太容易向困难低头,其实我们应该尽量去试一下,而往往就是"这一下",会使我们有一个质的飞跃。

感悟分享:

_____

_____

心灵成长记

_____

_____

年轻人,更重要的是看到明天,抓住今天,在宁静中奋进,也许在明天旭日出山之前,你又创造了奇迹。那就带上你的梦想,出发吧!

主题四　成就自我——开启英雄之旅

每一条河流都有自己不同的生命曲线,每一条河流都有自己的梦想——奔向大海。我们每个人都是一个独特的生命体,每个人都有自己的梦想,都可以活得精彩,充满能量,富有创造力。

尽管前进的道路上会有许多艰难险阻,但我们只要带着希望上路,梦想就会变成一股神奇的力量。不管前面的路有多长,山有多高,河有多深,只要梦想在闪烁,前行的脚步一定会坚定而轻快!

相信你自己!没有什么困难能够阻挡你。你要清楚——你才是自己故事的主角,你才是你生命的导演!你可以成为人们的英雄,你可以成为自己的骄傲!

伙伴们,准备好了吗?放飞你的梦想,绽放你的天赋,开启你的英雄之旅,成就你的精彩人生!

成就欲望测试

指导语:下面是15道单项选择题,请根据你的实际情况回答。A 代表"非常赞同",B 代表"比较赞同",C 代表"不太赞同",D 代表"不赞同"。

1. 如果要你在生活愉快和富有之间选择,你总是选择富有,因为你认为它最重要。(　　)
2. 如果某项任务非完成不可,不管压力和困难有多大,你都会努力去完成它。(　　)
3. 成败论英雄有时确实存在。(　　)
4. 你一般容不得他人或者自己犯错误,一旦犯了,你会严厉批评或惩罚。(　　)
5. 你非常看重名誉。(　　)
6. 你的适应能力非常强。(　　)

7. 只要是你决心做的事情,就会坚持到底。( )

8. 如果别人把你看成身负重任的人,你会感到很高兴。( )

9. 你有一些高消费的嗜好,并且你有能力承受和乐意承受这份消费。( )

10. 如果你知道某项工作会有好的结果,你就会很小心地将时间和精力花在这项工作上。( )

11. 在一个团队里,你认为团队的成功比你个人成功更重要。( )

12. 你是一个认真的人,即使眼看赶不上进度了,你也不愿草率完成。( )

13. 能够正确地表达你的意思,你会很高兴,但你必须确定别人是否能正确了解你。( )

14. 你的学习、工作情绪总是很高,精力充沛。( )

15. 你并不看重所谓的"金点子",而更看重良好的判断和整体策划。( )

数据分析:

各选项分值:A:3 分,B:2 分,C:1 分,D:0 分。

总分为 0~15 分,说明你的成就欲望较弱,你更看重家庭生活的美满与精神生活的充实。

总分为 16~30 分,说明你的成就欲望较强,在事业与家庭之间,你会权衡利弊后再做决定。

总分为 31~45 分,说明你的成就欲望强烈,对名利、金钱、权力很看重,野心勃勃。

案例故事   莱特兄弟的飞翔梦

有一位贫穷的牧羊人,带着自己的两个儿子过着艰苦的生活,他们唯一的养家方式就是替别人放羊。有一天,他们将羊赶到了一个山坡上,就在这个时候,一群大雁从他们头上飞过,牧羊人的小儿子问他的父亲:"大雁要飞去哪里呢?"他的父亲回答说:"它们要去一个温暖的地方,在那度过寒冷的冬天,然后等到春暖花开,他们再飞回来。"听到父亲的回答之后,牧羊人的大儿子望着天空羡慕地说:"要是我们也能像大雁一样在  天空自由地飞翔就好了,那我就可以飞去天堂,看妈妈是不是在那里。"看着儿子们的神情,牧羊人沉默了。

"只要你们想,你们也能飞起来。"他用慈爱的语气对两个孩子说。

儿子们牢牢记住了父亲的话。在此后的时间里,他们几十年如一日,慢慢积累着自己的资金和经验,并不断地学习和研究当时最前沿的机械制造技术。在经过了一次又一次的试验之后,他们终于飞了起来,就这样,他们发明了飞机,创造了人类航空史上的奇迹。这两个人便是美国的莱特兄弟。

有位哲人说:"梦想指引我们飞升。"莱特兄弟通过自己坚持不懈的努力,最终将梦想变成了现实。

感悟分享：

_____
_____
_____
_____

只要你想就能做到

赛蒙顿医生是一位专门治疗晚期癌症的专科医生，他有一位61岁的喉癌病人。当时这个病人因病情影响，体重大幅下降，瘦到只有98磅，癌细胞扩散使他无法进食。

赛蒙顿医生告诉这位患者，自己将会全力为他诊治，帮助他对抗恶疾。同时，每天将治疗进度详细地告诉他，并清楚地讲述医疗小组治疗的情形，及他体内对治疗的反应，使病人对病情充分了解，并缓解其不安的情绪，努力与医护人员合作。最后，治疗结果出奇地好。赛蒙顿医生认为这名患者实在是个理想的病人，因为他对医生的嘱咐完全配合，使治疗过程进行得十分顺利。

赛蒙顿医生教这名病人运用想象力，想象他体内的白细胞大军如何与顽固的癌细胞对抗，并最后战胜癌细胞的情景。结果两个星期之后，医疗小组果然抑制了癌细胞的破坏，成功地战胜了癌症。对这个杰出的治疗成果，就连赛蒙顿医生也感到十分惊讶。

赛蒙顿医生运用了心理疗法来治疗这名癌症病人，因此获得了如此成功的疗效。他对患者说："你对自己的生命拥有比你想象得更多的主宰权，即使是像癌症这么难缠的恶疾，也能在你的掌握中。"他继续说，"事实上，你可以运用这种心灵的力量，来决定你的生或死。甚至，如果你选择活下去，你还可以决定要什么样的生命品质。"

启示： 当你设定一个目标时，必须先在心里想象自己实现目标时的情景，描绘出一幅成功的景象，并随时将那幅景象浮现在脑海中。如此，总有一天你的愿望就会变成现实。

感悟分享：

_____
_____
_____
_____
_____

一份由失败构成的人生履历

以下是一个人的人生足迹的编年简历：

1809年他出生在荒野上的一座孤独的小木屋里。

1816年全家人被赶出住宅，开始居无定所的流浪日子（他刚满七岁）。

1818年年仅34岁的母亲去世，令悲愁的生活雪上加霜。

1826年他已经什么农活都能干，经常帮人打零工。

1831年经商失败，债务缠身。

1832年竞选州议员落选，连工作也丢了。想进法学院，但进不去。

1833年向朋友借钱经商，但很快就破产了。后来用了17年的时间才把债务还清。

1835年订婚后即将结婚时，未婚妻突然病逝，他的心也碎了。

1836年精神完全崩溃，卧病在床半年之久。

1840年连参选资格都被否定。

1843年参加国会大选，又落选了。

1847年再次参加国会大选，这次当选了。

1848年欲连任国会议员，失败。

1849年自荐本州土地局长一职，遭拒。

1854年竞选参议员，落选。

1856年争取副总统提名，失败。

1858年再度竞选参议员，再次失败。

1860年一举当选美国总统，时年51岁。

他就是美国第16任总统林肯，是一个全世界都为之叹服的伟人。从他经历过的坎坎坷坷、充满打击失败和屈辱的人生磨难里，我们实在难以看出他竟然能够走到那样辉煌的巅峰。

他是这么评价自己的："虽有过心碎，但依然火热；虽有过痛苦，但依然镇定；虽有过崩溃，但依然自信。因为我坚信，对付屡战屡败的最好办法，就是屡败屡战，永不放弃！"

感悟分享：

 心理知识

倾听内心召唤，开启英雄之旅

一、让梦想激发正能量

我们每个人的内心世界，都是一个浩瀚的宇宙，里面蕴藏着巨大的宝藏，等待我们去开发。

我们每个人的内心里，都有一个梦想——成为最好的自己。

梦想是人生的指路明灯。人因拥有梦想而充实，人类因拥有梦想而伟大。

梦想不是妄想，而是一种真实可行的计划，并有脚踏实地的行动支持。梦想就像一支火把，它可以将人们的正能量激发出来。梦想可以点燃一个人生命的希望和热情，可以催动一个人奋起战斗的勇气和决心，可以让一个人无视眼前的任何困难，可以鼓舞一个人百折不挠，永不放弃。

成功的人生建立在把梦想付诸行动上。

有些人，不明白自己要做什么，对未来没有愿景，几分彷徨几分悠闲，过一天算一天。他们的最大特点是没有梦想，缺乏拥抱未来的热情，更没有当下扎根努力的豪气。有时，他们也有梦想，但只是空花水月，不切实际，不能激发自己的行动，所以只能称为做梦。他这只是幻想而不是梦想，他没有振作的豪气，更无积极的表现。这种人是永远不可能获得成功的，只会沉醉在"美梦"中，最后也只能看着梦想的肥皂泡一个个破碎。

二、找到你的人生召唤——梦想与使命

人生召唤就是在你的世界里最重要、最感兴趣、最快乐的事情，也就是你的梦想或使命。

如果你还没有找到你的人生召唤，请你闭上眼睛，深呼吸，静下心来，倾听你的内心呼唤：

你对什么最有激情？它帮你实现了什么？什么样的事业最能表达你的人生召唤？这个事业帮你实现了什么？

连续问三遍，直到找到在你的世界里对你最重要的、你最感兴趣的事情，那就是你的人生召唤，你的梦想，你的人生使命。

任何人都不可能限制你，也根本没想限制你，限制你的只有你自己。

三、开启你的英雄之旅

我们每个人都是独一无二的存在，都是有自己生命追求与生命尊严的价值主体，都是自己人生的英雄。

人生之旅是自我实现之旅，是心灵成长之旅，也是追梦之旅。精彩的人生要靠自己的努力去创造经营。一个人想要改变自己的人生，改变自己的命运，最佳的方法就是勇于追梦。追梦路上也许不会一帆风顺，会有数不清的困难和失败。但经历困难和失败是人生的必修课，失败并

不意味着一事无成,它意味着你得到了经验;失败并不代表命运对你不公,它是命运对你更好的给予,它会让你变得更加坚强、乐观、勇敢无畏。

心中有梦、勇于追梦的你一定会把命运掌握在自己手中,因为——你就是你自己人生的英雄。

开启你的英雄之旅,开创一个全新的生活。

聆听内心的召唤,发掘潜力,开启宝藏,像英雄一样踏上征程,开启你的英雄之旅吧!

醒世心语

★ 你能经历的最大冒险,就是过你梦想的生活。只有奋斗,你的人生才会充满正能量。

★ 这个世界上没有人能够使你倒下,如果你自己的信念还站立着的话。

★ 一个人要实现自己的梦想,最重要的是要具备以下两个条件:勇气和行动。

★ 不要放弃对美好事物的渴望,有希望才会有动力,有动力就会有行动。

★ 你是你自己人生剧本的导演和演员,你就是你自己人生的英雄。

心灵鸡汤

放飞梦想

一只鹰蛋被一个调皮的小男孩放到了鸡窝里,和鸡蛋混在了一起,被一只母鸡孵出来。小鹰和小鸡一起长大,起初它很满足,过着和鸡一样的生活。

但是,随着它逐渐长大,它的内心就有一种奇特的不安的感觉。它不时地想:"我一定不是一只鸡!"只是他一直没有采取行动。直到有一天,一只了不起的老鹰翱翔在鸡场的上空,小鹰感觉到自己的双翼有了一股奇特的新力量,感觉自己的心正猛烈地跳动着。它抬头看着老鹰,一种想法突然出现:"我和老鹰一样。养鸡场不是我待的地方。我要飞上青天,栖息在山崖上。"

它从来没有飞过,但是它内心里有着一股力量。它展开了双翅飞升到一座矮山的山顶上。兴奋之下,它又飞到更高的山顶上,最后冲上青天,飞到了高山的顶峰。它发现了伟大的自己。

感悟分享:

你认为你行,你就行

有一个雕塑家,有一天发现自己越来越丑了。他原来长得很不错的,怎么会变得那样的"狡诈""凶恶""古怪",以至于面相本身也让人可恶可怕呢?他遍访名医,吃药、整容,都无法医治五官之间的"关系"——无法医治他的愁眉苦脸,无法医治他的"满脸横肉,凶神恶煞"。

一个偶然的机会,他游历一座庙宇时,把自己的苦衷向庙里的长老说了。长老说:"我可以治你的'病',但不能白治,你必须为我先做一点工——雕塑几尊神态各异的观音像。"雕塑家接受了这个条件。在中国千百年的传统文化中,观音是慈祥、善良、圣洁、宽仁、正义的化身,他的面相神情已经在人们心中形象化、典型化。雕塑家在塑造过程中不断研究、琢磨观音的德行言表,不断模拟他的心态和神情,达到了忘我的程度。慢慢地,他越发相信自己就是观音。

半年后,工作完成了。此时,他惊喜地发现自己的相貌已经变得神清气朗,端正庄严。他感谢长老治好了他的病。"不,"长老说,"是你自己治好的。"

此时,雕塑家已找到了原来"变丑"的病根——过去几年,他一直在雕塑夜叉!正所谓"相由心生,相随心灭"。一个人相信自己是什么就是什么。那么相信你自己能行,就一定行。坚守自信,才会促使潜能发挥,成为理想的自己。

感悟分享:

_____

_____

_____

_____

活动体验一　梦想名片秀

【活动目的】

通过此次活动,明确自己的梦想,并以此激励自己。

【活动步骤及内容】

同学们,你们想过 5 年之后的自己是什么样子的吗?是什么身份?都有什么本领?在从事什么职业?

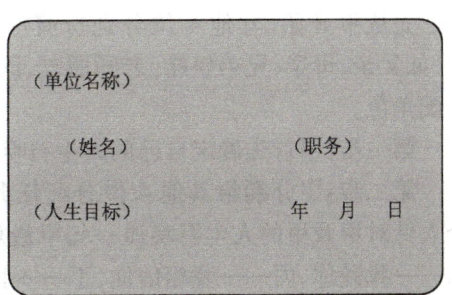

模块一　认识自己　活出精彩

1. 每个同学都认真想一想,既要切合实际,又要符合自己的意愿。把你考虑的结果写下来。
身份:＿＿＿＿＿ 能力:＿＿＿＿＿ 职业:＿＿＿＿＿

2. 照着这个梦想,为 5 年后的自己设计一张名片,如上图。

3. 把每个学生为自己设计的名片投影到大屏幕和大家分享,让大家相互了解各自的梦想。

4. 把同学们设计的名片收集起来,打印两份,一份贴在课桌上,一份留存。5 年后拿出来检验实现效果。

【活动评价及心理分析】
这个游戏很简单,但是它给我们带来的积极影响却是深远的。既然你们已经有了自己梦想,那就要不遗余力地去实现它! 祝同学们成功!

感悟分享:

＿＿＿＿＿＿＿＿＿＿＿＿＿＿＿＿＿＿＿＿＿＿＿＿＿＿＿＿＿＿＿＿＿＿＿＿

＿＿＿＿＿＿＿＿＿＿＿＿＿＿＿＿＿＿＿＿＿＿＿＿＿＿＿＿＿＿＿＿＿＿＿＿

＿＿＿＿＿＿＿＿＿＿＿＿＿＿＿＿＿＿＿＿＿＿＿＿＿＿＿＿＿＿＿＿＿＿＿＿

＿＿＿＿＿＿＿＿＿＿＿＿＿＿＿＿＿＿＿＿＿＿＿＿＿＿＿＿＿＿＿＿＿＿＿＿

活动体验二　找到你的人生召唤,开启你的英雄之旅

【活动目的】
使学生感受自己的人生召唤,带着爱和梦想快乐地开启自己的人生之旅。

【活动步骤及内容】
活动由 5 个人参加。各自的位置如下图。

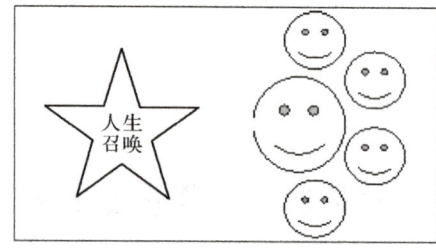

先从甲开始,其他 4 位分别扮演一定的角色来配合甲,如父亲、母亲、兄弟姐妹、老师朋友、同学、偶像等,甲来分配角色。

第一步:甲首先确定自己的人生召唤或者梦想目标。

第二步:甲分别给其他 4 位分配任务,即要求他们每个人针对甲及甲的人生召唤说一句甲最想听的话。比如,乙——我爱你,丙——我相信你,丁——我支持你。

第三步:甲明确说出自己的目标或人生召唤,然后,其他四位依次将自己的手放在甲的肩膀上,对甲说出甲自己最期望听到的话。

第四步:甲将他们的话记在心中,然后慢慢抬腿前行,启程,走向自己的人生召唤。

第五步:甲走到了自己的人生召唤面前,将自己的人生感受告诉她(自己的人生召唤)。感受自己的人生召唤对自己说的话。

第六步:甲转过身来,再慢慢走向自己的支持者们,最后与他们相拥在一起,表示感谢。

完成一轮之后,再换下一个人依次进行,其他人再重新分配角色。

感悟分享:

_____
_____
_____
_____
_____

心灵成长记

_____
_____
_____
_____
_____

模块一 认识自己 活出精彩

模块二
管控情绪　快乐由我

主题一　认识觉察——我的情绪
主题二　情绪管理——做情绪的主人
主题三　正视挫折——乐观生活
主题四　提升情商指数——向快乐出发

> 任何时候,一个人都不应该做自己情绪的奴隶,而应该反过来控制住情绪。

主题一　认识觉察——我的情绪

人类的情绪是丰富多彩的。看到美丽的山河,我们会心情愉快;取得学业的成功,我们会欢欣鼓舞;得到他人的帮助,我们会心存感激;遭到意外的失败,我们会伤心难过;遇到他人的不解,我们会愤怒恼火……

情绪使我们的心理世界变得丰富多彩,情绪带给我们酸甜苦辣的人生体验。

进入青春期之后,我们就开始体验到比孩童时期更为丰富的情绪,这个时期的我们也开始变得多愁善感起来,情绪也常常大起大落,感到了前所未有的情绪波动。因此,了解情绪的实质,读懂情绪的密码,对于同学们管理自己的情绪,保持健康的心理有着非常重要的意义。

了解你的情绪

指导语:你目前的情绪是怎样的?如果你希望了解,请先完成下面的题目。

1. 我有能力克服各种困难(　　)

　A. 是的

　B. 不一定

　C. 不是的

2. 即使猛兽被关在铁笼里,我见了也会惴惴不安(　　)

　A. 是的

　B. 不一定

　C. 不是的

3. 如果我能够到一个新环境,我要(　　)

　A. 把生活安排得和从前不一样

　B. 不确定

　C. 和从前相仿

4. 我一直觉得我能达到预期的目标（　　）
   A. 是的　　　　　　　　　　B. 不一定　　　　　　　　C. 不是的
5. 我在小学时敬佩的老师,到现在仍然令我敬佩（　　）
   A. 是的　　　　　　　　　　B. 不一定　　　　　　　　C. 不是的
6. 不知为什么,有些人总是回避我或对我很冷淡（　　）
   A. 是的　　　　　　　　　　B. 不一定　　　　　　　　C. 不是的
7. 我虽善意待人,却常常得不到好的回报（　　）
   A. 是的　　　　　　　　　　B. 不一定　　　　　　　　C. 不是的
8. 在大街上,我常常避开我不愿意打招呼的人（　　）
   A. 极少如此　　　　　　　　B. 偶尔如此　　　　　　　C. 有时如此
9. 当我聚精会神地欣赏音乐时,如果有人在旁边高谈阔论,我（　　）
   A. 仍能专心听音乐　　　　　B. 介于A、C之间　　　　　C. 不能专心并感到恼怒
10. 不论到什么地方,我都能清楚地辨别方向（　　）
    A. 是的　　　　　　　　　　B. 不一定　　　　　　　　C. 不是的
11. 我热爱我所学的知识（　　）
    A. 是的　　　　　　　　　　B. 不一定　　　　　　　　C. 不是的
12. 生动的梦境常常干扰我的睡眠（　　）
    A. 经常如此　　　　　　　　B. 偶尔如此　　　　　　　C. 从不如此
13. 季节、气候的变化一般不会影响我的情绪（　　）
    A. 是的　　　　　　　　　　B. 介于A、C之间　　　　　C. 不是的

数据分析: 计分表:

题号	得分			题号	得分		
1	A.2	B.1	C.0	8	A.2	B.1	C.0
2	A.0	B.1	C.2	9	A.2	B.1	C.0
3	A.2	B.1	C.0	10	A.2	B.1	C.0
4	A.2	B.1	C.0	11	A.2	B.1	C.0
5	A.2	B.1	C.0	12	A.0	B.1	C.2
6	A.0	B.1	C.2	13	A.2	B.1	C.0
7	A.0	B.1	C.2	总分:			

★17~26分:情绪稳定　你的情绪稳定,性格成熟,能勇敢面对现实;通常能以沉着的态度应付现实中出现的各种问题;行动充满魅力,有勇气,有维护团结的精神。

★13~16分:情绪基本稳定　你的情绪会发生变化,但幅度不大,能沉着应付现实中出现的一般性问题。然而在大事面前,有时会急躁不安,不免受环境影响。

★0~12分:情绪激动　你的情绪较易激动,容易产生烦恼;不善于应付生活中遇到的各种阻挠和挫折;容易受环境支配而心神动摇;不能面对现实,常常急躁不安,身心疲乏,甚至失眠等。要注意控制和调节自己的心境,使自己的情绪保持稳定。

案例故事

情绪实验

古代阿拉伯学者阿维森纳,曾把一胎所生的两只羊羔置于不同的环境中生活:一只小羊羔随羊群在水草地快乐地生活,而在另一只羊羔旁拴了一只狼,这只羊羔总是看到自己面前那只狼的威胁,一直处于极度惊恐的状态下,根本吃不下东西,不久就因恐慌而死去了。

医学心理学家还用狗做了嫉妒情绪实验:把一只饥饿的狗关在一个铁笼子里,让笼子外面的另一只狗当着它的面啃肉骨头,笼内的狗在急躁、气愤和嫉妒的负面情绪状态下,产生了神经症性的病态反应。

实验告诉我们:恐惧、焦虑、抑郁、嫉妒、敌意、冲动等负面情绪,都具有破坏性,长期被这些心理问题困扰,就会导致身心疾病的发生。

感悟分享:
_____
_____

情绪决定成败

1929年的一天,一个叫奥斯卡的人正在美国俄克拉荷马城的火车站里等待着东去的列车。在这之前,他已经在气温高达43℃的沙漠地区工作了好几个月,他的主要任务是在西部地区寻找石油矿藏,不过一直没什么收获。

奥斯卡是毕业于麻省理工学院的高才生,他把旧式探矿杖与其他仪器结合,发明了一种更为简便精确的石油探测仪。然而,当他在西部沙漠饱受风沙之苦时,东部传来一个坏消息:因为总裁挪用资金炒股票失败,他所在的公司破产倒闭了。得到消息的那一刻,奥斯卡的满腔热情之火瞬间熄灭,没有什么比失业更能让年轻人感到沮丧的了。

心情坏到极点的奥斯卡在车站附近徘徊着,他还要再等上几个小时才能乘上火车。百无聊赖间,他在车站架起了自制的石油探测仪,准备以此打发漫长的等车时间。很快,它的探测仪显示了一个读数。从这个读数来看,车站地下似乎蕴藏着石油,且其储量的丰富简直超乎想象。

正处在失业沮丧中的奥斯卡不敢相信自己的眼睛,他不相信这里会有石油,于是他怀疑自己的仪器出了故障。"这里不可能有那么多石油!这里不可能有那么多石油!"奥斯卡愤怒地吼叫着,还用脚踢毁了那架仪器。几个小时后,奥斯卡在绝望中登上火车,遗弃了那架被摧毁的仪器。

不久之后,业界传出了一个令人震惊的消息:俄克拉荷马城竟是一座"浮"在石油上的城市——它的底下埋着迄今为止在美国发现的储量最丰富的石油矿藏。

在消极心态的影响下,奥斯卡做出了一个错误的选择,从而与成功失之交臂。从某种意义上说,奥斯卡失败正是因为他的消极情绪让他完全否定了自己。

消极情绪会从根本上破坏一个人的信心、斗志与动力,最终让人一事无成。那些有着消极心态的人,虽然也渴望成功,但却从来没有真正认为自己会成功。即使成功的机会就在眼前,他们也将其视为"不可能",从而导致与其失之交臂——这简直是不战自溃。

无数事例证明:积极的心态能让人勇敢地面对逆境,在逆境的磨砺中变得更加出色;而消极的心理,只能让人自甘沉沦,被生活的挫折击垮,最终一事无成。一个人的成就通常不会超过他的真实期望。如果你认为自己不能获得其他人那样的成就,那么,在这种消极思想的束缚之下,你就很难克服前进路上的那些阻碍,也就根本无法成为你心中渴望的人物。如果你期望自己成就大业,就必须强烈要求自己干一番大事,必须是发自内心地、用积极肯定的声音对自己说:"我要成功,我一定会成功!"

感悟分享:

_____
_____
_____
_____

心理知识

认识觉察情绪

一、情绪是什么

情绪是个体对外界刺激的有意识的体验和感受,是以个体的愿望和需要为中介的一种心理活动,有心理和生理反应的特征。根据情绪所引发的行为及其结果,将情绪划分为积极情绪和消极情绪两大类。当客观事物或情境符合主体的愿望和需要时,主体就能引起积极、肯定的情绪;当客观事物或情境不符合主体的愿望和需要时,主体就会产生消极、否定的情绪。

情绪是一种客观的存在,是我们生命中不可分割的一部分。所有的情绪都是有其功能性的,都是有意义的。比如,恐惧可以使我们回避危险,羞怯可促使我们遵守习俗、不违背社会伦理道德。如果没有悲伤,人们就会身在福中不知福;没有痛苦,人们对快乐就不会珍惜;没有焦虑,人就没有压力,缺乏动力。再如,生气是一种强有力的能量,这个信息在表达主体内在有某种强烈的需求未被满足,同时告诉对方越界了……即使是动物也有情绪,如动物见到比自己生猛的野兽会自然产生恐惧心理,肌肉紧绷,做好逃跑或反击的准备。

二、情绪对人的影响

(一)情绪影响身心健康

积极的情绪促进和维持人体健康,保障机体正常地学习、生活和工作,提高身体的抵抗力;消极的情绪使人空虚无聊、痛苦忧虑甚至抑郁。未得到释放以及压抑的情绪具有破坏性,会影响与它们对应的身体器官及组织。长期的沮丧抑郁情绪可能会导致胆结石或其他胆囊疾病,长期的焦虑与担忧则可能会导致胃溃疡与胃炎。正如《黄帝内经》中所说"怒伤肝,喜伤心,忧伤肺,思伤脾,恐伤肾"。研究发现,90%的心理疾病源于情绪,情绪得不到释放就容易造成各种身心疾病。

(二)情绪影响学习状态

积极的情绪有利于学生的思维活动,使思维活跃,眼界开阔,使学生愿学、乐学;消极情绪可能导致思维迟钝、狭隘,使学生厌学。

(三)情绪影响人际关系,影响一个人的事业发展

一个成功的人往往对自己和他人的情绪具有较高的觉察能力,能很好地把握并处理事态的进退分寸,更容易获得成功。

三、情绪类型及词汇表

古有七情说:喜、怒、哀、惧、爱、恶、欲。

近代的研究中,有四种基本情绪:快乐(喜)、愤怒(怒)、恐惧(惧)、悲哀(哀)。

快乐	开心、满足、欢乐、欣喜、扬眉吐气、适意、称心、知足、痛快、狂喜、自在、舒心、激动、动心、甜蜜、从容、幸福、愉悦、兴趣、骄傲、兴奋、喜爱等
愤怒	气恼、气愤、生气、不满、愤然、激愤、盛怒、七窍生烟、勃然大怒、愤愤不平、恼羞成怒、怒不可遏、恼火
恐惧	不安、紧张、着急、慌乱、惊愕、害怕、心悸、震惊、后怕、退避、不寒而栗、心慌、大惊失色、缩头缩脑、担心
悲哀	哀伤、悲哀、凄然、伤心、伤感、悲痛、痛心、悲愤、痛苦、辛酸、凄惨、愧疚、肝肠寸断、五内俱焚、黯然神伤

四、觉察情绪

美国斯坦福大学的戈尔曼博士系统地阐述了情绪智力的概念及其表现,并把它概括为五种能力,即情绪的自我觉察能力、情绪的自我调控能力、情绪的自我激励能力、对他人情绪的识别能力和处理人际关系的能力。

觉察情绪,即当自己某种情绪刚一出现时便能够觉察。如果一个人不具有这种对情绪的自我觉察能力,或者说意识不到自己真实的情绪感受,就容易被自己的情绪任意摆布,以至于做出许多后悔莫及的事情来。伟大的哲学家苏格拉底的一句"认识你自己",就道出了情绪智力的核心与实质。

在实际生活中,人们在处理自己的情绪与行为表现时风格各异,主要有以下几种情绪风格类型。

(1)自我觉知型 即当自己的某种情绪出现时,不管是积极的还是消极的情绪,都能够马上觉察到。具有这种情绪风格的人,一般都拥有积极的人生观和价值观,心理健康。如果遇到不顺心的事情或是情绪低落时,不会怨声载道、唉声叹气或萎靡不振,而是努力调适,有效地管控自己的情绪,并很快恢复。

(2)自我沉溺(受控)型 这种人一般表现为常常把自己卷入情绪的狂风暴雨中而不能自拔,听凭情绪的发作,常常处于情绪的失控状态,情绪多变并且反复无常,不自知也无力摆脱,自感被压倒,被击溃。

(3)自我认可(放任)型 具有这种情绪风格的人一般表现为对自己的感受了解得一清

二楚。尽管能够接受并认可自己的情绪,但并不打算去改变某些负面情绪。这一情绪类型还可以划分为几种类型:

1)乐天知命型——平时总是高高兴兴的,不愿意也没有必要去改变情绪。

2)放任发泄型——有很强的进取心,但是不愿意去重视和了解他人的感受,只想强调自己的感觉,所以放任自己的不良感受,只图得到发泄。

3)悲观绝望型——这种人虽然能清晰地认识到自己的情绪状态,而且也明知是不良的负面情绪,但采取"任其自然"的无所谓态度,无论有多么大的烦恼与悲伤,总是采取无所作为的方式来消极应对。许多抑郁症患者就有这样的典型表现,往往是束手待毙于绝望痛苦的情绪感受之中。

自我觉察是心灵成长的第一步,那么,我们应该如何增强情绪自我觉察能力呢?

(一)觉察情绪产生时的反应

通常情况下,当我们产生某种情绪时,会伴随着一系列的肢体、行为和心理反应。比如说,当一个人紧张时,他的身体会僵硬、冒冷汗,思维也会受阻;恐惧时,手会颤抖,大脑无法思考,并且产生想要逃跑或逃避的心态,急切地想要从当前的情境中撤离;愤怒时,人会高度紧张、容易冲动、歇斯底里,并做出让自己后悔的事情;羞愧时,会扭扭捏捏,觉得自己不值得被尊重或是被关注,并且下意识地做出讨好的行为……观察自己处于各种情绪时的反应,并保持对自己的觉知,那么下次当你有类似的肢体反应、行为表现或心理感受时,你就能知道自己陷入了什么样的情绪状态中,并做出适当的行为反应。

我没有生气

(二)接纳我们的情绪

接纳就是不批判、不抗拒,只是单纯地与我们的情绪待在一起,全然地去感受它,让能量自然地流动。当你能与情绪共处之后,你会发现所有的情绪都会很快消失,由情绪造成的身体不适也会很快消失。接纳会让你活在当下,从思维的怪圈中跳脱出来,更好地去处理当下的问题,做好眼前的事。

(三)觉知情绪背后的深层原因

每种情绪的产生都有一定的原因。有的是条件反射,比如说,看见蛇时我们会本能地产生恐惧的情绪;有的是对所处状况的直接反应,比如说,无缘无故受到别人攻击时会感到愤怒;还有一种则是由于我们有些偏颇或扭曲地解读某些事件,从而使自己产生负面的情绪或感受。还有的情绪形成的原因大多跟我们小时候的成长经历密切相关。

觉察——接纳——觉知,我们要时刻保持对自己情绪的觉知,要觉察、接纳并了解我们的情绪,全然地跟它待在一起,并对当下的状况做出适当的回应,这样才能不被情绪控制,不成为情绪的奴隶。

五、几种常见的消极情绪

(一)自卑

自卑是由于个体对自己某种生理的、心理的因素或其他原因的认知偏差而导致的轻视自己的消极情绪体验。自卑通常表现为对自己评价过低,瞧不起自己,担心失去他人尊重。

消除自卑的方法:

(1)正确认识和评价自己 克服自卑的前提是客观地认识和评价自己,根据自己的实际能力水平,制订切实可行的发展目标,缩短"现实自我"与"理想自我"之间的距离。

(2) 建立合理的思维方式　打破过去"因为我不行——所以我不去做——因此我就是不行"的不合理的恶性循环的思维方式,建立起积极合理的思维模式:"因为我不行——所以我要努力去做——即使失败了我还要再努力,谁也不是天生就能行——结果定会有进步"。

(3) 要深信"天生我材必有用"　这是强者的自勉之辞。在正确认识自己的基础上,要努力展现自己,尽最大努力把自己的某种才能表现出来。

(4) 对自己生理上的一些缺陷要"扬长避短"。

(5) 进行一些消除自卑、建立自信的自我训练　如突出自己,挑会场前面的位子坐;用微笑面对生活和学习等。

(二) 焦虑

焦虑是人们在面临威胁或预料到某种不良后果时产生的一种紧张、害怕、担忧等混合交织的情绪体验,如适应焦虑、考试焦虑、身体过分关注焦虑、选择焦虑等。焦虑一般不由现实的危险所致,而且其紧张和恐惧的程度与现实处境很不对称。焦虑往往只是矛盾冲突的外显,借此作为防御机制以避免更深层次的困扰。

焦虑的特点:内心极度紧张不安,惶恐害怕,心神不定,思维混乱,注意力不能集中,甚至记忆力下降,同时伴有头痛、失眠、食欲不振、胃肠不适等不良生理反应。

解决或缓解焦虑的方法:

(1) 三部曲法　一是要弄清楚自己焦虑的是什么,为什么焦虑;二是要让自己明白,如果自己害怕的事情真的发生了或是最坏的结果发生了,又会怎样;三是在前面两点基础上,再来面对现在的问题,现在的真正问题是什么? 这个问题是由什么原因引起的? 要解决此问题有哪些办法? 自己决定用什么办法来解决,什么时候开始做?

(2) 改变拖沓的坏习惯　凡是必须做的事,立刻去做,这是矫正焦虑的有效办法。

(3) 学会放松情绪　方法有深度呼吸法、静坐冥想法、自我暗示法、意象训练法和身体放松法。

(三) 抑郁

抑郁的核心症状是持续的沮丧情绪或对日常活动失去兴趣,愉快感丧失,可有强烈的自责、内疚感、无价值感,甚至绝望或自杀。不利影响有食欲减退、体重减轻、睡眠障碍、疲劳、注意力不集中、自觉思考能力下降以及精神活动易激惹或迟滞等。

这种情绪多发于性格内向、孤僻、敏感多疑、依赖性强、不爱交际、生活遭遇挫折、长期努力而得不到回报的人身上。

抑郁的处理,同焦虑一样,要挖掘症状背后的潜在原因,唤起其内心激情和对生活的乐趣。

(四) 嫉妒

嫉妒是在人际交往中与他人比较,发现自己在才能、名誉、地位和境遇等方面不如别人,而产生的一种自惭、怨恨、恼怒混合的复杂情感。它是一种抱怨、憎恨某人并以打击别人来抬高自己的唯我独尊的心理,是一种对竞争者发出的仇恨情感。

克服嫉妒的方法:

(1) 为自己喝彩加油　嫉妒往往是自卑心理的一种变相体现。要善于发现自己的优点,肯定自己的价值。扬长避短,勿以己之短比他之长;只要今天的自己比昨天的自己有进步,就是值得高兴的。

(2)开阔视野和胸襟,学会欣赏他人　天外有天,人外有人。坦然接受并欣赏别人比你优秀的地方,诚恳地向别人学习,不但可以使心情轻松愉快,还有利于完善自我。

(3)学会转移注意力　培根说:"每一个埋头沉入自己事业的人,是没有工夫去嫉妒别人的。"把注意力转移到有意义、有价值的事情上,嫉妒心理就会消散。

(4)建立多元价值观　人生的价值体现在多个方面。人非完人,尺有所短,寸有所长,失之东隅收之桑榆。

(五)愤怒

愤怒是指由于客观事物与人的主观愿望相违背,或愿望无法实现或受阻时,人的内心产生的一种激烈的情绪。

特征:生理上心跳加快、心律失常、血压升高,心理上自制力减弱或丧失,思维受阻,行为冲动。有些人错误地认为发怒可以威慑别人,使人尊重自己。其实愤怒是愚蠢的开始,最终以后悔结束。

处理愤怒情绪的方法:

(1)及时制怒　在怒气刚产生时以理智来加以抑制,可以强迫自己先不要讲话,给自己一段时间的静默,以便能够对事情冷静地进行思考。

(2)逆向思维　人在愤怒时,容易顺着激情的指向去考虑问题,这样会愈加气愤。如果采取逆向思维,从相反的方向考虑问题,看问题就会比较客观,避免做出过激的举动和后悔莫及的蠢事。

(3)转移环境　在怒气萌发时,应特别注意控制自己的言行,只要情况许可,就应尽快离开引起你愤怒的人和事,换换环境,待心情平静后再来考虑和处理问题。

(4)听取规劝　盛怒使人的控制力减低,难以有效地控制自己,这时,如果愿意接受别人的劝告,那么对及时控制愤怒可产生一定的作用。

(5)活动宣泄　参加一些自己喜爱的文体活动,转移注意力,使怒气自然宣泄出来。

醒世心语

★情绪没有体积,却可以让人敞开胸怀去拥抱整个世界,又可以使人心眼儿狭窄得芥蒂难容;情绪没有重量,却可以把人压得趴倒在地,又可以让人忘乎所以地飘上云端;情绪没有标价,却可以使人的价值上升到崇高的境界,也可以把人的价值贬到为人不齿的境地。

★情绪是正常存在的,无分对错,不要压抑情绪,而是觉察你的情绪。情绪的觉察水平可以经过后天的训练得到提高。

★生气是拿别人的错误惩罚自己。

★一个人的真实,不在于他向你显露的那一面,而在于他所不能向你显露的那一面。因此,如果想了解一个人,不要听他说出的话,要听他没说出的话。

★如果你常常怨天尤人,你的现实生活就会被怨恨包围;如果你常怀感激,那么你的人生中就会充满更多值得感谢的事。

心灵鸡汤

可怜的小猫

一位总经理在上班的路上,遇上了堵车、红灯等种种让人心烦的事,带着烦躁的心情,终于来到办公室,还没有坐定,秘书拿着文件进来了,而且要总经理马上审阅。此时总经理正心情不好,所以训斥了秘书一顿。秘书无缘无故地被训斥后,走出了总经理的办公室。这时平时爱开玩笑的部门经理正好看见她,就过来说她的衣服如何难看,而此时的秘书,怎么能容忍他这么说自己呢,马上就暴跳如雷地骂了这位部门经理。这位经理知道她是老总家的亲戚,所以只好忍气吞声。经理回到家后,一想起今天被那位秘书骂就上火,看见自己的儿子在玩游戏,就训斥儿子不好好学习,没有上进心。儿子很委屈,自己已经完成了今天的作业,只是想放松一下,现在看电视的心情也没有了,就回到了自己屋里。这时,他平时很喜欢的小猫跑到他的脚下,他想也没想,一脚将它踢飞,结果这只可怜的小猫被踢死了。

感悟分享:
_____
_____
_____
_____

天堂?地狱?一念之间

日本有个传说。有一次一位好斗的武士质问一位禅师,让他解释何为天堂,何为地狱。禅师叱责道:"粗鄙之辈,何足论道!"武士感到受了侮辱,暴跳如雷。他从刀鞘中拔出长刀,吼道:"如此无礼,我杀了你!"禅师平静地回答:"彼为地狱。"武士突然领悟到,禅师所说的地狱指的就是他被愤怒控制时的状态,于是立刻平静下来,把刀插回刀鞘,向禅师鞠躬,感谢他的点拨。禅师又说:"彼为天堂。"

是非对错,只在一念之间。我们的情绪也是一样,有的时候你所以为的并不一定是事实本身。很多时候,我们都意识不到我们对某个事物的真实感受,或者直到事后才发现,也就是我们日常所说的觉察我们的自我意识。你有没有意识到自己的情绪?在你生气的那一瞬间,你能不能意识到自己生气了?这实际上就是情商。很多人认为情绪管理就是忍住不发脾气,实则不然。情绪管理包括情绪体验的能力、情绪觉察的能力以及情绪掌控。当我们连自己的情绪都觉察不到的时候,就别谈觉察别人的情绪,更别谈管理自己的情绪了。

感悟分享：

_____
_____
_____
_____

活动体验一　情绪大体验

【活动目的】

通过以下几种活动，体验不同的心理感受。

【活动步骤与内容】

1. 情绪句式填充：

给出一些不完整的句子，让同学们进行补充。比如：

"当_____的时候，我最高兴"；

"当生气的时候，我_____"；

"当_____的时候，我觉得自己最重要"；

"当_____的时候，我感到沮丧"；

"当_____的时候，我往往选择放弃"；

"当受到斥责时，我想_____。"

2. 我的"情绪大蛋糕"：

把自己这一周的情绪找出来，组成一个"情绪大蛋糕"，可以涂上颜色，然后用"我觉得＋××（情绪词汇），因为＋××（原因）"的句式分享。

感悟分享：

_____
_____
_____
_____

活动体验二　觉察自己的情绪

【活动目的】

通过活动，觉察自己的情绪，并尝试着从负面情绪中解脱出来。

【活动步骤与内容】

首先,请全班同学安静下来,在教师的引导下思考以下问题(或者闭上眼睛,静静地坐在座位上,在教师的引导下,让以下问题以画面的形式出现在你的面前):

1. 小时候,父母如何管教你?如何惩罚你?
2. 你是否觉得自己内心埋藏了很多愤怒?
3. 你是如何表达愤怒的?你生气时是什么反应?都做些什么?内心感受如何?
4. 你的父母是如何表达愤怒的?他们生气时你是什么反应?内心感受如何?
5. 你的其他重要家人是如何表达愤怒的?他们生气时你反应如何?内心感受如何?
6. 你处理愤怒的方式跟他们相似吗?别人会如何回应你的愤怒?他们关心你的感受吗?他们会安慰你,还是会打你,羞辱你呢?
7. 生气时所做的事情最终都能妥善解决问题吗?还是引发更多的问题?
8. 你是否紧紧抓住愤怒久久不放?
9. 现在你对过去所受的伤害感觉如何呢?

这些问题或许不容易回答,你在回答时可能会激起内心情绪的一些反弹,此时,请尽量诚实地面对自己,谅解而不批判地观察自己的反应,诚实地面对自身的感受,以帮你从过去的负面经验中解脱,获得自由。而一旦你觉察到背后牵制你的情绪,你的情绪就不会下意识地反弹了。

感悟分享:

_____
_____
_____
_____

活动体验三　觉察情绪的背后

【活动目的】

通过活动,觉察自己的情绪及背后的感受和渴望,学会平和地表达情绪和感受,而不是情绪化地表达自己的愤怒。

【活动步骤与内容】

首先,找一个安静的环境,做几次深呼吸,让自己全身放松,在教师的引导下开始下面的练习。

1. 回想一次生气的经历,尽量回到当时的情景,回想当时的感受。假如你正在生气,请觉察自己此刻的感受。
2. 深呼吸,进入更深层的内在,挖掘你的愤怒之下还藏有哪些感受,你感到害怕?伤心?不安?无助?无力?受伤?或被遗弃吗?你有过期望和梦想无法实现时的失落感吗?
3. 进入更深层的内在,在恐惧、失望或悲伤时,你是否渴望某个人真心聆听或者关注你呢?你是否有意无意地渴望尊重、认可、安全感、关怀和爱呢?

事实上,愤怒只是一种表层情绪,在它的下面隐藏了很多其他的感受。倾听自己内心的感受,而不是在愤怒中迷失;学会平和地表达情绪和感受,而不是情绪化地表达愤怒。

感悟分享:
_____
_____
_____
_____
_____

心灵成长记

_____
_____
_____
_____

> 你不能左右天气,但你可以改变心情;你不能控制他人,但你可以掌握自己。

主题二 情绪管理——做情绪的主人

情绪具有两面性:消极性和积极性。积极情绪使人振奋乐观,会促进人的主观能动性的发挥,提高活动效率,增强克服困难的信心,有利于人的身心健康;消极情绪使人颓废、悲观,意志消沉,活动效率降低,不利于人的身心健康。

情绪是一股能量,没有对错和好坏之分。每一种情绪都是我们身体的适应性反应,都是心灵给我们的一个重要信息,它告诉我们哪些地方需要改变以及如何改变。如果我们能够善待它们,很好地管控它们,我们就会成为情绪的主人和朋友,而不是变成情绪的奴隶。

情绪控制指数

指导语:让我们一起来看看自己的情绪控制指数有多高吧!

请在下列各题的描述中,选择符合自己情况的一项。

1. 你很少会向家人、老师、同学、朋友大发脾气。
   A. 是　　　　　B. 不一定　　　　　C. 否
2. 当你和别人意见不合的时候,你虽然已经很生气了,但还是能很好地掩饰不满的情绪。
   A. 是　　　　　B. 不一定　　　　　C. 否
3. 当你遇到困难的时候,会有阿Q精神,觉得这个困难是人生的一大考验,是成长的必经之路。
   A. 是　　　　　B. 不一定　　　　　C. 否
4. 在紧张的时候,你总是有办法缓解自己的紧张情绪。
   A. 是　　　　　B. 不一定　　　　　C. 否
5. 遇到考试的时候,你晚上的睡眠质量和平时一样吗?
   A. 是　　　　　B. 不一定　　　　　C. 否

6. 看到一部好的电视、影片,你会与好友分享,但并不会沉浸其中一直回味。
   A. 是　　　　　B. 不一定　　　　　C. 否

7. 你认同"走自己的路让别人说去",对流言蜚语毫不在乎。
   A. 是　　　　　B. 不一定　　　　　C. 否

8. 即使每天重复单调的工作,你也有自得其乐的办法。
   A. 是　　　　　B. 不一定　　　　　C. 否

9. 你能很快适应一个新环境,如说新学校、新寝室、新同桌等。
   A. 是　　　　　B. 不一定　　　　　C. 否

10. 不高兴的时候,你就会尽量少地与人接触。
    A. 是　　　　　B. 不一定　　　　　C. 否

数据评析:

选项 A 为 2 分,B 为 1 分,C 为 0 分。你的总分是:_____

本测试最高得分为 20 分。分数越高,表明你的情绪控制力越强;分数越低,表明你的情绪控制力越差。如果你的得分在 10 分以下,说明你经常受到不良情绪困扰,控制情绪的能力有待提高。

案例故事　　世界冠军被苍蝇打败

1965 年 9 月 7 日,世界台球冠军争夺赛在纽约举行。路易斯·福克斯胸有成竹,十分得意,因为他的成绩远远领先于对手,只要正常发挥,再得几分便可登上冠军宝座。然而,正当他准备全力以赴拿下比赛冠军时,发生了一件令他意料不到的小事:一只苍蝇落在了主球上。

路易斯没有在意,挥了挥手赶走苍蝇,然后俯下身准备击球。可当他的目光又落到主球上时,这只可恶的苍蝇又落到了主球上,他又挥了挥手赶跑了它,这时观众席上发出了笑声。正当路易斯俯身准备击球的时候,这只苍蝇好像故意要和他作对,又落在了主球上。这样,路易斯和苍蝇在不停地周旋,惹得现场的观众笑得前仰后合。此时,路易斯的情绪显然恶劣到了极点,当那只苍蝇又落在主球上时,路易斯终于失去了冷静和理智,愤怒地用球杆去击打苍蝇,一不小心球杆碰动了主球,裁判判他击球,他因此失去了一轮机会。这时,本以为败局已定的竞争对手约翰·迪瑞见状勇气大增,信心十足,连连过关,而路易斯则在极度愤怒与失败情绪的驱使下,接连失利。最终约翰赶上并超过路易斯,成为世界冠军。路易斯沮丧地离开赛场,第二天早上有人在河里发现了他的尸体。他投水自杀了。

一只小小的苍蝇却击败了一个攻城略地的世界冠军!不仅令人扼腕长叹,更令人震惊,值得深思。

感悟分享:

_____

_____

我气得受不了了

一次,因为和父母吵架,我赌气坐出租车去学校。

开车的是一位大叔,他问我去哪里。"烦透了,随便,只要能走开就行,我气得受不了了。"看着我气呼呼的样子,他好像知道发生了什么事,他一边开车一边讲起他小时候的故事。

他说:"那时,我最爱和小朋友们玩上树爬墙的游戏,当时郊区正在盖一栋五层的楼,小伙伴们约好一起去爬,而父母认为很危险,于是就勒令禁止。后来我们争执起来,一气之下,我偷偷跑了出来。我急于想证明我是对的,也许是急躁吧,在爬到第五层时,我踩空了,伤了腿。因为一时的冲动,多年的梦想都没有了,现在我只能开出租车。"

临下车,大叔说了一句:"把握好你的情绪,年轻人。"

听了大叔的话,我的心情久久难以平静……

当一个人的情绪波动较大或压力较大时,也是最危险的时候。不管轻重,先把气撒出来再说,这会把我们推向更糟糕的境地。很多时候,我们就是在情绪化的状态下做出了许多愚蠢甚至后悔终生的傻事。

控制好自己的情绪,是能够成就大事的重要因素之一,也是一个人最基本的素质。

控制好你的情绪,年轻人——让我们时时想着这句忠告!

感悟分享:
_____
_____
_____
_____

管控好你的情绪

一、情绪管理能力

情绪管理能力包括情绪识别、情绪接纳、情绪理解、情绪表达、情绪调节五个方面的关键经验。

(1)情绪识别 又称情绪觉察,指能够准确地辨识自己的情绪,或能够通过他人的表情、语音语调、肢体语言等信息判断其情绪。情绪识别是情绪管理能力的基础。

(2)情绪接纳 是指接纳正常的情绪。健康情绪不是

指一个人时刻处于阳光状态,而是所表现出的情绪应与其所遇到的事件保持一致。如果失败了,伤心是正常的;如果遇到抢劫,有恐惧的情绪是正常的;如果亲人离世了,有悲伤的情绪是正常的;如果被误会了,有愤怒的情绪是正常的。

(3)情绪理解　是指能够解释自己或他人情绪产生的原因,或根据事情经过、环境、时间等情境线索或他人的习惯、性格等个人线索推测他人的情绪。

(4)情绪表达　是指通过表情、肢体语言、语音语调、情绪词汇等方式,将自己的情绪传递给他人。

(5)情绪调节　是指对自己的情绪感受在内容和程度上的监控、评估与调整,也包括对自己情绪表达的调控。情绪调节更贴近我们通常所理解的情商(EQ)。

二、情绪 ABC 理论

美国心理学家埃利斯的情绪 ABC 理论认为,情绪不是由事件本身引起的,而是由个体对事件的看法(想法)引起的。要想消除人的不良情绪和行为,就要先改变对事件的不合理的看法或想法。该理论图示如下。

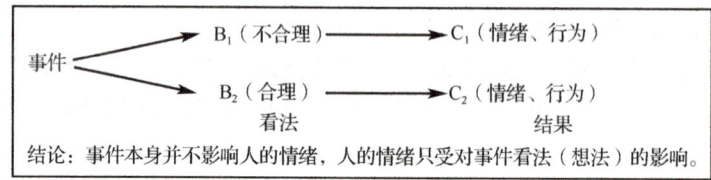

结论:事件本身并不影响人的情绪,人的情绪只受对事件看法(想法)的影响。

根据情绪 ABC 理论来消除人的不良情绪和行为的几个范例:

事件(A)	不合理的看法 (想法)(B_1)	情绪、行为 (消极 C_1)	合理的看法 (想法)(B_2)	情绪、行为 (积极 C_2)
我的个子矮	别人肯定瞧不起我	很自卑,不敢昂头走路	人品比身高更重要	自信,阳光,行动自如
我没什么特长	我没一点儿长处,真没用	郁闷,喜欢躲在角落里	每个人都有自己的长处	乐观,多交朋友,虚心向别人学习
我的家境贫寒	老师和同学们都看不起我,根本找不到自信	很自卑,不敢跟同学一起吃饭、上街、谈论家庭的经济	家境不是自己能选择的,家境不好,更需要努力拼搏	很坦然、诚恳,学习比别人更用功,努力学习好
我犯过错误被记过了	一个人如果犯了错误,是一辈子也无法抹掉的	沮丧、忧愁,整天沉闷不语,做事谨小慎微	人非圣贤,孰能无过,过而改之,善莫大焉	我对未来充满希望,有信心成为一个有用之人

三、4AS 技术管理情绪

当陷于苦恼、生气等负性情绪,甚至出现冲动行为时,可以使用 4AS 技术来自我管理情绪。

4AS 技术即 4 步反问技术。A—Ask,即反问、反思;S—Step,即步骤。具体操作如下:

(1)值得吗?自我控制!

(2)为什么?自我澄清!

(3)合理吗？自我修正！

(4)该怎样？自我调适！

四、调节和控制情绪十法

(1)转移法　当不良情绪上涌时,有意识地转移话题或换换环境、做点别的事情来分散注意力,使情绪得到缓解。在余怒未消时,可以通过看电影、听音乐、下棋、散步、找朋友聊天、打球等有意义的轻松活动寻找到新的快乐,使紧张情绪松弛下来。

(2)放松法　情绪不好且有紧张反应时需要放松,可以进行深呼吸(气吸进来让腹部膨胀,然后再慢慢吐气,吐长气),从头到脚放松肌肉,想象让自己高兴的事物或美好的景色。

(3)倾诉法　人如果有了情绪最好表达出来,把心事说出来就不会压抑了。那么跟谁说呢？信得过谁就跟谁说,跟谁说最安全就跟谁说。若一时找不到倾诉对象或者羞于启齿,不好意思对人说,也可以用写日记的形式写出来,也可以假设面前有一个可以倾诉的人,向他倾诉,以释放积于内心的不良情绪。

(4)宣泄法　心理研究发现,人们哭泣后,负面情绪可降低40%。人在情绪压抑时,会产生某些对身体有害的物质。哭泣时,这些有害物质就会随眼泪排泄掉很大一部分,起到舒缓情绪、利于身体健康的作用。另外,愤怒或郁闷时可以到河边、湖边、公园、野外大声喊一喊,也可以将许多负面情绪宣泄出去。

(5)自我安慰法　当一个人追求某个目标未成时,为了减少内心的失望,可以找一个冠冕堂皇的理由安慰自己,就像狐狸吃不到葡萄就说葡萄酸一样。当然这种"阿Q精神法"不能经常使用,否则会使人不思进取。

(6)自我警示法　在情绪激动时,自己默诵或心里提醒自己,如"冷静些""不能发火""注意自己的身份和影响""也可能是我错了""克制一下"等,抑制自己的情绪;也可以针对自己的弱点,预先写上"制怒""镇定"等条幅置于案头或挂在墙上。

(7)幽默化解法　培养幽默感,用寓意深长的语言、表情或动作,用讽刺的手法,机智、巧妙地表达自己的情绪。

(8)推理比较法　对困难的各个方面进行解剖,比较自己的经验和别人的经验,在比较中寻找成功的秘密,坚定成功的信心,排除畏难情绪。

(9)压抑升华法　不受重用、身处逆境、被人瞧不起、感到苦闷时,可把精力投入你感兴趣的事情中,通过成功来改变自己的处境,改善自己的心境。

(10)微笑法　微笑是"良药",是快乐的"通行证",微笑是世界上最廉价、最快捷的"滋补品"。学会微笑,用微笑去调节紧张的情绪,可以让人轻松和愉悦。

五、避免冲突黄金六步法

与他人发生冲突时,有六个黄金步骤可避免伤害感情。

第一步,仔细聆听,保持冷静;

第二步,"映"出对方的心声(重复对方话语:"你的意思是……");

第三步,谢谢对方愿意交流("谢谢你告诉我……");

第四步,真诚地道歉(一是为事情道歉:"很抱歉我没有做好";二是为心情道歉:"很抱歉让你不开心");

第五步,了解对方意愿("你希望我怎么做?");

第六步,发挥创意,寻求共识。

★心灵小贴士——不思八九,常想一二

心若计较,处处都有怨言;心若放宽,时时都是春天。世间不如意事十之八九,能对你百依百顺的人,能让你如愿以偿的事,都很少。你若非要计较,没有一个人、一件事能让你满意。人活一世,就是求个心的安稳,何必跟自己过不去。心宽一寸,路宽一丈。若不是心宽似海,哪有人生的风平浪静?

 醒世·心语

★我们生活在天堂里,还是生活在地狱中,全在心态的抉择,而天堂离地狱仅咫尺一步。

★只要你识别了情绪,情绪就被牵了牛鼻子;只要情绪被你自觉疏导,你就驾驭了情绪。

★强者控制自己的情绪,弱者让情绪控制自己。

★控制金钱,可以得到财富;控制饮食,可以得到健康;控制情绪,可以得到快乐。

★看别人不顺眼,是自己修养不够。

★用嘴伤害人,是最愚蠢的一种行为。

★忧愁、顾虑和悲观,可以使人得病;积极、愉快、坚强的意志和乐观的情绪,可以战胜疾病,更可以使人强壮和长寿。

心灵 鸡汤

坏脾气的乌龟

从前,在一个水池里,住着一只乌龟,他和经常来这里喝水的两只大雁成了好朋友。

有一年,天旱,池水干涸了。乌龟没办法,只好搬家。他想跟大雁一起去南方生活,但他不会飞。于是他想了一个办法:他找来一根木棍,让两只大雁各咬住一端,乌龟咬着中间,让大雁带着它一起飞到南方。大雁叮嘱乌龟途中不要张嘴说话,以免发生意外。然后,他们动身起飞了。

他们飞过辽阔的田野,飞过蔚蓝的湖泊。地上的孩子们看见了,觉得这个组合很有趣,拍手笑起来:

　　"你们看呀,那只乌龟很滑稽啊。""大雁太聪明了,竟然想了这么一个好主意。"乌龟听了有点生气。

　　"这个主意也许是那只乌龟想出来的啊。"乌龟听了得意扬扬的。

　　"这个主意肯定不是乌龟想出来的,乌龟多笨呀。"

　　听到嘲笑后乌龟大怒,就想开口责骂他们,口一张开,他就从空中跌落下来,摔死了。

　　大雁叹息道:"坏脾气害死了乌龟呀。"

感悟分享:

_____
_____
_____
_____

可怜的骆驼

　　一只骆驼在沙漠里跋涉。正午的太阳像一个大火球一样,晒得它又饿又渴,焦躁万分,一肚子火不知道该往哪儿发才好。

　　正在这时,一块玻璃瓶碎片把它的脚掌硌了一下,疲累的骆驼顿时火冒三丈,抬起脚狠狠地将碎片踢了出去,却不小心将脚掌划开了一道深深的口子,鲜红的血液顿时染红了沙粒。

　　生气的骆驼一瘸一拐地走着,一路的血腥味引来了空中的秃鹫,它们叫着,在骆驼上方的天空中盘旋着。骆驼心里一惊,不顾伤势狂奔起来,在沙漠上留下一条长长的血痕。

　　跑到沙漠边缘时,浓重的血腥味引来了附近沙漠里的狼,疲惫再加上流血过多,无力的骆驼只得像只无头苍蝇般东奔西突,与饿狼周旋。仓皇中它跑到了一处食人蚁的巢穴附近,鲜血的腥味惹得食人蚁倾巢而出,黑压压地向骆驼扑过去。一眨眼的工夫,就像一块黑色的毯子一样把骆驼裹了个严严实实。可怜的骆驼鲜血淋漓地倒在了地上……

　　要善待自己,就要学会控制自己的情绪。

感悟分享:

_____
_____
_____
_____
_____

情 绪 钉

从前有个坏脾气的小男孩,常常发脾气。一天,父亲给了他一大包钉子和一个铁锤,要求他每发一次脾气就必须用铁锤在他家后院的栅栏上钉一颗钉子。第一天,小男孩一共在栅栏上钉了 37 颗钉子。

一天天过去了,小男孩每天在栅栏上钉钉子的数目逐渐减少了。他发现,控制自己的坏脾气比往栅栏上钉钉子要容易得多。终于有一天,小男孩没有往栅栏上钉一颗钉子。他高兴极了,把这个进步告诉了父亲。父亲笑着建议说:"如果你能坚持一整天不发脾气,就从栅栏上拔下一颗钉子。"经过一段时间,小男孩终于把栅栏上所有的钉子都拔掉了。

父亲拉着他的手来到栅栏边,对他说:"孩子,你做得很好。但是你看,那些钉子在栅栏上留下了这么多小孔,栅栏再也不是原来的样子了。当你向别人发过脾气,你的言语就像那些钉孔一样,会在人们的心里留下伤痕,无论你说多少次对不起,那些伤口都会永远存在。其实,言语对人们造成的伤害与伤害人们的肉体没有什么两样。"

感悟分享:

_____

_____

_____

活动体验一　互助解决烦恼

【活动目的】

通过此活动,调动同学们的积极性。用集体的智慧来解决同学们内心的烦恼。

【活动步骤与内容】

1. 每人用一张白纸,写下一至二件让自己感到烦恼的事情,以及为什么感到烦恼,可以不留姓名,写好后放入讲台桌上的箱子内。

2. 全班同学轮流上台抽签,念出纸上的内容(若抽到自己的就可以换一张),并说出自己的看法和解决办法。然后,由其他同学补充说明他们的处理方式。

你认为别人的方法对你有效果吗?

你从别人解决问题的思路中学到了什么？
感悟分享：

活动体验二 开好情绪列车

【活动目的】
通过此游戏活动，学习用积极的心态面对情绪，用正向的方式去转化情绪。

【活动步骤与内容】
当你处在以下 A 事件产生的相应情绪中时，你会把列车开往 C1 站还是 C2 站？请选择。

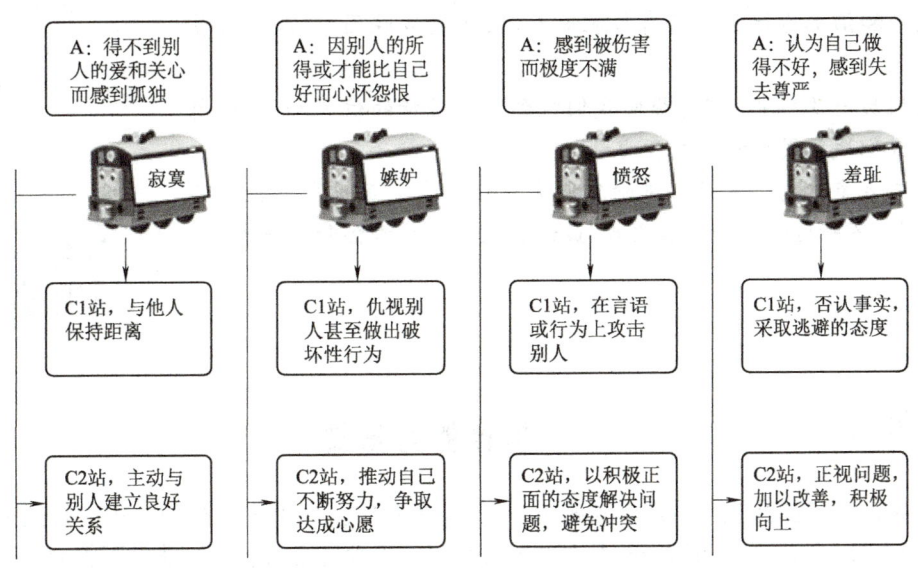

感悟分享：

心灵成长记

> 天将降大任于斯人也,必先苦其心志,劳其筋骨,饿其体肤,空乏其身,行拂乱其所为,所以动心忍性,曾益其所不能。
>
> ——孟子

主题三　正视挫折——乐观生活

人生在世,难免遇挫,面对困难和挫折,如果被吓倒,那我们就只能与痛苦和泪水为伴了。只有勇敢地面对,才能战胜困难,赢得鲜花和掌声。

每经历一次挫折,都能帮助我们找到自己独特的位置和价值,都能增强我们战胜困难的勇气和力量。

有志者事竟成。不经历风雨怎能见彩虹?我们正是在挫折中不断地成长,不断地认识和完善自我,最终收获人生的幸福和美好的。

抗挫能力测试

指导语:亲爱的同学,当你看到题时,不要过多考虑。如果你觉得句子中的描述非常符合你,记1分;有点符合,记2分;无法确定,记3分;不太符合,记4分;非常不符合,记5分。最后把分数加起来。

1. 白天学习或工作不顺心,会影响我整个晚上的心情。(　　)
2. 汽车经过时溅了我一身泥水,我生气一会儿便忘了。(　　)
3. 如果某人擅自动用我的东西,我会生气一段时间。(　　)
4. 如果不是因为遇到数次倒霉事,我一定比现在成功。(　　)
5. 我想我一定受不了被解雇的羞辱。(　　)
6. 如果向所喜欢的人表达好感被拒绝,我一定会精神崩溃。(　　)
7. 学习吃力,我常常提不起精神。(　　)
8. 在我的生命中,我经常有失败的教训。(　　)
9. 我很在意别人对我的侮辱。(　　)
10. 过负债累累的日子,我想都不敢想。(　　)

11. 教室钥匙就在我兜里,我却忘了,让同学们在门口等了很久,过后我感到很愧疚。(　　)

12. 在我的生活中,常常有些令人沮丧气馁的日子。(　　)

13. 如果周末过得不愉快,星期一便很难集中精力学习。(　　)

14. 我还没有达到能够不介意大多数事情的境界。(　　)

15. 一想到可能无法按时完成某项重要的任务,我就不寒而栗。(　　)

16. 我经常心灰意冷。(　　)

17. 我经常为昨天发生的事情而烦心。(　　)

18. 偶尔做个失败者,我也能坦然接受。(　　)

19. 我对他人的怨恨会维持很长一段时间。(　　)

20. 有一次,老师辅导我参加比赛,我没有获得理想的名次,后来我就不敢参加任何比赛了。(　　)

数据分析:

20~58 分:说明你的抗挫能力较弱,在平时生活中要注意调节自己的心态,训练自己从积极的角度看问题。搜集一些面对挫折的调节方法,坚持学以致用。发现问题就等于解决了一半,赶快行动吧,你会发现生活处处有阳光。

59~71 分:表明你的抗挫能力属于中等水平。如果遇到问题,能够有意识地积极应对和调节,你的提高空间会很大。

72~100 分:表明你的抗挫能力还是很强的,请继续保持,如果在反思能力和执行能力上注意一下,你会大有作为。

案例故事

你是胡萝卜、鸡蛋还是咖啡豆

有个女孩向做厨师的父亲抱怨说,她的生活和工作事事都不顺心,困难与问题总是一个跟着一个。她说,也许向生活投降,就不会这样累了。

父亲把女儿带到厨房,给三只锅加上水,分别放了胡萝卜、鸡蛋和咖啡豆,打开火。他一句话也不说,等着水沸腾。女儿很不耐烦地问父亲到底要做什么。20 分钟后,父亲关了火,把三种东西盛出。他问女儿:"孩子,你看到了什么?"

"胡萝卜、鸡蛋和咖啡。"女儿回答。他让女儿用手摸摸胡萝卜。女儿发现胡萝卜变得很软了。之后,他又让她剥开蛋壳,去摸煮熟的蛋白和蛋黄。最后让她尝尝咖啡。女儿微笑着品尝了香醇的咖啡,好奇地问:"父亲,您想告诉我什么呢?"

父亲说:"这三样东西刚刚都经历了沸水的洗礼,但它们的反应却不一样。胡萝卜刚放进水里时很硬,但是在沸水里煮一会儿就变软了。鸡蛋到了沸水里,起初薄薄的壳可以保护内部的液体。但是只要煮一会儿,它的内部就变硬了。只有咖啡豆是独一无二的,它将水变成了咖啡。女儿,那你是它们三者中的哪一个呢?当困难和挫折找上门来时,你是如何回应的呢？你是胡萝卜吗？表面上看起来强硬，但只要一碰到挫折、痛苦就变得软弱无能。或者你是鸡蛋？刚开始还有一颗柔韧的心，有洒脱的精神，但经历了苦难后，外表看起来没有什么变化，但苦难使你的内心变得麻木冷酷了。"

要么你是咖啡豆？沸水带给它痛苦，但它却将水改变。当水达到沸点时，正是咖啡最香浓的时候。如果你是咖啡豆，当苦难到来时，你就会以积极乐观的态度去回应，不放弃，不投降，尽力将困难化成芳香甜美的咖啡。

感悟分享：
_____
_____
_____
_____

玻璃钢杯子的启示

一个农民，初中只读了两年，家里就没有钱继续供他上学了。他辍学回家，帮父亲耕种三亩薄田。在他19岁时，父亲过世了，家庭的重担全部压在他的肩上。他要照顾身体不好的母亲和瘫痪在床的祖母。

20世纪80年代初，农田承包到户，他把一块水田挖成池塘，想养鱼。但乡里的干部告诉他，水田不能养鱼，只能种庄稼，他只好又把水塘填平。这件事还成了一个笑话——在别人的眼里，他是一个想发财但又非常愚蠢的人。

同一块石头，在弱者面前是绊脚石，在强者面前是垫脚石。

他听说养鸡能赚钱，他便向亲戚借了500元钱，养起了鸡。但是一场洪水后，鸡得了鸡瘟，几天内全部死光。500元对别人来说可能不算什么，可对一个只靠三亩薄田生活的家庭而言，不啻天文数字。他的母亲受不了这个刺激，竟然忧郁而死。他后来酿过酒，捕过鱼，甚至还在石矿的悬崖上帮人打过炮眼……可都没有赚到钱。

35岁的时候，他还没有娶到媳妇。因为他只有一间土屋，并且随时有可能在一场大雨后倒塌。娶不上老婆的男人，在农村是没有人看得起的。但他还想搏一搏，就四处借钱买了一辆手扶拖拉机。不料，上路不到半个月，这辆拖拉机就载着他冲入一条河里。他断了一条腿，成了瘸子。

几乎所有的人都说他这辈子完了。但是后来他却成了城市里一家大公司的老总。现在，人人都知道他苦难的过去和富有传奇色彩的创业经历。许多媒体采访过他，许多报告文学描述过他。

有这样一个情节，记者问他："在苦难的日子里，你凭借什么一次又一次地毫不退缩？"他坐在宽大豪华的老板台后面，喝完了手中杯子里的水。然后，他把玻璃杯子握在手里，反问记者："如果我松手，这个杯子会怎么样？"记者说："摔在地上，碎了。""那我们试试看。"他说。

他一松手,杯子掉到地上发出清脆的声音,但并没有破碎。他说:"即使有十个人在场,他们都会认为这个杯子必碎无疑。但是,这个杯子不是普通的玻璃杯子,而是用玻璃钢制作的。"

这样的人,具有非同常人的坚韧品质,即使只剩一口气,他也会努力拼搏,去拉住成功的手,除非上苍剥夺了他的生命。

人生并非一帆风顺。真正的成功者是那些在跌倒之后能一次一次爬起、不言放弃的人,就像玻璃钢的杯子,哪怕摔得再多,它还是能一次又一次以自己的完好证明自己的韧性。

感悟分享:

_____

_____

_____

_____

_____

 心理知识

正视挫折

在人生旅途上,每个人都会遇到挫折、痛苦甚至失败,对此,人们的反应各不相同。但生命的价值就体现在坚强地闯过挫折,冲出坎坷。跌倒的时候不要乞求别人把你扶起,失去的时候不要指望别人替你找回。真金需要火炼,经历过苦难的人,人格会更完善。

职业院校学生常遇到的挫折主要包括:一是人际关系造成的挫折。由于不知如何处理复杂的人际关系,许多同学感到苦闷、烦恼。因受到人际交往问题的困扰,有的同学郁郁寡欢,心情沮丧;有的同学感觉孤单,精神压力很大,无心学习,逃避环境。二是早恋造成的挫折。三是家庭影响造成的挫折。四是环境适应、学业造成的挫折。五是就业问题造成的挫折。

一、对挫折的反应

人们遭遇某种挫折后,往往会有如下心理反应。

1. 消极反应

(1)冷漠　人遇到挫折之后,表现出无动于衷、漠不关心的态度,好像没有什么情绪反应,这就是受挫后的冷漠反应。冷漠并非没有情绪反应,相反,它是一种压抑极深的痛苦情绪反应。当个人面对亲人、朋友带给自己的伤害,或者面对无法摆脱的挫折情境时,通常会表现出冷漠。

(2)压抑　当我们无法对挫折情境表达愤怒与不满的时候,需要暂时将消极情绪压抑

起来。压抑并不意味着问题的解决,按照精神分析理论,被压抑的情绪进入潜意识,会通过其他途径变相表露出来。

（3）报复与攻击　对于人为造成的挫折,比如他人的恶意阻挠,会激起当事人强烈的反应,可能会直接激发出报复和攻击行为。受网络暴力文化的影响,很多青少年面对挫折时具有暴力倾向。

（4）退行　是指遇到挫折时,心理活动和反应退回到个体早期发展水平,以幼稚的、不成熟的方式应对当前情境。比如,学生的活动计划如果受到家长或者老师的反对,可能会采取赌气、哭闹、咒骂、绝食暴食、疯狂购物、砸物甚至离家出走等非积极、非成熟的方式去应对。

（5）固执　指一个人在受到挫折后,不去正确分析失败原因、总结经验教训,而是采取刻板的方式盲目重复某种无效的、一成不变的行为,如有些学生因违反学校纪律受到批评,却固执地认为自己没错,屡教不改。一些性格倔强、偏激的学生比较容易产生固执行为。

2. 积极反应

（1）补偿　所谓补偿,是指因某方面的缺陷而无法达到期望的目标时,以其他方面的成功来弥补先前的遗憾以及消除自卑心理的现象。例如,职业院校学生因为家庭经济条件或者自身的相貌条件在恋爱问题上受挫,那么他就可以发奋学习,以学习的成功增加自己的自信心。

（2）幽默　遇到挫折,以看似轻松的语言对受挫的原因或者后果进行解说,使人的紧张心理或愤怒感暂时消失,就是幽默。幽默反映个人看待挫折成败的一种超然心态和智慧。

（3）升华　以积极的心态看待挫折,将挫折转化为一种激励的力量。所谓"屡战屡败,屡败屡战""越挫越勇"就是这种在挫折面前自我激励的情绪状态。

二、挫折应对策略

美国心理学家曾对1000名智力超常的儿童进行了长达50年的追踪调查,发现其中有些人在事业上取得了很大的成就,声名显赫,有的人却一事无成,默默无闻。心理学家根据他们成绩的大小,将他们划分为高成就组和无成就组进行对比研究,结果显示,这两组人之间最大的差异,在于意志品质,而不是智力。

那些取得较大成就的人,对自己所从事的事业有忘我的献身精神,追求执着,在挫折和困难面前从不动摇。而无成就组的那些人意志薄弱,遇到挫折就踌躇不前,只是消极等待。

心理学家由此得出结论:人们能否取得事业上的成功,很大程度上并不取决于智力或客观环境,而是取决于面对挫折困难时的态度。

面对挫折,正确的应对策略是:

1. 学会冷静地对待挫折

不把挫折看成一种打击,而看成是对自己的一次考验,一个磨砺的机会。同时,还应看到在挫折的后边,正是自己苦苦追求的目标。不少同学看问题,往往只看到一个方面,看不到另一个方面。在他们看来,要么成功,要么失败。事实上,事情的结局并不这么简单,介于失败和成功之间还有许多其他情况,如果在失败之中看到其中孕育着胜利的可能,从而像胜利者那样,信心十足,充满干劲,事态可能就会发生变化。有一句谚语说:"如果你拒绝了失败,实际上你也拒绝了成功。"冷静地看待挫折,把挫折看成前进道路上的必经关口,同时应善于调整努力的目标,扬长避短,努力发挥自己的优点和长处,就能更好地经受挫折的考验,最终取得成功。

2. 面对现实,客观地对待自己

人贵有自知之明。面对挫折,要对自己有一个正确、全面、客观的认识:自己有哪些优点、缺点;有哪些成功的经验和失败的教训;认真分析挫折产生的主客观原因,正确对待,那么就可以及时地摆脱挫折感,排除一切干扰自己心智的因素,以主动、积极、乐观、向上的态度对待所发生的一切。做到了这些,不仅可以克服和消除挫折,而且可以磨炼自己的意志。

3. 树立自信心

在遇到挫折的时候,不妨对自己说"我一定能做好""我一定会成功的""我很能干""继续努力"等。要相信自己一定能做好。

4. 学会幽默

"幽默"和"自嘲"是宣泄积郁、平衡心态、制造快乐的良方。当你遇到挫折时,不妨采用阿Q的精神胜利法来调节一下失衡的心理。或者"难得糊涂",用幽默的方法调整心态,给我们的学习和生活增添更多的阳光和欢乐。

5. 学会转移注意力

遇到挫折后,一般人都会感觉度日如年,这时要适当安排一些健康的娱乐活动,可以去户外呼吸大自然新鲜的空气;也可以通过自己喜爱的业余文体活动等方式,使情绪得以调适,情感得以升华;还可以读一些在挫折中奋进的名人故事,使内心产生一种向上的激情,从而增强自信心。

6. 寻求帮助

遇到挫折和难以解决的问题时,学会倾诉和寻求帮助,是一种疏泄情感和分解痛苦的过程。分散挫折带来的压力,不要把痛苦闷在心里,应当主动向老师、同学或亲友倾诉,争取别人的谅解、同情与帮助。这样可以减轻挫折感,增强克服挫折的信心。所以,我们要不断增强自己的心理免疫力,使自己健康快乐地走好人生的每一步。

三、正确看待失败

失败表明什么?

失败,并不表明你是一个失败者,只表明你尚未成功;

失败,并不表明你一事无成,只表明你学到了一些东西;

失败,并不表明你愚蠢,只表明你有很大的潜力,有待挖掘;

沮丧

失败,并不表明你丢了面子,而是表明你有勇于尝试的胆量;

失败,并不表明你做不到,而是表明你需要采取更好的方式;

失败,并不表明你一定要放弃,而是表明你应该更加努力;

失败,并不表明你无法达到目标,而是表明你需要耐心地等待时机;

失败,并不表明你不是专家,而是表明你需要像专家一样把失败当作走向成功的阶梯。

人生就像是一次漫长的旅途。有平坦的大道,也不乏崎岖的小路;有灿烂的鲜花,也有密布的荆棘。霍金曾这样说道:"生活本来就是不公平的,不管你的境遇如何,你所能做的,只有全力以赴。"即使生活中有一千个让你哭泣的理由,也要拿出一万个理由来笑对人生。

真正的强者就是怀着希望和自信,昂首迎接生活挑战的人。任何人都具备迈向成功的条件。悲观者过早地放弃了希望,才使得生命沾满颓废的尘埃。一个人只要不灰心、不放弃,就没有任何难事能够击倒他。

谁的青春不曾迷茫?谁的成长不曾孤单?迷茫的时候,不要放弃远方,无助的时候,不要放弃希望。生活本是五彩缤纷的,是我们自己将其染成黑白默片。颓废不要紧,只要不要忘记,在颓废的时候给自己打一针"鸡血"。将来的你一定会感谢现在拼命的自己。

醒世心语

> ★ 挫折和不幸,是天才的进身之阶;信徒的洗礼之水;能人的无价之宝;弱者的无底深渊。
> ★ 即使跌倒一百次,也要一百零一次地站起来。
> ★ 大海里没有礁石激不起浪花,生活中经不住挫折成不了强者。
> ★ 苦难对于天才是一块垫脚石,对于能干的人是一笔财富。
> ★ 成功是锻炼,失败是磨炼。
> ★ 感激伤害过我的人,因为他磨炼了我的心态;感激绊倒过我的人,因为他强化了我的双腿;感激鞭打过我的人,因为他激发了我的斗志;感激欺骗过我的人,因为他给了我智慧;感激抛弃过我的人,因为他教会了我独立;凡事感激——感激一切使我坚强的人和事。

心灵 鸡汤

把挑战困境看作一种享受

一个人的成就大小往往取决于他所遇到的困难的程度。竖在你面前的栏越高,你跳得也越高。当你遇到困难或挫折时,不要被眼前的困境吓倒,只要你勇敢面对,坦然接受生活的挑战,就能克服困难和挫折,取得更高的成就。这就是著名的跨栏定律。跨栏定律是外科医生阿费烈德提出的。

阿费烈德在解剖尸体时,发现了一个奇怪的现象:那些患病器官并不如人们想象得那样糟,相反在与疾病的抗

争中,为了抵御病变,它们往往要代偿性地比正常的器官机能强。这个发现最早是从一个肾病患者的遗体中发现的。当他从死者的体内取出那只患病的肾时,他发现那只肾要比正常的大,另外一只肾也大得超乎寻常。在多年的医学解剖过程中,他不断地发现,心脏、肺等几乎所有人体器官都存在着类似的情况。

因此他撰写了一篇颇具影响的论文。他认为患病器官因为和病魔做斗争而使器官的功能不断增强。假如有两只相同的器官,当其中一只器官死亡后,另一只就会努力承担起全部的责任,从而使健全的器官变得强壮起来。

问题的大小决定了答案的大小。就像蚌把沙子变成了珍珠,我们要善于把局限变成优势,因为障碍可以使我们更强大。英国有一句老话:如果这件事毁不了你,那它就会令你更加强大。苦难并不是绝对的,它对弱者是万丈深渊,对强者来说却是向上的阶梯。疾病也一样,它使弱者的脏器受损,最后夺取弱者的生命,疾病同样能使强者的脏器更加强大,使人的抵抗力更加顽强。

感悟分享:

带疤痕的木板

20年前,我高中毕业,因为没考上大学,于是跟着父亲做起了木匠活儿。但是我的情绪十分低落,感到前途渺茫。这一天,我学着刨木板。刨子在一个木结处被卡住,怎么使劲也刨不动。

"这木结怎么这么硬?"我自言自语道。

"因为它受过伤。"在一旁的父亲说了一句。

"受过伤?"我不明白父亲这句话的含义。

"这些木结都曾是树受过伤的部位,结疤之后它们往往变得更硬。"父亲说,"你再看看那些刨好的木板,那些疤痕处的纹路最漂亮。人也一样,只有受过伤后,才会变得坚强起来,他的人生才会更靓丽!所以,疤痕是一种荣耀。"

父亲的话让我心头一亮,第二天我毅然决然地回校复读。从此,我走出了不一样的人生。我非常感激当时我做出了那个重要的决定,是那块带疤痕的木板,改变了我的人生。

感悟分享:

活动体验一　在挫折中站立——人生五部曲

【活动目的】

通过活动,使同学们认识到,面对挫折,只有愈挫愈勇,坚持走下去,才能取得最终的胜利。

【活动步骤与内容】

1. 游戏介绍

开始时,大家都处在"蛋"的状态,然后,每两人一组,猜石头、剪刀、布,赢的升为"小鸡",输的继续保持在"蛋"的状态。接着,赢了的队员再两两一组,猜石头、剪刀、布,赢了的升为"小鸟",输了的回到"蛋"的状态,和同样处在"蛋"的状态的队员猜石头、剪刀、布……依此类推,直到连赢五次荣升为"人",经历了蛋—小鸡—小鸟—猴—人的"五部曲",才算胜利。

各角色的姿态如下。

蛋:全蹲,双手抱膝。

小鸡:半蹲,胳膊当两个翅膀不停地扇动。

小鸟:直立,胳膊做小鸟飞的样子。

猴:直立,双手做猴的动作,抓耳挠腮。

人:直立,双手上举做胜利的造型后退出。

2. 游戏体验

开始都是平等的，但一轮过去了,赢的升成　　，输的仍然是　　。做　　的想继续升级,做　　的想变成　　。每个人都在盘算着自己的下一步,竞争无处不在。在游戏中最让人郁闷的莫过于在　　变　　那一关被打回　　。因为只差一步就成功了,到最后却又得从头再来,真有种前功尽弃的感觉。然而,差别出现了,有的人放弃了,有的人却心有不甘,继续"抗战"……成为　　。

感悟分享:

_____

_____

活动体验二　成功、失败是什么

【活动目的】
通过组织同学们讨论成功、失败到底是什么，引导学生看到失败的更多的积极正向意义，从而树立正确的失败观、人生观和价值观。

【活动步骤与内容】
1. 让每个同学在一张纸上分别写下 15 个"成功是什么、失败是什么"的完整的句子，然后，依次上黑板上书写其内容。看一看，成功、失败到底是什么，到底有多少种答案。
2. 让同学们讨论成功和失败到底是什么，可以用一段话来概括。
（以下是关于失败的几种答案：失败是垫脚石；失败是厄运；失败是奇迹；失败是逆境；失败是困难；失败是信心；失败是勇气；失败是放弃；失败是尚需努力。）

●活动拓展 1
在你的人生历程中，曾经遭遇过的最大的三次挫折分别是什么？
1. _____
2. _____
3. _____
当时你是怎样应对这些挫折的？
1. _____
2. _____
3. _____
通过学习，你觉得自己当时的应对方法恰当吗？有没有更好的方法呢？
1. _____
2. _____
3. _____

●活动拓展 2
选择一个挫折故事，分析故事中的人物。
(1) 主人公所处的时代背景是什么？
(2) 主人公面临的挑战有哪些？
(3) 在挫折面前，主人公的动力源是什么？
(4) 主人公战胜挫折的信念是什么？
(5) 他的做法是什么？
(6) 在这一过程中，他表现出怎样的品质？
(7) 我们要向他学习什么？
(8) 你的其他一些感受。
下面分析一下你自己的情况。
(1) 我所处的环境：_____。
(2) 我的信念是：_____。
(3) 在挫折面前我可以做到：_____。

(4) 我可以在 _____ 方面做得更好。

感悟分享：

_____
_____
_____
_____
_____

心灵成长记

_____
_____
_____
_____
_____
_____

> 假如生活欺骗了你,不要忧郁,也不要愤慨!不顺心的时候暂且克制自己:相信吧,快乐的日子就会到来。
>
> ——普希金

主题四 提升情商指数——向快乐出发

环顾四周,不难发现,许多头脑聪明、学业成绩优异、有各种特长的人才,却事业无成,生活并不快乐。而很多"智商平平"的人却在工作、生活各个方面风生水起。造成这种差距的一个重要原因,就是他们情商有别。情商的高低深刻地影响着人的成就和幸福感。

如果你觉得自己不够聪明,没关系,你完全可以依靠提高情商去争取成功。即便你先天的情商不高,也没关系,完全可以通过后天的修炼来提高自己的情商,争取过上你想要的、快乐幸福的生活。

您有提升情商指数的捷径吗?

测测你的情商(EQ)

指导语:请从下面的问题中,选择一个和自己最切合的答案,但要尽可能少选中性答案。

第1~7题:

1. 我从不因流言蜚语而生气。(　　)
   A. 是的　　　　　B. 不一定　　　　C. 不是的
2. 我善于控制自己的面部表情。(　　)
   A. 是的　　　　　B. 不一定　　　　C. 不是的
3. 在就寝时,我常常(　　)。
   A. 极易入睡　　　B. 介于A、C之间　C. 不易入睡
4. 有人侵扰我时,我(　　)。
   A. 不露声色　　　B. 介于A、C之间　C. 大声抗议,以泄己愤
5. 在与人争辩或学习工作出现失误时,我常常感到震颤、精疲力竭,而不能继续安心工作。(　　)
   A. 不是的　　　　B. 介于A、C之间　C. 是的

6. 我常常被一些不重要的小事困扰。（　　）
   A. 不是的　　　　　B. 介于A、C之间　　　C. 是的
7. 我宁愿住在僻静的郊区，也不愿住在嘈杂的市区。（　　）
   A. 不是的　　　　　B. 介于A、C之间　　　C. 是的

第8~16题：

8. 我被同学或朋友起过绰号、挖苦过。（　　）
   A. 从来没有　　　　B. 偶尔有过　　　　　C. 这是常有的事
9. 有一种食物使我吃后呕吐。（　　）
   A. 没有　　　　　　B. 记不清　　　　　　C. 有
10. 除去看见的世界外，我的心中没有另外的世界。（　　）
    A. 没有　　　　　　B. 记不清　　　　　　C. 有
11. 我会想到若干年后有什么使自己极为不安的事。（　　）
    A. 从来没有想过　　B. 偶尔想到过　　　　C. 经常想到
12. 我常常觉得自己的家庭对自己不好，但又确切地知道他们的确对我好。（　　）
    A. 否　　　　　　　B. 说不清楚　　　　　C. 是
13. 每天我一回家就立刻把门关上。（　　）
    A. 否　　　　　　　B. 不清楚　　　　　　C. 是
14. 我坐在小房间里把门关上，但我仍觉得心里不安。（　　）
    A. 否　　　　　　　B. 偶尔是　　　　　　C. 是
15. 当一件事需要我做出决定时，我常常觉得很难。（　　）
    A. 否　　　　　　　B. 偶尔是　　　　　　C. 是
16. 我常常用抛硬币、翻纸牌、抽签之类的游戏来预测凶吉。（　　）
    A. 否　　　　　　　B. 偶尔是　　　　　　C. 是

第17~20题：在你选择的答案后打"√"。

17. 我学习工作很勤奋，早晨起床时我常常感到疲惫不堪。　　　是____　否____
18. 在某种心境下，我会因为困惑陷入空想，将学习工作搁置下来。　是____　否____
19. 我的神经脆弱，稍有刺激就会使我战栗。　　　　　　　　　　是____　否____
20. 睡梦中，我常常被噩梦惊醒。　　　　　　　　　　　　　　　是____　否____

第21~24题：在你选择的编号上打"√"。（1代表"从不"，2代表"几乎不"，3代表"一半时间"，4代表"大多数时间"，5代表"总是"）

21. 学习工作生活中我愿意挑战艰巨的任务。　　1　2　3　4　5
22. 我常发现别人好的意愿。　　　　　　　　　1　2　3　4　5
23. 我能听取不同的意见，包括对自己的批评。　1　2　3　4　5
24. 我时常勉励自己，对未来充满希望。　　　　1　2　3　4　5

数据分析：

计分时请按照计分标准，先算出各部分得分，最后将几部分得分相加，即为你的最终得分。

1~7题，A 5分，B 2分，C 0分。计_____分。

8~16题，A 5分，B 2分，C 0分。计_____分。

17~20题,"是"0分,"否"5分。计_____分。

21~24题,从左至右分数分别为1分、2分、3分、4分、5分。计_____分。

总计为_____分。

45分以下,说明你的EQ较低,自我意识差。无确定的目标,也不打算将想法付诸实践,严重依赖他人,处理人际关系能力差,无责任感,爱抱怨,极易被自己的情绪所影响。你会轻易被激怒、动火、发脾气,这是非常危险的信号——你的事业可能会毁于你的暴躁,对此,最好的解决办法是能够给不好的事物一个好的解释,保持头脑冷静,使自己心情开朗。

46~75分,说明你的EQ一般。对于一件事,你在不同时候的表现可能不一,易受他人影响,自己的目标不明确。缺乏坚定的自我意识,人际关系较差,需要多加重视。

76~95分,说明你的EQ较高,你是一个快乐的人,比较自信而不自满,有较好的人际关系。不易惊恐担忧,对于工作(或学习),你热情投入,敢于负责,为人更是正义正直,富有同情心,这是你的长处,应该努力保持。

96分以上,你是个EQ高手,说明你尊重所有人的人权和人格尊严,不会将自己的价值观强加于他人,对自己有清醒的认识,能承受压力,自信而不自满,人际关系良好,和朋友或同事能友好相处,善于处理生活中遇到的各方面问题。这是你事业有成的一个重要前提条件。

案例故事　詹森效应——别让压力成为心灵的羁绊

2004年雅典奥运会前,被寄予夺金厚望的中国男子体操世界冠军李小鹏在男子跳马、双杠单项比赛中发挥失常,仅获得一枚双杠铜牌。而在2003年世界体操锦标赛时,他却获得了这两个项目的冠军,而且也是2000年悉尼奥运会的双杠金牌得主。由此我们不能说他没有夺金的实力,那么是什么原因导致他的这次"失误"呢?事实上,他在赛后接受采访时表示,这次发挥失常的主要原因是某些特殊情况给自己带来了较大的压力,心情紧张。李小鹏的这种情况就是我们所要说的"詹森效应"。

詹森效应主要起源于一名叫詹森的运动员,这名运动员平时训练有素,实力雄厚,但在体育赛场上却连连失利,让自己和他人失望。不难看出这主要是压力过大,过度紧张所致。由此人们把这种平时表现良好,但由于缺乏应有的心理素质而导致正式比赛失败的现象称为詹森效应。

如何避免詹森效应?

第一,摒弃心中的非理性观念。许多带有焦虑、紧张的人经常对自己或对别人说:"我必须不惜一切代价保证成功。""如果我失败了,我就会没有价值,别人就会看不起我,我会很没面子。""如果发挥得不好,我的前程算是毁了。"这些话纵然能增强我们奋进的决心,但也容易引起焦虑,不利于正常水平的发挥。要想避免詹森效应,在平时就应当注意矫正这些不正确的想法,养成以平常之心对待生活中的"竞赛"的良好习惯,减少紧张情绪,更好地发挥出自己的水平。

第二,要平心静气地走出狭隘的患得患失的阴影。不要总是去贪求成功,而应只求正常地发挥自己的水平。人生的"赛场"是高层次水平的较量,同时也往往是心理素质的较量,"狭路相逢勇者胜",只要树立自信心,一分耕耘必定有一分收获。最终定会交出人生满意的"答卷"。

感悟分享:

提升情商指数

一、什么是情商

情商(EQ)又称情绪智力,是指理解人及与人相处的能力。主要是指人在情绪、情感、意志、耐受挫折等方面的品质。所谓高情商,就是有优秀的待己待人的能力。

以往认为,一个人能否取得成就,智力水平是第一重要的,即智商越高,取得成就的可能性就越大。但现在心理学家们普遍认为,情商水平的高低对一个人能否取得成功也有着重大的影响作用,有时其作用甚至要超过智力水平。有人甚至认为一个人的成就,情商占80%,专业技术、智商占20%。

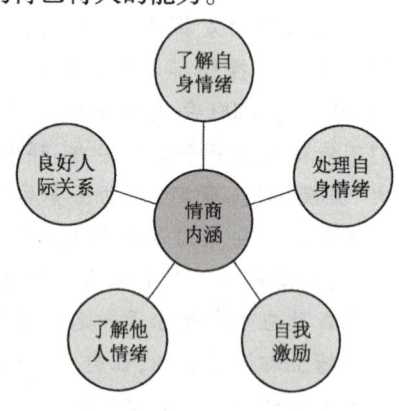

情商高低可以从以下五个方面来判断。

(1)认识自己的能力　人贵有自知之明,一个人情商的高低首先体现在他能否全面、客观地认识和意识到自己的情绪状态。只有知道自己是在愤怒,知道自己为何愤怒,才能进行相应的管理和控制。

(2)管理自己的能力　高情商的人讲究"凡事有度",善于利用自己的"控制力",懂得把情绪保持在适度、适时的状态，而不是做情绪的奴隶。

（3）激励自己的能力　情商高的人是乐观积极的，有很强的抗压能力。他们不会沉浸在失败和压抑中，能迅速调整好心态，鼓励自己去面对，去看到事情好的一面，积极改变态度和行动，相信自己一定做得到。

（4）认识别人的能力　人与动物最大的区别就是人有高超的揣摩他人心理的能力。高情商的人总是愿意花精力、花心思想他人所想。他们具有同情心，会从细微处觉察识别他人的情绪，善解人意，顾及他人感受。

（5）管理别人的能力　高情商的人善于协调人际关系，身边的人都很愿意听从或相信他说的话、做的事，并能从他身上获得能量和快乐，这使得他们在人群中有很大的影响力，能够改变周围人的想法和行动。

二、如何提升情商指数

1. 学会控制你的情绪

美国人曾开玩笑地说："当遇到事情时，理智的孩子让血液进入大脑，能聪明地思考问题；野蛮的孩子让血液进入四肢，大脑空虚，疯狂冲动。"是的，当血液充满大脑时，你的头脑清醒，举止得当；反之，当血液都流向你的四肢的时候，你可能就会做蠢事，冲动暴躁，口不择言。

控制情绪爆发有很多策略，其中一个方法就是注意你的心律。它是精确衡量情绪的一把尺子。当你的心跳快至每分钟100次以上时，身体分泌出比平时多很多的肾上腺素。我们会失去理智，变成好斗的蟋蟀，此时，整顿一下情绪至关重要。你可以选用以下方法来平静心情：

1）慢慢地深呼吸，直至冷静下来。可以把一只手放在胸部来感受自己的心跳，也可以把一只手放在腹部。

2）自言自语。比如对自己说"我正在冷静"或者说"一切都会过去的"。

这样做只要几分钟，血液就会重回大脑皮层，你就能更冷静地思考了。

2. 找到自己想要的

一个人不快乐，往往是因为他不知道自己想要什么，也不知道想去追求什么。他不去追求，自然也就得不到想要的，这就是人不快乐的原因。

3. 找一个生活中鲜活的榜样

你会在追赶榜样的过程中察觉到自身的潜能，提高自己的情商。

4. 与难以相处的人相处

难以相处的人是我们提高情商的帮手和陪练。你可以从他们身上学到很多，而且"难以相处的人"可能只是与你不同路的人而已。

5. 加强体育锻炼

从事体育锻炼是进行自我心理训练的有效手段。

优柔寡断的人可以选择跳高、跳远、乒乓球、网球等体育运动，增强自己性格中的果断性。这类活动需要一个人迅速地、不失时机地做出决定和采取行动，哪怕一丝的犹豫不决都会错失良机。

急躁易怒的人可以选择台球、棋类、踢毽、射击、慢跑等体育运动,增强自己性格中的自制力。这类活动都是一些用时较久、缓慢的项目,可以克服冲动急躁的不良心理习惯。

紧张焦虑的人可以主动参加一些对抗性较强的,如足球、篮球、排球等竞技性体育活动,让自己沉着冷静。因为这类活动比较紧张激烈,情况随时发生变化,需要时刻保持冷静的头脑。

缺乏自信的人可以选择跳绳、俯卧撑、长跑、滑冰等体育运动,培养勇于克服困难、不达目的绝不罢休的优秀品质。

羞涩胆怯的人可以选择单杠、双杠、跳马、游泳、溜冰、滑雪等体育运动,这类活动需要越过一定的障碍,克服恐惧、胆怯心理才能完成,能够培养勇敢无畏的品质。

离群独处的人可以选择一些集体项目,比如拔河、接力、足球、篮球等体育活动,帮助自己慢慢地走出孤僻的不良心理习惯,培养热爱集体、与人合作的精神。

"金无足赤,人无完人",每个人都有自己性格上的不足,可以根据自己性格上的弱点选择上面的一些体育项目,主动地、有针对性地重塑自己的性格,提升自己的情商。

三、高情商的十大表现

第一,不抱怨、不指责。

第二,对生活、工作和感情保持热情,有激情。不让不良情绪影响生活和工作。

第三,心胸宽广,有一颗包容的心。

第四,善于沟通交流。

第五,善于赞美别人,而且是发自内心的、真诚的。

第六,每天保持好的心情,早上起来,送给自己一个微笑,并且鼓励自己。

第七,善于聆听。

第八,敢做敢当,有责任心。

第九,说到做到,每天进步一点点。

第十,用心对待他人,善于记住别人的名字。

醒世·心语

★毁灭人只要一句话,培植一个人却要千句话,请你多口下留情。

★凡事能站在别人的角度为他人着想,这就是高情商。

★情商比智商在更大程度上决定着一个人的爱情、婚姻、学习、工作、人际关系以及整个事业。

★一个永远不欣赏别人的人,也就是一个永远也不被别人欣赏的人。

★不会宽容别人的人,是不配受到别人宽容的。

★我们无法预定智商,却可以提高情商,一个杰出的人未必有着高智商,却一定有着高情商。

★所谓成功的人,就是心理障碍突破最多的人。

心灵 鸡汤

当我内心足够强大

当我内心足够强大
你指责我
我感受到你的受伤
你讨好我
我看到你需要认可
你超理智
我体会你的脆弱和害怕
你打岔
我懂得你如此渴望被看到

当我内心足够强大
我不再防卫
所有力量
在我们之间自由流动
委屈，沮丧，内疚，悲伤，愤怒，痛苦
当他们自由流淌
我在悲伤里感到温暖
在愤怒里发现力量
在痛苦里看到希望

当我内心足够强大
我不再攻击
我知道
当我不再伤害自己
便没有人可以伤害我
我放下武器
敞开心
当我的心，柔软起来
便在爱和慈悲里
与你明亮而温暖地相处
原来，让内心强大
我只需要
看到自己
接纳我还不能做的
欣赏我已经做到的

并且相信
走过这个历程
终究可以活出自己,绽放自己!

感悟分享:

_____
_____
_____
_____
_____

给予比接受更快乐

有一个教授和一个学生在田间小道上散步,突然看到地上有双鞋,估计是附近一个农夫的。学生对教授说:"我们把鞋藏起来,躲到树丛后面,看看他找不到鞋子时会怎么样?"

教授摇摇头:"我们不能把自己的快乐建立在别人的痛苦之上,你可以通过帮助他给自己带来更多快乐。你在每只鞋里放上一枚硬币,然后躲起来观察他的反应。"学生照做了,随后他们躲进了旁边的树丛。

没多久,一个农夫来到这里,把鞋往脚上套去。突然,他脱下鞋弯下腰,从里面摸出了一枚硬币,脸上瞬间充满了惊讶和欣喜。他又继续去摸另一只鞋,又发现了一枚硬币。这时,教授和学生看见他激动地仰望着蓝天,大声地表达着自己的感激之情,话语中谈到了生病无助的妻子、没有东西吃的孩子……

学生被这个场景深深地打动了,他的眼中充满了泪花。

这时教授问:"你是不是觉得这比恶作剧更有趣呢?"

学生说:"我终于理解了以前从不曾理解的一句话——给予比接受更快乐!"

这个故事告诉我们:一切快乐,都是从利益他人中产生的;一切痛苦,都是由只为自己而引起的。你若能明白这一点,并试着去慢慢改变,其实得到幸福很快,并且会很长久。

感悟分享:

_____
_____
_____
_____
_____

所谓情商高,就是懂得好好说话

◇把你说的"不对"改成"对"。没有人喜欢被否定。所以先肯定对方,再讲自己的意见,沟通氛围会更好。

◇说"谢谢"的时候加上"你",或者加上对方的名字。"谢谢"是泛指,而"谢谢你"是特指,更走心。对于陌生人,你说"谢谢你",对于认识的人,加上对方的名字,会让对方感觉你更真诚。

◇请别人帮忙的时候,句子末尾加上"好吗"两个字,就变成商量的语气,对方会觉得更被尊重,也显得你更有教养。

◇聊天的时候,少用"我",多说"你"。每个人都只想聊自己。把话语权交给对方,让对方也有表达的空间和权力,你会变得亲近很多。

◇多用"我们""咱们",可以迅速拉近关系。比如跟刚认识的人约见面,将"明天在哪儿见面啊"换成"明天咱们在哪儿见面啊",只是一个细节的改动,就会显得亲切许多。

◇赞美别人的时候,不要太空泛,要具体地赞美细节。"你好美啊""你好聪明""你好牛"这些是普通的赞美,更高级的赞美是,找到对方怎么美、怎么聪明、怎么牛。

◇吵架再激烈,你再愤怒,也不能说伤害对方自尊的话。越是熟悉的人,越是知道对方的死穴,所以说出来的气话不仅具有破坏性,还具有毁灭性。不要觉得你熟悉对方,就可以肆无忌惮地伤害他。

◇真性情是让你说真话,不是让你说难听的话。你可以说朋友胖,但你不能说对方"肥得像头猪"。调侃和侮辱是两回事,直率和不分轻重是两回事。

◇看破,但不点破,给别人留一点余地。发现对方说错话或者说谎,不要当面拆穿。

◇社交场合中,要考虑少数派的感受。讲一些他们也能参与的话题,让他们不要感觉被隔离。

◇不要每一场谈话都想占据上风,否则可能会输了感情,尤其对家人、朋友。

◇承担责任的时候,要提到自己。

◇不要大发雷霆。学会管理自己的情绪,生气的时候深呼吸 10 秒钟,给自己一个缓冲,想想这事严重到只能靠发怒才能解决吗?有没有更好的处理方式?

◇即使是对最熟悉、最亲切的人,请依然保持尊重和耐心。很多人对陌生人很礼貌,对家人、伴侣或好友却极不耐烦。为什么不把温柔和体贴、快乐和美好留给最爱你的人呢?

感悟分享:

_____
_____
_____
_____
_____

心灵工作坊

活动体验一 戴"高"乐

【活动目的】

体验夸奖别人和被别人夸赞的内心感受,学会并善于夸奖自己和他人。

【活动步骤与内容】

1. 分成几个小组围坐,中间放一张凳子坐一位同学,周围的同学轮流赞扬中间那位同学(可以是外貌描述、性格特征、本领才干等方面),中间的同学仔细记录下自己的感受、想法和反应;然后周围的同学依次与中间的同学换位,直至进行到最后一位同学。

2. 轮流谈谈被别人夸赞的体会。

感悟分享:
_____
_____
_____
_____
_____

活动体验二 学会宽恕

【活动目的】
学会宽恕自己和他人。

【活动步骤与内容】

1. 列出所有不能宽恕的人。

2. 吐尽心结,在纸上尽情吐露对那个人的感情,并举出具体的事情。

3. 寻找对方行为背后的动机。在纸上写下对方有哪种行为不能得到你的宽恕,然后尝试想象,并写下对方这种行为背后的动机。不考虑对方行为的对错,把注意力集中于对方的动机上。

4. 尽可能写下对对方的感谢。

5. 使用语言的力量。要宣布,为了得到自由和平静,自己愿意宽恕对方,反复说"谢谢你!"

6. 写下想要为之道歉的事。

7. 写下所得所悟。

8. 宣布自己已经宽恕了对方。

感悟分享：

心灵成长记

模块二一　管控情绪　快乐由我

模块三
人际交往　多彩人生

主题一　感恩父母——爱的幸福源泉
主题二　感恩老师——架设师生爱心桥
主题三　同学友谊——地久天长
主题四　异性交往——走出朦胧的情愫

> 慈母手中线,游子身上衣。临行密密缝,意恐迟迟归。谁言寸草心,报得三春晖。
> ——孟郊

主题一　感恩父母——爱的幸福源泉

感恩父母,是他们给予我们奇妙无比的生命,从呱呱坠地到走向成熟,伴随着父爱和母爱的阳光雨露。父爱,似一坛陈年老酒,历久弥香,醇厚绵长。母爱,似一首江南吴歌,柔和婉润,萦绕心田。感恩父母,让我们拥有绚丽多彩的人生。

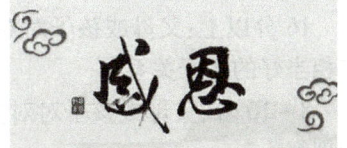

年少的我们总是那般轻狂,不以为然。我们忽略了岁月无声溜走时在他们面庞和两鬓留下的痕迹,忽略了许多无价的智慧经验在他们心田积淀。他们总愿对我们倾其所有,而我们总固执地认为这已不合时宜。我们更像初生牛犊,乱闯乱撞,直至遍体鳞伤,犄角流血,然后奔向他们,头枕他们的胳膊,舔舔伤口,又继续前行。

鸟有反哺情,羊有跪乳恩。亲情是伟大的,让我们感恩亲情,感恩父母,好好体味爱的幸福源泉!

你和父母相互了解吗?

指导语:下面两套测试题,可以看出孩子和父母的互相了解程度。一套针对孩子,一套针对家长,孩子和父母分别独立完成下面的问题,然后互相评分。

孩子要做的题:
1. 你父母的生日是何年、何月、何日?(　　)
2. 如果父母过生日,你送什么礼物会令他们最满意、最开心?(　　)
3. 你父母最喜欢做的事是什么?(　　)
4. 你父母最讨厌的是什么?(　　)
5. 你父母最大的优点和长处是什么?(　　)
6. 你父母身体状况怎样?有没有生过重病或者患有慢性疾病?(　　)
7. 你父母最喜欢的人是谁?(　　)

8. 你父母最希望你将来成为一个怎样的人或从事何种职业？（   ）

父母要做的题：
1. 如果给孩子送生日礼物，您孩子最想要的是什么礼物？（   ）
2. 您孩子的学习成绩在班上处于什么水平？（   ）
3. 您孩子最大的优点和长处是什么？（   ）
4. 您孩子最大的不足是什么？（   ）
5. 您孩子的性格是怎样的？（A. 内向还是外向；B. 情绪稳定程度如何；C. 是否善于与人交往；D. 是否具有领导才能或潜力；E. 自信还是自卑）（   ）
6. 您孩子自己希望将来从事何种职业或成为一个怎样的人？（   ）
7. 您孩子最崇拜和最喜欢的人分别是谁？（   ）
8. 您孩子最不喜欢做的事是什么？（   ）

数据分析：

与实际情况完全不符计 0 分，与实际情况有点符合计 1 分，与实际情况基本符合计 2 分，与实际情况完全符合计 3 分。将每题得分累加，分别算出 8 道题目的总分。

16 分以上：父母或孩子对对方相当了解，如果在行为上也能尊重对方要求的话，一般会有相当好的亲子关系。

8~16 分：父母或孩子对对方不够了解，说明对对方关心还不够，应加强对对方的了解和理解。

8 分以下：父母或孩子对对方缺乏了解，建议马上进行沟通，改善双方关系。如果可能，还可请心理老师帮助。

如果同一家庭中，两代人得分高低悬殊，表明在这一家庭中存在倾斜的人际关系，偏颇不平的亲子关系有时会成为融洽家庭关系的一大隐患，必须尽早予以清除。

案例故事

一辆自行车

有一个孩子，从小聪明，而且自尊心很强。有一次，他和伙伴们看到别人骑自行车，非常羡慕。孩子们分别回去向家长索要。在那个年代，自行车简直就是奢侈品。几个小伙伴又哭又闹地乞求，没有一个人达到目的，唯有他成功了。他回到家中，趁母亲经过房间时，对着去世父亲的灵位说："爸爸，如果您在就好了，那我就一定会拥有一辆自行车的。"母亲听到后，一句话也没有说。第二天，男孩如愿地得到一辆自行车。哥哥姐姐们看到母亲居然花钱为弟弟买了一辆自行车，都来责怪他。

几天之后，母亲让他去代领工资。那是他第一次替母亲领工资，接过母亲仅有的 40 元工资时，他惊呆了：一家七口人的生活费，还有他们姐弟的学费全指着这 40 元钱啊！可是自己却让母亲给他买了一辆价值不菲的自行车，他顿时为自己的虚荣和不懂事而羞愧难当。事后，他了解到母亲是故意让他去领工资的，是想让他知道为满足虚荣心而买自行车对这个家庭意味着什么。于是，他将自行车卖掉，把钱如数交给了母亲。日后，当他在谈到这段经历时说,那40元钱对他的刺激远比母亲的打骂更强烈。这件事不仅让他认识到自己的错误,还让他懂得要负起为这个家庭去打拼的责任。多年后,靠自己的努力,他接拍了一部又一部电影,成为世界著名的武打影星。

感悟分享:

_____

_____

_____

_____

老牛索水

昨天晚上,当我从湖南卫视看到这感天动地的一幕时,我忍不住恸哭流涕。

青海省有一个沙漠地区特别缺水。据介绍,只有驻军从很远的地方运来每人每天3斤定额的水量。3斤水,不光饮用、淘米、洗菜……最后还要喂牲口。牲口缺水不行,渴啊!

终于有一天,一头一向被人们认为憨厚、忠诚的老牛渴极了,挣脱缰绳,强行闯入沙漠中一条运水车必经的公路。老牛以惊世骇俗的识别力,等了半天,等来了运水的军车。

老牛迅速顶上去,运水的战士以前也碰到过牲口拦路索水这样的情形,但那些动物不像老牛这样倔强。部队有规定,运水车在中途不能让水"跑冒滴漏",更不能随便给水。这些规定看似无情,实则不得已,这每一滴水都是一个人的"口粮"啊!

沙漠中,人和牛就这样耗着,持续了好半天,最后甚至造成了堵车。后面的司机开始骂骂咧咧,有些性急的司机用汽油点火试图驱走老牛。

可老牛没有动,泰山一样,没有一丝放松,直到牛的主人寻来。牛主人愧疚极了,扬起长鞭狠狠打在瘦弱的老牛身上,老牛被打得浑身青筋直冒,可还是没有动,最后顺着鞭痕沥出的血迹染红了鞭子,染红了牛身,染红了黄沙,染红了夕阳。

老牛的凄惨哞叫,和着沙漠中阴冷的酷风,显得极为悲壮。一旁的运水战士哭了,被堵车的司机也哭了。

最后,运水的战士说:"就让我违反一次队规吧,我愿接受处分。"他拿出自己随身携带的水盆,从水车上放了3斤左右的水,放在老牛面前。

老牛并没有去喝以死抗争得到的水,面对夕阳,仰天长啸,似乎在呼唤。晚霞中,不远的沙堆背后跑来一头小牛。受伤的老牛看着小牛贪婪地喝完水,伸出舌头,舔舔爱子的眼睛,孩子也舔了舔母亲的眼睛,沉寂中的人们看到了母子眼中的泪水。

天边燃起最后一丝余晖,母子俩没等主人吆喝,在人们的一片静寂无语中,踏上了回家的路。

当我从电视里看到这让人揪心的一幕时,我想起了劳作的苦难的母亲,我和电视机前的许多观众一样,流下了滚滚热泪。

感悟分享：

寻人启事

读寻人启事的时候,女孩正坐在长椅上,浓浓的树荫牢牢笼罩着椅子,寒冷而郁闷,女孩无言。在女孩看来,母亲不疼她,母亲除了爱好挣钱之外,最大的偏爱就是苛求她。必须、不准、专制、独裁是女孩给母亲下的定义,并作为对母亲的代称。

离开这个令她丝毫感觉不到温暖的家,女孩蓄谋已久了。女孩在留下这样一张纸条后,终于把计划变成现实:"妈,我走了,按您的意思去把铁变成钢。别找我,我会活得很好。别忘了,我很漂亮。"读完自己的留言,女孩感到了报复的快意。令女孩满意的是,母亲第二天就调动了A市的新闻媒体,登了寻人启事,这要花很多钱的。能让母亲花不必要的钱,女孩心里很高兴——"你永远找不到我。"女孩甩头向火车站走去。

在B市,女孩卖报、做工。她很快体验到了只有在离家的时候才能体会到的家的温暖。

半个月后,母亲把寻人启事散发到了B市。这次的寻人启事颇有一些检讨书的味道:"女儿,回来吧,妈不再……不再……"女孩开始惭愧。可不能就这么投降,女孩咬咬牙又去了C市。每天晚上抱着登有寻人启事的报纸入眠,已经成了离家后女孩的一种习惯。在C市的两个月里,没有新的寻人启事,女孩感到失落和不安。

后来,女孩终于在《C市日报》上找到了一篇与自己有关的文字,但不是寻人启事,而是一则生日祝福:"女儿,生日快乐!"短短的几个字让女孩失眠了。给母亲打电话!女孩第一次拨通了那个自己私下默念过百遍千遍的号码。"此用户寻女未归,请留言。"挂上电话,女孩已泪流满面。

几日后,女孩风尘仆仆地赶回A市,她颤抖着按响了门铃,开门的却是个陌生人。原来,为了筹资找女儿,几天前,母亲将房子卖掉,去了南方。

第二天,报纸上多了一则启事:寻母,速归。

感悟分享：

生命——父母给我们的最好礼物

感恩是立身处世之本,感恩是生命之根,感恩是做人的美德。感恩是一种生活态度,它体现在我们生活的点点滴滴,没有什么比一颗感恩的心更值得尊敬。

一、感恩父母,品味爱的幸福

从呱呱坠地到咿呀学语,我们生命中的每一步成长都离不开父母的辛勤付出。孝敬父母是最基本的儿女之道,也是中华民族的传统美德。世界上最大的悲剧或不幸,就是一个人大言不惭地说:没有人给我任何东西。当人有了感恩之情,生命就会得到滋润,并时时闪烁着纯净的光芒。学会感恩,我们会感受到世间最美的阳光和景色,我们的心中会多一份难得的快乐和宁静。正如一首歌中所唱的:"感恩的心,感谢有你,伴我一生,让我有勇气做我自己……"。

二、与父母沟通的技巧

处在青春期的中职生自我意识明显增强,独立思考和处理事务的能力也有所提高,所以在心理上和行为上表现出强烈的自主性,特别渴望父母像对待成人那样对待自己。中职生心理发展的因素以及与父母生活经历的差异都会妨碍与父母的沟通。但是,血浓于水,父母是我们最亲的人,作为子女应以无私的爱回报父母。所以掌握一定的沟通技巧,有事多与父母商量,让父母感到孩子心中有他们,时刻关心着他们,这是我们做子女的责任。

技巧一:主动交流。

每天找一点时间,比如饭前或饭后,主动和父母谈谈自己的学校、老师和朋友,高兴或不高兴的事,与家人一起分享你的喜怒哀乐。

技巧二:创造机会。

每周至少跟父母一起做一件事,比如做饭、打球、逛街、看电视,边做事情边交流。

技巧三:认真倾听。

当被父母批评或责骂时,不要着急反驳,试着平心静气地先听完父母的想法,说不定你会了解父母大发雷霆背后的理由。

技巧四:主动道歉。

如果你做得不对,不要逃避,不要沉默不理,而是主动道歉,往往会得到父母的谅解。

技巧五:善于体谅。

可能错不在你,你有很大的委屈,但是先不去争辩。也许父母过于劳累或工作生活中遇到了麻烦,导致心情烦躁。换个时间地点,再与父母沟通,会有意想不到的效果。

技巧六:控制情绪。

与父母沟通不畅时,不随意发脾气、顶嘴,避免不小心说出(做出)伤害别人的话(事)。

想要动怒时,可以深呼吸,离开一会儿,或用凉水先洗把脸。

技巧七:承担责任。

在做好自己事情的同时,主动分担家庭的一些责任,比如洗碗、倒垃圾、擦窗、干些农活等,还可以趁机跟父母聊聊天。

技巧八:讨论问题,达成协议。

学会遇事多与父母讨论,并就如何行动达成协议。例如父母会担心子女沉迷于电脑游戏而荒废学业,对此,可与父母就玩游戏的时间和学业的平衡进行讨论,达成协议。

★知识链接:感恩节的由来

感恩节是美国人民独创的一个古老节日。1620年,著名的"五月花号"船满载不堪忍受英国国内宗教迫害的清教徒102人到达美洲。这年的冬天,他们遇到了难以想象的困难,处在饥寒交迫之中,冬天过去后,活下来的移民只有50多人。这时,心地善良的印第安人给移民送来了生活必需品。还特地派人教他们怎样狩猎、捕鱼和种植玉米、南瓜。

在印第安人的帮助下,移民们终于获得了丰收。在欢庆丰收的日子,按照宗教传统习俗,移民规定了感谢上帝的日子,并决定为感谢印第安人的真诚帮助,邀请他们一同庆祝节日。其中许多庆祝方式一直保留到今天。

1863年,林肯总统宣布感恩节为全国性节日。1941年,美国国会正式将每年11月第四个星期四定为"感恩节"。感恩节最吸引人的大菜是烤火鸡和南瓜馅饼。多少年来感恩节的习俗代代相传,成为美国人的一个重要节日。

 醒世心语

★ 父母之所爱亦爱之,父母之所敬亦敬之。

★ 老吾老,以及人之老;幼吾幼,以及人之幼。

★ 天下最苦恼的事莫过于看不起自己的家。

★ 失去了慈母便像花插在瓶子里,虽然还有色有香,却失去了根。

★ 在家庭中,孩子最微小的欢笑,就是使父母认识统一能得到巩固的伟大精神动力。

★ 惟孝顺父母,可以解忧。

心灵 鸡汤

母爱如斯

当你1岁的时候,她怜爱地喂你吃奶,而作为报答,你在她的乳头上狠狠地咬了一口;

当你2岁的时候,她坐在小床旁唱着摇篮曲哄你入梦乡,而作为报答,你却在她累得刚睡着时号啕大哭;

当你3岁的时候,她照着食谱做了几十次才成功熬出的一碗鲜美的肉粥,而作为报答,你一下把那碗肉粥打翻在地;

当你4岁的时候,她给你买了一个和你一样可爱的洋娃娃,而作为报答,你一下子就把洋娃娃的手脚卸了下来;

当你5岁的时候,她给你买了一套漂亮的新衣服,而作为报答,你穿上后就和小朋友们跑到附近的泥洼去玩;

当你8岁的时候,她给你买了花皮球,而作为报答,你掷碎了邻居窗户上的玻璃;

当你10岁的时候,她省下了半个月的工资给你买了电子琴,而作为报答,你乱按了几天,从此就再也没有碰过它;

当你13岁的时候,她送你和你的小同学们去看电影,而你要她坐到另外一排;

当你14岁的时候,她付钱让你参加夏令营,而你却一封信也没有给她写过;

当你17岁的时候,她在等着一个很重要的电话,而你却坐在电话机旁和你的朋友聊了一个晚上;

当你18岁的时候,她偷偷准备了一桌丰盛的晚餐等你回来一起庆祝你的高中毕业,而你却跟同学聚会到天亮;

当你19岁的时候,她到处借钱付了你大学的学费又送你到学校的第一天,你却要求她在校门口下车,怕被朋友看见而丢脸,并让她以后别来学校探望你;

当你22岁的时候,她低声下气地为你找了一份工作,而你在上班的第二天就和上司大吵一场,并辞去了工作;

当你24岁的时候,她买了家具为你布置新家,而你却对朋友们抱怨那些家具是多么的老土;

当你27岁的时候,她在你婚礼上毫不出众地坐在那里时,你像花蝴蝶一样穿梭于宾客之间,却始终没向她敬一杯酒;

当你30岁的时候,她对你照顾婴儿提出建议,而你不胜其烦地对她说:"妈,现在时代不同了!";

当你40岁的时候,她提前一个礼拜告诉你她的生日,而到了那一天,你却和同事玩了一天的麻将;

当你50岁的时候,她时常患病,需要你的看护,而你却宁愿花时间去关注一套肥皂剧的剧情;

终于有一天,她去世了。突然间,你想起所有从来没做过的事,你觉得心在隐隐作痛……

感悟分享:

_____

_____

海獭喂奶

这是一则真实的故事,来自一位僧人的口述。

他讲到,他在未出家前是个猎人,专门捕捉海獭。有一次,他一出门就抓到了一只大海獭。等剖下珍贵的毛皮后,就把尚未断气的海獭藏在草丛里。

傍晚时,猎人回到原来的地方,却遍寻不着这只海獭。再仔细察看,才发现草地上依稀沾着血迹,一直延伸到附近的一个小洞穴。

猎人探头往洞里瞧,不禁大吃一惊:原来这只海獭忍着脱皮之痛,挣扎着回到自己的窝。它为什么这么做呢?等猎人拖出这只早已气绝的海獭时,才发觉有两只尚未睁眼的小海獭,正紧紧吸吮着死去母亲干瘪的乳头。

当这位猎人看到这一幕时,身心受到极大的震撼,他从来没有想到动物也会有这种与人类完全一样的母子人伦之情,临死还想着给自己的孩子喂奶,怕自己的孩子挨饿。想到这里,这位猎人不由得悲从中来,痛不欲生,惭愧、自责、悔恨,让他感到无地自容。

于是,他放下了屠刀,不再当猎户,出家修行去了。许多年以后,每当这位已经出家的僧人回忆起这段往事的时候,眼中依然会泛起泪光。

感悟分享:

_____

_____

_____

_____

_____

镜子法则

这是一位叫幸子的烦恼的母亲与心理咨询师铃木之间的对话。

幸子近来非常烦恼——她抱怨孩子受人欺负,抱怨丈夫难以接受。

"请你告诉我,你感谢你的父亲吗?"心理咨询师铃木问幸子。

幸子:"啊?我父亲?那当然是……感谢啦!"

铃木:"在你的心里,你对你父亲是否抱有'绝不原谅'的想法?"

幸子被"绝不原谅"这句话深深地触动了。确实,自己也许还没有原谅父亲。虽然想着应该感谢父亲,但内心深处怎么也无法喜欢父亲。结婚后,虽然每年的盂兰盆节和元旦都带家人一起回娘家看望父母,但对父亲也就是寒暄几句,并不怎么说话。回想一下,从高中开始,自己与父亲的关系就好像形同陌路一样了。

幸子:"我想,我是没有原谅我父亲,因为我觉得,我的父亲不可原谅……我烦恼的原因,和我父亲有关系吗?"

铃木:"这个嘛,咱们试试你就明白了。"

幸子:"好吧,请您告诉我应该怎么做。"

铃木:"首先请按我告诉你的去做。请你将你对父亲'绝不原谅'的心情一股脑地写在纸上,就像发泄怒火一样的话也可以,如'你这混蛋''我恨你',这种话都可以。如果想起了什么具体的事情,也把它写出来,比如说'发生……事时,我的心里是多么难受呀',把你的悔、你的恨、你的难过心情全部毫无保留地写在纸上,直到你解气了为止。解气了之后,你再给我打电话。"

这样做真能管用吗?幸子有些怀疑。对铃木的话,她虽然搞不懂依据何在,但却感到有种不可思议的说服力。幸子想:"只要能解决眼前的烦恼,什么事情我都愿意做。"

幸子回家后拿出纸笔,开始写她这些年来对父亲的感觉和想法。

自己小的时候,总觉得父亲因为一点小事就说教个不停,很烦人。晚饭的时间,多是听父亲的教训。而且,只要幸子和弟弟不按父亲的意愿去做,便遭到父亲的大声呵斥甚至怒骂。幸子小时候经常想:"看来父亲才不在意我的感受呢。"幸子也不喜欢父亲喝了酒后总是抱怨工作中的事情。并且,在建筑公司当现场监督的父亲,经常是一身灰土的衣服都不换就开始吃饭,这也令幸子心生厌恶。幸子把这些全都写到了纸上。不知不觉中,她将"畜生""你没有做父亲的资格"等相当过激的言辞也写到了纸上。

幸子一边写,一边流着泪水。草稿纸写了好几张,心情也轻松了许多。

中午,幸子拨通了铃木的电话。

铃木:"准备原谅你父亲了吗?"

幸子:"说实话,还没有准备好,但只要有可能,我准备做任何事情,这样才能变得轻松些。"

铃木:"好吧,我们来试试吧。原谅你父亲,不为别的,是为了你自己得到解脱和自由。现在请准备好纸和笔,写下你认为应该感谢父亲的事。"

幸子:"首先,应该是,他通过辛勤工作养育了我吧,由于他辛勤的劳动,才使我们一家人能够生活,我也受到了良好的教育……嗯,我上小学时,父亲经常带我去附近公园玩。可能就这些吧。"

铃木:"现在再准备一张纸,题目写上'请父亲原谅的事情'。有什么事情想请父亲原谅吗?"

幸子:"我想不出什么特别的,一定要说的话就是,我心中一直在与父亲对着干,只是我内心里并没有道歉的意思呀。"

铃木:"没有真实感觉也没有关系,先从形式入手。请先把刚才说的写下来。"

幸子硬着头皮写下了一些请父亲原谅的事情。

铃木:"听好了,现在是拿出你的勇气的时候了。也许,这是你一生中最需要拿出勇气的时刻,我现在要求你做的,可能对你来说是最不情愿的事情,做与不做由你自己决定。现在,给你父亲打电话,告诉他感谢他的话和希望他原谅的话。没有真实感觉的话,就念你刚才写好的话也行。把你刚才写的'感谢父亲的事情'和'请父亲原谅的事情'那两张纸念给他听,念完后马上挂断电话也可以,想试试吗?"

幸子:"……这个,我活这么大,确实从来没需要过这么大勇气呀。但是……只要对解决我的烦恼有帮助,我觉得拿出勇气,

值得。但是,这太难了呀……"

铃木:"做与不做,你自己来决定吧,我也认为,在你的一生当中,这次值得你拿出勇气来。你如果付诸了行动,给我打电话,我告诉你下一个步骤。"

幸子感到唯一的希望是"先从形式入手","道歉"并不是自己真实的想法。在她的心中真实的想法是——错的是父亲,让自己道歉,有没有搞错呀?但是,将写好的东西照本宣科的话,自己好像能做到。她认为做肯定比不做强。

如果没有这次的事情,幸子可能一辈子也不会给父亲打电话。每当打电话时,幸子都说:"是我,叫妈妈听电话。"父亲知道,幸子打电话来不会有事找自己的。

"再犹豫,这个电话就越来越难打了",幸子心一横,马上拨通了电话。接电话的是母亲。

母亲:"是幸子呀,都好吗?"

幸子:"嗯,还行……妈,我爸在吗?"

母亲:"什么,你爸?找你爸有事情吗?"

幸子:"嗯,是,有点儿事。"

母亲:"是吗?这可真少见呢,好吧,稍等啊!"

在父亲来接电话之前的几秒钟,幸子的紧张程度达到了极点。她一直讨厌父亲,内心里拒绝和父亲说话,对这样的父亲这次却要说感谢、道歉的话,要是在平常,简直是天方夜谭。

父亲:"什……什么事啊?找我有事情吗?"

幸子慌得自己不知道该说什么,大脑一片混乱。

幸子:"那……那……那个我……原来没有说……我……我想应该说一声,所以打电话来……那个……爸……我觉得,您过去工地的工作很辛苦,爸爸那么努力地工作,才养育了我们。还有就是,那个……我小时候,您不是总带我去公园玩儿吗?怎么说呢……我一直没有说过类似于'谢谢'之类的感谢的话,所以……我想……我应该……说一次。还有就是,我内心里一直在和您对着干,我想……也应该……道声歉。"

幸子想,听到父亲的答话后,就马上挂断电话。但是,父亲没有答话。

"你倒是说一句话呀,"幸子想,"你不答话我怎么挂断电话呀?"这时,话筒里传来了母亲的声音:"幸子,你……你和你爸爸说什么了?"

幸子:"啊?"

母亲:"你爸爸哭得都快崩溃了,你到底和他说什么过分的话了?"

话筒中隐约可以听到父亲呜咽的声音,幸子惊得目瞪口呆。幸子长这么大,从没看到过父亲流泪。父亲一直是一个铁骨铮铮的汉子。但现在,幸子却听到老父亲在哽咽。自己只是形式上说了几句感谢的话,这么铁骨铮铮的父亲却已泣不成声了。听着父亲的哭声,幸子也不由得眼中涌出了泪水。"爸爸,我多希望您多多地,多多地爱我呀……那样,我一定会有很多父女俩之间的话要和您说呀……但我却一直,一直拒绝您的爱。您一定很孤独,很孤独吧?工作上无论发生什么,都坚强地忍耐过来的父亲,现在却崩溃了。原来无法向女儿表达自己的爱,是这么痛苦的事情。"幸子也开始哽咽起来。

过了好一阵,又听到了母亲的声音:"幸子,你没事吧?跟我说说怎么回事?"

幸子:"妈,您再叫爸爸听电话好吗?"

父亲拿起了电话。父亲:"(啜泣声)幸子,爸爸对不起你,爸爸……不是个……好爸爸。"

让你……受了……这么多苦。呜……呜……呜……（又开始呜咽）"

幸子："爸爸，对不起，我才不是个好女儿，还有，谢谢您的养育之恩，呜……呜……呜……（幸子又开始呜咽）"隔了一会儿，再次听到母亲的声音。母亲："到底发生了什么呀？幸子，等会儿你安静下来后再跟我说啊，我先挂了啊。"

幸子挂上电话后，很长一段时间就在那里呆呆地发愣。20多年了，幸子讨厌父亲，不能原谅父亲，觉得只有自己是受害者。自己只看到了父亲坚强的一面，没有注意到父亲软弱的另一面。父亲的爱，父亲的脆弱，父亲的笨拙……自己没有注意到这些。父亲是多么痛苦呀，是自己让父亲这么痛苦的，她想了很多，很多……

电话响了。幸子拿起电话，是铃木打来的。

幸子："其实我……刚才给父亲打电话了，我觉得这个电话我打对了。现在想来，我这么多年来一直没有原谅父亲才是更大的问题。谢谢您了，这全是托了您的福。"幸子简单将经过说了一遍。

铃木："你拿出了勇气付诸行动了，已经向解决问题迈出了一大步，这太好了！"

这时，幸子的脑海里又浮现出了父亲的面庞。是这样啊！这么多年，父亲一直在忍受着这种难以忍受的痛苦啊。女儿不和他说心里话的痛苦，被女儿看不起的痛苦，作为父亲什么都不能为女儿做的痛苦。和我体会到的痛苦是一样的啊。

幸子："我明白了，我在体会着和父亲同样的痛苦啊。这下我明白父亲为什么会呜咽了。"

铃木："你儿子、你父亲和你，在内心深处是相连的。你对你父亲的态度、表现为你对你丈夫的态度、你的孩子对你的态度。你的孩子的言行，以及孩子之事带给你的烦恼，促使你猛醒的啊。"

幸子："我重新知道了父亲的痛苦了，我现在想好好感谢儿子，想对他说'你教会了我这么重要的事情，谢谢你，儿子。'"

铃木："女人对父亲的态度，多会反映为对自己丈夫的态度。"

幸子开始注意到，自己对丈夫的态度，与对父亲的态度有相似之处。

铃木："看来，你已经领悟到了。好吧，下面给你留作业。今天你写了'感谢父亲的事情'和'请父亲原谅的事情'，请再把所有能够感谢父亲的事和要向父亲道歉的事写出来。写完后再准备一张纸，题目写'我当时应该如何对待父亲'。还有一件事情是，在另一些纸上，请再把所有能够感谢丈夫的事和要向丈夫道歉的事写出来。还有，请再把所有能够感谢儿子的事和要向儿子道歉的事写出来。你以后要每天在自己的心里，对你的丈夫和儿子默念100遍'谢谢你们'。怎么样，想试试吗？"

幸子："嗯，我一定做。"

幸子开始做作业了。眼前浮现出很多可以感谢父亲、丈夫、儿子的事……泪水不禁又流了下来。她一边想着这些事，一边拿出纸写，写完后，又准备写"我当时应该如何对待父亲"。此时，她脑子里马上浮现出很多想法：我应该注意到父亲言行背后的父爱，就像自己不是一个完美的人一样，父亲也不是个完人，应该理解到父亲是不善言辞的人。应该感谢父亲为自己做出的一切，人不能只是接受爱，还应当付出爱，让父亲高兴。自己不喜欢的事就该直接说出来,建立互相可以畅所欲言的关系。她想,也应该这样对待丈夫,对待儿子,重新与他们建立新的亲密关系。(节选自《镜子的法则》——日本,野口嘉则著,有删改)

感悟分享:
_____
_____
_____

心灵工作坊

活动体验一　重建与父母的关系

【活动目的】
通过体验活动让学生更多地理解父母,从内心里感恩父母。

【活动内容与步骤】
请根据《镜子的法则》所讲述的故事做引导,开展下面这个体验活动。

第一步:在一张纸的左侧书写对父母的怨恨。并在对父母的怨恨下面,写下现在的你的感受。

第二步:在这张纸的右侧书写对父母心存感激的各种事件(也可反面书写)。尽可能多地写出你想要感谢或是想要向父母道歉的话(也可以写感谢父母的50件事情,也可寄给父母)。

第三步:给父母打电话,讲述现在你的感受和对父母的感谢。

第四步:与同学们分享给父母打电话的情景和之后的感受。

第五步:思考与行动——我应该怎样和父母相处?

(上述活动,也可以通过角色扮演的方式来开展,或者采取空椅子技术与父母对话。)

感悟分享:
_____
_____
_____
_____

活动体验二　心理游戏——感恩父母

【活动目的】
通过活动让学生加深对自己父母的了解,消除学生在成长过程中与家长之间的心结和误解,感激父母的养育之恩。拉近与父母的距离,培养学生真诚、感恩、宽容的精神品质。

【活动准备】
歌曲《感恩的心》，每个同学一份"我所了解的父母"的问卷。
【活动内容与步骤】
1. 给学生五分钟的时间，让学生填写下面的问卷；(播放背景音乐《感恩的心》)

我所了解的父母

爸爸的生日_____	妈妈的生日_____
爸爸最喜欢吃的食品_____	妈妈最喜欢吃的食品_____
爸爸所穿鞋子的尺码_____	妈妈所穿鞋子的尺码_____
爸爸的兴趣爱好_____	妈妈的兴趣爱好_____
爸爸年轻时的理想_____	妈妈年轻时的理想_____
爸爸最得意的一件事_____	妈妈最得意的一件事_____
爸爸最后悔的一件事_____	妈妈最后悔的一件事_____
爸爸的最大优点_____	妈妈的最大优点_____
爸爸对我的期望_____	妈妈对我的期望_____

2. 填写完后，让一部分学生分享他(她)对父母的了解。
3. 学生以书信的形式给父母写一封信，感谢父母的养育之恩。书信写好后直接交给自己的父母，父母读信后并写回信，再交到班主任手中。班级可利用班会课再次开展"感恩父母——给爸妈的一封信"朗诵活动，并评选出优秀作品予以表彰。

感悟分享：
_____
_____
_____
_____

心灵成长记

_____
_____
_____
_____
_____

模块三 人际交往 多彩人生

> 感念师恩,恩泽四海,海角天涯桃李满天下。师生之情,情谊如春,春风化雨百花竞芬芳。

主题二 感恩老师——架设师生爱心桥

行走在漫漫的求学路上,有多少温暖的手曾经扶携我们走过青春的岁月;有多少良师站在路的两旁,时时关注着我们的成长。一段师爱,就是一段心灵深处的洗礼,让我们醍醐灌顶,甘露洒心。一段师爱,就是一段刻骨铭心的记忆,任时间雕刻岁月,花开花落更珍惜。感恩老师,甘做人梯,翘首等待花开的时节。

师生关系测试题

指导语:下面是一份师生关系测验问卷,请根据你的实际情况作答。(回答是、否或介于两者之间)

1. 你经常不能明白老师的讲解。　　　　　　　　　　　　　　(　　)
2. 某位老师对你感到厌恶或者你讨厌某位老师。　　　　　　　(　　)
3. 老师常以纪律压制你。　　　　　　　　　　　　　　　　　(　　)
4. 老师上课不能吸引你。　　　　　　　　　　　　　　　　　(　　)
5. 老师不了解你的忧虑与不安。　　　　　　　　　　　　　　(　　)
6. 你的意见常被老师不假思索地反对。　　　　　　　　　　　(　　)
7. 老师把考试成绩高低作为衡量学生优劣与奖惩学生的尺度。　(　　)
8. 你找不到一位能倾诉内心隐私的老师。　　　　　　　　　　(　　)
9. 老师常讽刺或嘲笑你。　　　　　　　　　　　　　　　　　(　　)
10. 老师常给你增加学习负担。　　　　　　　　　　　　　　 (　　)
11. 某位老师对你有点冷漠。　　　　　　　　　　　　　　　 (　　)
12. 你的思想常被老师支配。　　　　　　　　　　　　　　　 (　　)
13. 你在学习上的创造性见解常得不到老师的肯定。　　　　　 (　　)
14. 老师常让你感到紧张与不安。　　　　　　　　　　　　　 (　　)

15. 老师常误解你的行为而批评你。　　　　　　　　　　（　　）
16. 老师无法帮助你改进学习方法。　　　　　　　　　　（　　）
17. 老师很少与你倾心交谈。　　　　　　　　　　　　　（　　）
18. 你常屈服于老师的命令与权威。　　　　　　　　　　（　　）

数据分析：

回答"是"记 2 分，"否"记 0 分，"介于两者之间"记 1 分。最后得出总分。

24～36 分，表明师生关系困扰程度严重或较严重；

9～23 分，表明师生关系困扰程度中等；

9 分以下，表明师生关系困扰程度较轻或很轻。

案例故事

大爱无声铸师魂——谭千秋

地动山摇。他弓着身子，张开双臂紧紧地趴在课桌上，伴着雷鸣般的响声，冰雹般的砖瓦、灰尘、树木纷纷坠落到他的头上、手上、背上，热血顿时奔涌而出；他咬着牙，拼命地撑住课桌，如同一只护卫小鸡的母鸡，他的身下蜷伏着 4 个幸存的学生，而他张开守护翅膀的身躯定格为永恒……2008 年 5 月 13 日 22 时 12 分，当搜救人员从四川省德阳市汉旺镇东汽中学教学楼坍塌的废墟中搬走压在他身上最后一块水泥板时，所有抢险人员都被震撼了。

他叫谭千秋，他用自己 51 岁的宝贵生命诠释了爱与责任的师德灵魂，被湖南省委原书记张春贤誉为"精神千秋"！

为了 4 个学生的生命，谭千秋义无反顾地献出了自己的生命。他用自己的英雄壮举，诠释了什么是为人之师；他那在突发灾难来临时的瞬间造型，塑造了一座在人们心中永不倒塌的丰碑！

感悟分享：

_____
_____
_____
_____
_____

餐桌上的剩饭

一名中学老师率领学校的少年艺术团出国访问演出。到了访问的城市，组织者安排艺术团成员去餐厅就餐，用餐的方式是自助餐。在用餐前，面对一群十几岁的孩子，这名带团的老师事先做了必要的教育。她告诉学生们，吃自助餐应该吃多少拿多少，浪费粮食在任何一个国家都被视为可耻的行为。她们是在国外，此刻代表着中国中学生的素质。用餐时，每次一定只取少量食物,等吃完后再取,宁可多跑几次,也不要一次取得太多。孩子们都答应着,开始用餐。这位老师只是坐在一旁看着,自己一直没有取食物。学生们问她怎么不吃饭,她只是说:"你们先吃吧,不用管我。"学生们开始也都能按照老师要求的去做,每次只取少量的食物。可是孩子毕竟是孩子,吃了一会儿,孩子们逐渐发现了哪些是自己喜欢的食物,就开始把握不住自己,取回的食物量也开始增加。等到最后,孩子们尽管很努力地吃,餐盘里还是剩下了许多食物。孩子们守着剩饭,不安地看着老师,似乎在等待着老师发火。那位老师一句话也没有说,而是把学生们的餐盘都端到自己面前,然后大口大口地吃起了剩饭。一盘又一盘,直到吃不下了,还硬往嘴里送。孩子们在一旁愧疚地劝道:"老师,吃不下就别吃了,是我们错了,我们来吃吧。"老师依然不停地吃,到最后,有的孩子竟然难过地哭了。从第二顿饭开始,孩子们的餐盘里再也没有看到剩饭。回国后,一名艺术团的学生把这件事写成一篇通讯稿在学校的广播站播出。之后,让学校领导一直头疼的食堂餐桌上的剩饭现象竟奇迹般地好转了。

感悟分享:

_____
_____
_____
_____
_____

心理知识

架设师生爱心桥

一、中职学校师生关系现状分析

中职生年龄一般在 14 岁至 17 岁之间,正处于生理、心理都发生巨大转变的关键时期,自我意识及成人感迅速增强,开始有自己的独立思考,渴望得到老师的理解和尊重。

正如教育家杜威所说:"十几岁的阶段是人生根本上左右为难的阶段,他们要生长,要成熟,还要安全。"所以他们在面对传统的"你是学生,我是老师""我是为你好"这样的居高临下、盛气凌人的施舍式、命令式教育时,表现出较为普遍的逆反心理,使得大多数学生不愿意甚至逃避与老师沟通。若老师不能满足自己的需求,或遭到老师的误解,他们容易产生抵触情绪或反抗行为,导致师生矛盾与冲突。

二、如何架设师生爱心桥

新型的良好师生情感关系是建立在师生个性全面交往基础上的。它是一种真正的人与人的心灵沟通,是师生互相关爱的结果。它是师生的创造性得以充分发挥的催化剂,是促进老师与学生的性情和灵魂提升的沃土。它是一种和谐、真诚和温馨的心理氛围,是真善美的统一体。

（一）作为老师应做到

1. 热爱学生

"教育不能没有爱,没有爱就没有教育",爱是教育的灵魂。只有热爱学生,才能正确对待、宽容学生所犯的错误,才能耐心地去雕塑每一位学生。

2. 尊重学生

尊重比热爱更为重要。因为给学生以尊重,学生才能感受到师生的平等,才能感受到自尊的存在,才会对老师产生朋友般的信赖。老师要尊重学生的人格、意愿、隐私权等,采用一切合理的方式肯定学生、赏识学生。

3. 全面了解学生

正如苏霍姆林斯基所讲的"尽可能深入地了解每个孩子的精神世界,是老师和校长的首条金科玉律",只有了解学生的社会及家庭背景、个性差异、兴趣爱好、心理变化、发展特点,老师才会建立起与学生相处的基础。

4. 让学生当主人

知识最终要靠学生自己去掌握,做人最终要学生自己去做,这就决定了学生的主体地位。因此应该让学生主动参与实践,学会自我教育、自我管理、自我成才,以使学生的个性得到全面展示。

5. 转变角色

在素质教育中,老师不再是独奏者,而应是伴奏者,舞台的中心应该是学生,老师的任务是激发学生学习的兴趣,而不是监督学生。

6. 要敢于说"对不起"

师生关系是对立统一的,老师处于矛盾的主要方面,构建良好的师生关系关键在于老师。作为老师应加强自身修养,提高师德素养和教学能力,以高尚的品格和过硬的素质去感染学生、征服学生。敢为真理说"对不起"的老师,永远受学生敬重。

（二）作为学生应做到

1. 尊重老师

作为学生,见到老师应礼貌地问好,上课认真听讲,课下认真完成作业……这些都是尊重老师的表现。尊重老师,尊重老师的劳动成果是师生和谐相处的前提。

2. 勤学好问,虚心求教

除班主任外,任课老师并没有多少时间和学生直接交往,常向老师请教学习上的问题会加深师生感情和对彼此的了解。

3. 正确对待老师的过失

心理学研究发现,人们会对没有缺点的人敬而远之。老师也是人,可能也存在很多不足之处。发现老师的不足要持理解的态度,向老师提出意见时语气要委婉,时机要适当,这样才有助于问题的解决。

4. 勇于承认并改正错误

错了就错了,主动向老师承认错误,改了就好,作为老师不会因为学生一次的过错就对他另眼相看,要相信老师会全面客观地评价每一位学生。

总而言之,与老师的关系融洽,既可以促进学习,还可以学到很多做人的道理,会使你受用终生。

(三)学生与老师发生矛盾时的处理方法

当我们被老师误解或与老师产生矛盾时,要停止争辩,保持冷静,缓解情绪;反省自己,查找自身原因;陈述事实,让老师明了情况以取得老师的理解;请他人帮助分析,寻找解决办法;寻找时机,真诚地与老师交换意见以化解矛盾。

和谐师生关系的核心是师生心理相容,心灵互相接纳,形成师生至爱的、真挚的情感关系。一方面,学生在与老师相互尊重、合作、信任中全面发展自己,获得成就感与生命价值的体验,获得人际关系的积极实践,逐步完成自由个性和健康人格的确立;另一方面,老师通过教育教学活动,让每个学生都能感受到自己的尊严,感受到心灵成长的愉悦。

师恩如烛点亮我们的前路,师情如火温暖我们的心房。谆谆教诲,永记于心;言传身教,铭记一生。感念师恩,引领我们走上正确的人生之路!

醒世·心语

★ 爱比教育更重要。
★ 真的教育是心心相印的活动,唯独从心里发出来的,才能打动心的深处。
★ 一日为师,终身为父。
★ 为学莫重于尊师。
★ 君子隆师而亲友。

心灵 鸡汤

美丽的歧视

高考落榜,对于一个正值青春花季的年轻人来说无疑是一个打击。8年前,我的同学大伟就处于这种境地。而我则考上了北京的一所大学。

当我步入大学三年级时,有一天,大伟忽然在校园里寻到我,原来,他也是北京某名牌大学的一员了。"祝贺你。"我说。

"是该祝贺。你知道吗?两年前我一直以为自己完

了,没什么出息了,可父母对我抱有很大希望,我被迫去复读——你知道被迫是一种什么滋味吗?在复读时我的成绩全班倒数第五……"

"可你现在……"我迷惑了。

"你接着听我说。有一次那个教英语的张老师让我在课堂上背单词,当时我正在读武侠小说。张老师很生气,说:'大伟,你真没出息,你不仅糟蹋爹娘的钱,还耗费自己的青春。如果你考上大学,全世界就没有文盲了。'我当时仿佛要炸开了,我噌地跳离座位,跨到讲台上指着老师说:'你不要瞧不起人,我此生一定要考上大学。'说着我把那本武侠小说撕得粉碎。你知道,第一次高考我分数差了100多分,可第二次我差17分,今年高考,我竟超了80多分……我真想找到张老师,告诉他:'我不是孬种!'"

3年后,我回到我高中的母校,班主任告诉我:教英语的张老师得了骨癌。我去看他,他兴致很高,其间,我忍不住提起了大伟的事……

张老师突然老泪横流,过了一会儿,他让老伴取来一张照片,照片上,一位书生正在巴黎的埃菲尔铁塔下微笑。

张老师说:"18年前,他是我教的那个班最聪明也最不用功的学生。有一次,我在课堂上讲:像你这样的学生,如果考上大学,我头向下转三圈……""后来呢?"我问。

"后来和大伟一样。"张老师哽咽着说,"对有的学生,正常的鼓励是没有用的,关键是用锋利的刀子去做他们的心灵手术——你相信吗?很多时候,别人的歧视能让我们激发心底最坚强的力量。"

两个月后,张老师离开了人世。

又过了4年,我出差到北京,意外地在大街上遇到了大伟,读博士的他正携女友悠闲地购物,我给大伟讲了张老师的那席话……

在熙熙攘攘的人群中,大伟突然泪流满面。

在那以后的时光里,我一直回味着大伟所遭遇的满含爱意却又非常残酷的"歧视",我感到那"歧视"中蕴含着一种爱、一种鞭策、一种催人奋进的力量。对大伟和埃菲尔铁塔下留影的学生而言,在他们的人生征途中,张老师的"歧视"肯定是最宝贵、最美丽的。

感悟分享:
_____
_____
_____
_____

活动体验一 "我当值日班主任"

【活动目的】
通过学生转换角色,体会老师的辛苦及良苦用心,从而理解老师,培养对老师的感恩之情。

【活动步骤与内容】

每个学生都来当一天的班主任,在这一天中,他就是本班的班主任,有权处理班级的一切事务。

让学生写出一天的工作心得,并把你想对老师说的话写在卡片上,制作成感恩卡,送给老师。

感悟分享:

_____
_____
_____
_____

活动体验二　填充句子(感谢老师)

【活动目的】

通过体验活动让学生更多地理解老师,从内心里感恩老师,让老师的批评成为自己前进的动力。

【活动步骤与内容】

填充完整句子。

如:老师批评我,所以我感恩老师,因为_____

老师管我,所以我感恩老师,因为_____

老师表扬我,所以我感恩老师,因为_____

老师关心我,所以我感恩老师,因为_____

其他_____

感悟分享:

_____
_____

心灵成长记

_____
_____
_____
_____

友谊是一种温静与沉着的爱,为理智所引导,习惯所结成,从长久的认识与共同的契合而产生,没有嫉妒,也没有恐惧。

——荷麦

主题三　同学友谊——地久天长

"千里难寻是朋友,朋友多了路好走……千金难买是朋友,朋友多了春常留,以心相许,心灵相通,让我们永远是朋友……"

同学,我们一生的朋友,这是个多么亲切、美好的称谓!不是兄弟,不是姐妹,而又胜似兄弟姐妹!正所谓"桃花潭水深千尺,不及同学友谊情"。友情是阳光,让心灵共同成长!友情是春雨,让微笑竞相绽放!友情是翅膀,让幸福并肩飞翔!友情是风帆,让美好一路远航!

友谊是一道彩虹,无比美丽。友谊是一条小河,永不停息。友谊是一棵青松,四季常青!

同学友谊,需要我们用心去呵护,用爱去滋养,用真诚的话语去浇灌,用坦荡的行动去爱抚……同学友谊会随着时间的流逝日益散发出醉人的芬芳,与我们的人生同样绵长。

测测你与同学交往的能力

指导语:本测验由 28 个陈述句组成,请对照自己的实际情况,做出"是"或"否"的判断。

1. 关于自己的烦恼有口难言。　　　　是(　)　否(　)
2. 和陌生人见面总感觉不自然。　　　是(　)　否(　)
3. 过分地羡慕和妒忌别人。　　　　　是(　)　否(　)
4. 与异性交往太少。　　　　　　　　是(　)　否(　)
5. 对连续不断的会谈感到困难。　　　是(　)　否(　)
6. 在社交场合,感到紧张。　　　　　是(　)　否(　)
7. 时常伤害别人。　　　　　　　　　　　　　是(　)　否(　)
8. 与异性来往感觉不自然。　　　　　　　　　是(　)　否(　)
9. 与一大群朋友在一起,常感到孤寂或失落。　是(　)　否(　)
10. 极易受窘。　　　　　　　　　　　　　　　是(　)　否(　)
11. 与别人不能和睦相处。　　　　　　　　　　是(　)　否(　)

12. 把握不好与异性相处的尺度。　　　　　　　　　　　是（　）否（　）
13. 当不熟悉的人对自己倾诉其遭遇以求同情时,自己常觉得不自在。
　　　　　　　　　　　　　　　　　　　　　　　　　是（　）否（　）
14. 担心别人对自己有什么不好的印象。　　　　　　　是（　）否（　）
15. 总是尽力使别人赏识自己。　　　　　　　　　　　是（　）否（　）
16. 暗自思慕异性。　　　　　　　　　　　　　　　　是（　）否（　）
17. 时常避免表达自己的感受。　　　　　　　　　　　是（　）否（　）
18. 对于自己的仪表(容貌)不自信。　　　　　　　　　是（　）否（　）
19. 讨厌某人或被某人所讨厌。　　　　　　　　　　　是（　）否（　）
20. 瞧不起异性。　　　　　　　　　　　　　　　　　是（　）否（　）
21. 不能专注地倾听。　　　　　　　　　　　　　　　是（　）否（　）
22. 自己的烦恼无人可倾诉。　　　　　　　　　　　　是（　）否（　）
23. 受别人排斥与冷漠。　　　　　　　　　　　　　　是（　）否（　）
24. 被异性瞧不起。　　　　　　　　　　　　　　　　是（　）否（　）
25. 不能广泛地听取各种意见、看法。　　　　　　　　是（　）否（　）
26. 自己常因受伤害而暗自伤心。　　　　　　　　　　是（　）否（　）
27. 常被别人谈论或愚弄。　　　　　　　　　　　　　是（　）否（　）
28. 与异性交往不知如何更好地相处。　　　　　　　　是（　）否（　）

数据分析：

凡是选"是"记 1 分,选"否"记 0 分;将所有项目的分数累加起来,即可得到总分。

对测查 28 题的合计分结果的解释规则为：

0～8 分,说明你与朋友相处的困扰较少。

9～14 分,说明你与朋友相处存在一定程度的困扰。

15～19 分,说明你与朋友相处存在较严重的行为困扰。

20～28 分,说明你与朋友相处存在严重的行为困扰。

案例故事

友谊天长地久

　　小东、小南、小西、小北四个女孩是好朋友。从初中到高中,从高中到大学,四个好朋友形影不离,彼此关怀,彼此信任,彼此倾诉。生活就像一张美丽的大网,而四个女孩就在美丽的大网里编织着精彩的人生。

　　可转眼毕业在即,眼看就要各奔东西,女孩们恋恋不舍,可天下无不散之筵席,十几年同窗终须一别。到了临别的最后一天晚上,四个女孩决定每人写上一句祝愿的话,放在一个罐子里,埋在她们经常去玩耍的那棵大树底下,等到以后四个人聚在一起的时候,再把它挖出来,看看那些祝愿是否变成了现实。罐子埋好以后,怕被别人发现,女孩们又在上面铺了一层树叶,而后四人抱头痛哭了一场。

光阴似箭，一晃八年过去了。女孩们都已为人妻，为人母，同时也在各自的公司中担任着重要的角色。在这八年中，她们从没见过面。也许是生活的压力太大，工作的竞争太激烈，时间对她们来说变得尤其宝贵。在这紧张的生活节奏中，友谊渐渐地被忽略，大树底下的祝愿也越来越模糊。

一次意外的机会又让四个女孩碰到了一起。一位海外华侨要回国内投资大笔的资金以回报祖国，准备在自己的母校召开一次竞选会，届时将会挑选出一家公司作为投资对象。

小东、小南、小西、小北同时接到了这个消息，她们都对自己的公司充满了信心，况且华侨的母校正是她们的母校。四个人带着必胜的信心与难以抑制的兴奋，踏上了去母校的路。

四个人没想到再次的相逢竟是这样尴尬的局面，一下子竟无所适从。但眼看着离竞选会的日子越来越近，她们也顾不得重拾母校的风采与昔日的友谊，各自忙着准备材料、文件以及种种对自己公司有利的业绩。她们的认真、仔细、真诚也着实给华侨留下了深刻的印象。可是投资的对象只有一个，四个人都陷入了极度的烦恼之中。

在竞选前一天的晚上，她们又聚到了一起。四人沉默不语。本来都想让其他三人把机会留给自己，可到了一起却怎么也说不出口了。最后还是小南提议说："还记得当年那棵大树下的祝愿吗？不如我们先打开看看吧。"大伙都同意了。于是趁着皎洁的月色，她们又来到了那棵大树下，大树依旧。四个人一起动手把罐子挖了出来，打开罐子，又把一张张纸条打开。四个人都震惊了，因为每张纸条上写着的竟是同一句话——"愿我们的友谊天长地久"。那一夜，四个女孩又抱在一起痛哭了一场。

半年以后，小东、小南、小西、小北四个好朋友各自辞职，成立了一家东南西北联合公司，这家公司正是那位海外华侨投资的。

感悟分享：

_____
_____
_____
_____
_____
_____

山谷回声

一个男孩到山上放牛，这是他第一次登到山顶，整个山谷展现在他面前，男孩高兴得唱起了歌。不料从远处传来一片回声，也有人和他唱同样的歌。他朝四处张望，却不见一个人影，情不自禁地自言自语道："谁在唱歌呀？"

"谁在唱歌呀？"只听见那人也在问，可是男孩不知道究竟是谁在说话。

"你是谁？"他又喊道。

"你是谁？"那边也喊道。

小男孩以为那个陌生人在捉弄他，于是他开始咒骂对方，对方也用同样的语言咒骂他，双方唇枪舌剑，互不相让。

这时一位采药老人恰好从此处经过。

"孩子,"他问道,"你干吗如此喊叫?这儿又没有人招惹你。"

男孩说:"这里有一个人,他一直躲在那边骂我,我恨不得要揍他。"

"别这样,孩子。"老人说,"我听得一清二楚,这场争端是你先挑起的,谩骂别人的人,别人也会同样回敬他,那么他就会自食其果;如果你尊重他,他也会尊重你的。"

"是吗?"男孩说,"那我试试看。"

接着,男孩对山谷说:"你好。"

"你好。"那声音果然也传了过来,男孩一下子就高兴起来了。

感悟分享:

_____
_____
_____
_____
_____

智者的四句箴言

一位16岁的少年去拜访年长的智者。

少年问:"我怎样才能变成一个既能让自己愉快又能带给别人快乐的人呢?"

智者笑着说:"孩子,在你这个年龄有这样的愿望,已经是很难得了。很多比你年长的人,从他们问的问题本身就可以看出,不管怎样跟他们解释,都不可能让他们明白真正重要的道理。我送给你四句话。第一句是,把自己当成别人。你能说说这句话的含义吗?"

少年回答说:"是不是说,在我感到痛苦忧伤的时候,就把自己当成别人,这样痛苦自然就减轻了;当我欣喜若狂之时,把自己当成别人,那些狂喜也会变得平和一些?"

智者微微点头,接着说:"第二句话是,把别人当成自己。"

少年沉思了一会儿,说:"这样就可以真正同情别人的不幸,理解别人的需要,而且在别人需要帮助的时候给予恰当的帮助。"

智者两眼发光,继续说着:"第三句话,把别人当成别人。"

少年默默思索着,回答道:"这句话的意思是不是说,要充分尊重每个人的独立性,在任何情形下都不能侵犯他人的核心领地?"

智者哈哈大笑,说道:"很好,很好,孺子可教!第四句话是,把自己当成自己。这句话理解起来太难了,你留着以后慢慢品味吧!"

少年说:"这句话的含义,我一时体会不出。但这四句话之间有许多自相矛盾之处,我怎样才能把它们统一起来呢?"

智者说:"很简单,用一生的时间和经历。"少年沉默了很久,然后叩首告别。

后来少年变成了中年人,又变成了老年人。在他离开这个世界很久以后,人们还时时提到他的名字。人们都说他是一位智者,因为他是一个愉快的人;而且也给每一个见过他的人带来了快乐。

感悟分享：
_____
_____
_____
_____

建立良好的同学关系

一、人际交往——我生活的必需

人际交往是人们之间沟通信息、交流思想、表达情感、协调行为的互动过程。在人际交往中，需要处理包括家庭中的亲属关系，学校中的同学关系，师生关系，工作中的同事关系、上下级关系，社会活动中的事务往来关系等。

人际交往是我们生活的一部分，贯穿生命的始终。人际交往的重要作用表现在以下几方面：

1. 人际交往是学生生存和发展的社会性需要

学生的成长就是一个不断社会化的过程。所谓成长，不仅包括知识的增长和技能的提高，更包括积极的情感、态度和价值观的形成，而这些离不开积极的人际交往。正是在与同学、老师的交往中，才可以不断地积累社会生活经验，懂得社会规范，懂得自身的社会责任，养成各种良好的生活和学习习惯，学会怎样与别人相处，知道在激烈的竞争中遵守道德规范和法律法规，逐步形成正确的人生态度和价值取向。孔子说："独学而无友，则孤陋而寡闻。"青少年在人际交往过程中可以获得更多重要的信息，对学习、生活起到重要的作用。

2. 人际交往是自我认知和自我完善的需要

青少年在成长过程中，由于认识不足，可能会过高或过低地评价自己。而在人际交往中，就可以"以人为镜"，通过他人对自己的评价与态度，从与他人的关系中认识自我、完善自我。

3. 人际交往可以促进身心健康

人们通过彼此间的交往，诉说各自的喜怒哀乐，吐露心声，增进彼此间的情感共鸣，这样就可以在心理上产生一种归属感和安全感，有益于人们的身心健康。研究表明，一个人如果长期缺乏与别人的积极交往，缺乏稳定良好的人际关系，那么这个人往往有明显的性格缺陷。

二、误区——交往的障碍

（1）自卑心理　这种心理表现为对自己缺乏一种正确的认识，在交往中缺乏自信，总觉得自己不行,比别人差,觉得自身不足的地方太多。长此以往,导致他们失去交往的勇气和信心。

(2)自傲心理　与自卑心理相反,自傲心理是在交往中过高地估计自己,总觉得自己优于别人,摆出一副盛气凌人的样子,自以为是,把与人交往看成是对别人的施舍或恩宠。自傲心理过重的人实际上也是自卑感较强的人,自卑与自傲犹如一枚硬币的两面。

(3)自恋心理　这是一种过分自我关心、自我欣赏的不良心理。大多表现为过度自我重视、夸大,其人格的突出表现是以自我为中心。在和别人相处时,他们很少能设身处地地理解别人的情感和需要,拒绝、排斥周围的人或事,以至于出现离群索居的倾向。

"突然想把自己关起来,谁也不接触。"

(4)自私心理　在交往中,以自我为中心,以满足自己的欲望为目的,不考虑别人的利益和需求。这样,往往会引起他人的不满和反感,从而影响交往的发展。

(5)封闭心理　表现为把自己的真情实感和欲望掩盖起来,过分地自我克制,使他人难以与之交流。

(6)猜疑心理　猜疑是对别人产生毫无根据的猜测、怀疑。怀有这种心理的人总是疑心重重、捕风捉影,总认为别人在背后说自己坏话,算计自己。猜疑在人际交往中有两种表现,一种表现为自我困扰,自我折磨,远离集体,缩小交往的范围;另一种表现则是寻找借口,发动攻击,激化人际矛盾。

(7)孔雀心理　这是一种炫耀、攀比的心理状态。一旦出现这种心理,就容易使自己陷入攀比、争胜的境地,而且常常是为了强出头而盲目攀比。

(8)恐惧心理　在交往中,特别是在大庭广众之下,不由自主地感到紧张、担心、害怕,以至于手足无措,语无伦次。严重的还会发展为交往恐惧症。

(9)逆反心理　这是人对某类事物产生了厌恶、反感的情绪,做出与该事物发展背道而驰的行动的一种心理状态。中职生的逆反心理是一种消极的抵抗心理,这种心理一旦产生,就会形成一种固定的思维模式,对教师、家长的教育乃至所有的言行都持否定的态度,使教育达不到预期的效果。往往造成双方关系更加紧张,甚至还可能导致矛盾激化。

(10)嫉妒心理　表现为对别人的优点、长处和取得的成绩十分不满,抱着一种憎恨的情绪,甚至采取不道德行为加以攻击。

三、把握成功人际交往的原则

1. 尊重原则

尊重包括两方面:自尊和尊重他人。自尊就是在各种场合都要尊重自己,维护自己的尊严,不要自暴自弃。尊重他人就是要尊重别人的生活习惯、兴趣爱好、人格和价值。只有尊重别人才能得到别人的尊重。

2. 真诚原则

只有以诚待人,才能使双方产生感情的共鸣,才能收获真正的友谊。没有人喜欢虚情假意,凡是夸夸其谈都会败下阵来。

3. 宽容原则

在人际交往中,难免会产生一些不愉快的事情,甚至产生一些矛盾冲突。这时候我们就要学会宽容别人,不斤斤计较,正所谓退一步海阔天空。

4. 互利合作原则

互利是指双方在满足对方需要的同时,又能得到对方的报答。人际交往永远是双向选择,双向互动。只有你来我往,交往才能长久。在交往的过程中,双方应互相关心、互相爱护,既要考虑双方的共同利益,又要深化感情。

5. 理解原则

理解是成功的人际交往的必要前提。理解就是我们能真正地了解对方的处境、心情、好恶、需要等,并能设身处地地关心对方。有言道"千金易得,知己难求",人海茫茫,知音可贵。

6. 平等原则

与人交往应做到一视同仁,不要爱富嫌贫,不能因为家庭背景、地位职权等方面原因而对人另眼相看。平等待人就不能盛气凌人,不能太嚣张。平等待人就是要学会将心比心,学会换位思考。只有平等待人,才能得到别人的平等对待。

7. 信用原则

言必信,行必果。要想取信于人,第一,要守信,言行一致,说到做到;第二,要信任,不仅要信任别人,而且要争取赢得别人的信任;第三,不轻易许诺;第四,要诚实,答应别人的事要尽量做到,做不到的要讲清楚,以赢得对方的理解;第五,要自信,给别人以信赖感和安全感。

四、良好同学关系的建立

处理好同学关系,要做到以下几个方面:

1. 要热情交往

人际交往是互动的过程,不要总是消极地等待别人来主动关心自己,而要主动地与周围的同学交往沟通。开放自我是有感染性的,你对别人开放,别人也会对你开放。当对方走出自我封闭的死圈子的时候,你不仅会对对方有更深一层的认识,更重要的是对自己也会有新的认识。

2. 要理解尊重

德国学者斯普兰格说:"在人的一生中,再也没有像青年时期有那样的强烈地渴望被理解的愿望。没有任何人像青年那样处在孤独之中,渴望着被人接受和理解。"每个人都有自己的气质和性格特点,以及不同的成长背景和生活习惯,所以在与同学交往的过程中,如果能互相理解尊重,大家的关系就容易保持融洽,也会减少不必要的摩擦。人际交往的"黄金法则"很简单——像你希望别人对你那样去对待别人。

3. 互相帮助,坦诚相待

同学之间要互相帮助,既要热心帮助别人,也要乐于接受别人的帮助,还要以诚相待。人与人交往,最重要的就是真诚和善意,这也是做人的基本原则。口是心非、虚伪傲慢的人是很难交到知心朋友的。

4. 要宽容谅解

俗话说："金无足赤，人无完人。"我们的同学（包括自己）都处于成长的阶段，处理问题会有很多不妥之处，在许多问题上同学间也会有不同的见解，这就要求我们换位思考，能够从对方的角度考虑问题，相互谅解，就不会导致矛盾产生。

5. 要注重自身人格塑造和能力的培养

一个品质好、能力强的人或具有某些特长的人更容易受到人们的喜爱。人们欣赏他的品格、才能，因而愿意与之接近，成为朋友。所以，若想增强人际吸引力，更友好、更融洽地与他人相处，就应充分健全自己的品格，施展自己的才华，展现自己的特长，使自己的品格、能力、才华不断提升。

醒世心语

★ 人之相识，贵在相知，人之相知，贵在知心。

★ 爱人者，人恒爱之；敬人者，人恒敬之。

★ 如果你有一个苹果，我有一个苹果，彼此交换，我们每个人仍只有一个苹果；如果你有一种思想，我有一种思想，彼此交换，我们每个人就有了两种思想，甚至多于两种思想。

★ 得不到友情的人将是终身可怜的孤独者，没有友情的社会只是一片繁华的沙漠。

★ 世间最好的东西，莫过于有几个头脑和心地都很正直的严正的朋友。

★ 如果你是对的，就要试着温和地、有技巧地让对方同意你；如果你错了，就要迅速而真诚地承认。这要比为自己争辩有效和有趣得多。

心灵鸡汤

石头汤盛宴

很久以前，有一个村庄常年遭受战争之苦，在恶劣的生存环境下，村民们变得越来越消极、自私，渐渐对别人失去了信任。除此之外，他们还连续遭受了几年歉收。于是村民们开始变得非常小气，无论找到什么食物，都自己偷偷藏起来，生怕被邻居和亲朋好友发现。

有一天，有个陌生人出现在村庄里，他问村民是否可以在这里借宿一晚。人们都连忙告诉他："整个村庄里连一口吃的都没有，你最好继续赶路去别的地方。"

陌生人回答："没关系，我自己什么都有。你们这个贫瘠的地方实在是没什么可以拿出来分享的，但是我有一些东西可以分享给你们，那就是：如何用石头做汤的秘密。"村民们将信将疑,你看看我,我看看你,不禁嘲笑起陌生人来。

这时,陌生人从他的马车上拿出来一个铁锅,将锅里装满水,开始生起火来。经过一番看起来很隆重的仪式之后,他郑重其事地从一个天鹅绒的袋子里取出一块外观很普通的石头,扔进了锅里正在沸腾的水中。

由于听说来了一位陌生人,以及关于石头汤的传言,村民们纷纷来到现场,还有很多人悄悄透过家里的窗户看着。当看到陌生人在嗅着"肉汤",舔着嘴唇发出啧啧的声音,饥饿感终于打消了人们的怀疑。

"呀,"陌生人故意大声地说,"我喜欢美味的石头汤,这简直是我做过的最好吃的一次!我敢肯定你们也一样会爱上它的。不过,这石头汤要是能加上一点卷心菜就更棒了!"

不一会儿,有一个村民犹犹豫豫地拿出了自己收藏的卷心菜,加进了石头汤里。"太棒了!"陌生人大声说道:"你知道吗?有一次我在石头汤里加入了卷心菜,还有一点牛肉,那简直就是国王才能享受的美味佳肴啊!"

于是,村庄里的屠夫又设法找到了一些牛肉……

接下来就是土豆、洋葱、胡萝卜、蘑菇……

每个村民都贡献了自己的一点食材,直到这锅石头汤变成了一顿真正的美味佳肴。

这么多年来,村民们第一次尽情地享受如此丰盛的大餐,他们一起跳舞唱歌直到深夜……

第二天早上,当陌生人醒来时,发现村民们都站在了他的门口,把最好的面包和奶酪分享给他。"你送给了我们一份最棒的礼物,那就是如何用石头做汤的秘密。让我们在这次合作中体验到了什么是积极、慷慨、贡献、分享、信任这些美好的品质。"村里的一位长者说,"我们永远都不会忘记。"

陌生人回答道:"这之所以会成为一个秘密,是因为我们很容易就忘记,只有通过分享才能做出一餐盛宴!"

感悟分享:

_____
_____
_____
_____
_____
_____

把悲痛与怨恨留在身后

诺贝尔和平奖得主、南非第一位黑人总统曼德拉曾被关押牢狱长达27年,受尽虐待。

他在就任总统时,邀请了三名曾虐待过他的看守到场。当曼德拉起身恭敬地向看守致敬时,在场所有人乃至整个世界都静了下来。

他说:"当我走出囚室,迈过通往自由的监狱大门时,我已经清楚,自己若不能把悲痛与怨恨留在身后,那么我其实仍在狱中。"

原谅他人,其实就是升华自己。

感悟分享：
_____
_____
_____
_____

给他人的瓜浇水

战国时，梁国与楚国相临，两国夙有敌意，在边境上各设界亭（哨所）。两边的亭卒在各自的地界里都种了西瓜。梁国的亭卒勤劳，锄草浇水，瓜秧长势很好；楚国的亭卒懒惰，不锄不浇，瓜秧又瘦又弱，惨不忍睹。

人比人，气死人。楚亭的人觉得失了面子，在一天晚上，趁月黑风高，偷跑过去把梁亭的瓜秧全都扯断了。梁亭的人第二天发现后，非常气愤，报告给县令宋就，想要以牙还牙，也过去把他们的瓜秧扯断！

宋就说："楚亭的人这种行为当然不对。别人不对，我们再跟着学就更不对了，那样未免太狭隘、太小气了。你们照我的吩咐去做，从今天开始，每晚去给他们的瓜秧浇水，让他们的瓜秧也长得好，而且一定不要让他们知道。"梁亭的人听后觉得有理，就照办了。

楚亭的人发现自己的瓜秧长势一天比一天好起来，仔细观察，发现每天早上西瓜地都被人浇过，而且是梁亭的人在夜里悄悄为他们浇的。楚国的县令听到亭卒的报告后，感到十分惭愧又十分敬佩，于是上报楚王。楚王深感梁国人修睦边邻的诚心，特备重礼送梁王以示歉意。结果这一对敌国成了友好邻邦。

感悟分享：
_____
_____
_____
_____
_____

活动体验一　撕纸游戏

【活动目的】

通过此活动让学生体验，对待同样的事物，不同人会有不同的理解。因此要做好同学间的沟通，注意解决冲突的方法。

【活动步骤及内容】

1. 给每位学生发一张纸，请各位同学闭上眼睛，全过程不许出声。

2. 教师发出指令:要求学生把纸对折3次;然后把右上角撕下来,旋转180°,再把左上角也撕下来。撕完后请睁开眼睛,把纸打开。同学们会发现,每个人的纸的形状都不相同。

3. 提问学生:为什么会有这种差别?

感悟分享:

活动体验二 "瞎子"背"瘸子"

【活动目的】

增强异性同学之间的沟通配合能力,活跃气氛。

【活动步骤及内容】

游戏人数:每组10人。

游戏道具:椅子、气球、花束、纱巾等。

1. 每组10人中须由5男5女构成。
2. 男生背女生,男生当"瞎子",用纱巾蒙住眼睛,女生扮"瘸子",为"瞎子"指路,绕过路障,到达终点后同组的下一对男、女生方可开始。全部结束最早者,为赢。
3. 其中路障设置可摆放椅子(须绕行)、气球(须踩破)、花束(须拾起,递给女生)。
4. 按完成时间长短记名次。

感悟分享:

心灵成长记

> 花季的情感是一种最美好的情感,然而如果处理不当,可能就会毁了自己的一生。人生每个阶段都有相应的使命,我们千万不可以在春天就去挥霍夏天。

主题四 异性交往——走出朦胧的情愫

异性交往是人类社会生活中不可或缺的重要组成部分。处于青少年时期的中职生,随着其生理发育的不断成熟以及社会环境的影响,性意识的觉醒促使他们普遍表现出一种特有的情感体验——对异性的向往。但现实生活中的交往可能会给他们带来压力,而网络中的虚拟空间则会给他们以相对宽松的环境,这使许多学生由于交友不慎,陷入"网恋""网络打赏"等陷阱。因此,引导青少年正确地进行异性交往,走出朦胧的情愫,顺利度过青春期具有十分重要的意义。

你怎样与异性交往

指导语:中职生进入青春期,对异性的关注增加了,也许还会对某个异性同学有一点点朦胧甚至比较强烈的好感,这是很正常的事。你是怎样与异性交往的呢?请在符合你的情况的选项上打"√"。

1. 与异性交往太少。　　　　　　是(　) 否(　)
2. 与异性来往感觉不自然。　　　是(　) 否(　)
3. 不知道与异性相处如何做到适可而止。是(　) 否(　)
4. 暗自思慕异性。　　　　　　　是(　) 否(　)
5. 瞧不起异性。　　　　　　　　是(　) 否(　)
6. 被异性瞧不起。　　　　　　　是(　) 否(　)

数据分析:

回答"是"得1分,回答"否"得0分。总分:_____

4~6分,说明你与异性同学交往的过程中存在较为严重的困扰;

2~3分,说明你与异性同学交往的行为困扰程度一般。与异性同学交往,你有时觉得愉快,有时却认为是负担;

0~1分,说明你懂得如何正确处理与异性同学之间的关系。

案例故事

父子对话

一个很优秀的职校男孩,很认真地与一个同班女孩相恋了。父亲与儿子进行了一次属于两个男人间朋友式的对话。

父:儿子,你是不是觉得她是最好的女孩?

子:我觉得我认识的女孩里她最可爱。

父:爸爸相信你的眼光。但是,你才高一,你认识的女孩有多少?

子:……

父:你说你要上大学,将来还要出国深造,想成为一名律师或金融家。你知道你将来会遇上多少好女孩?爸爸并不反对你现在谈女朋友,但是爸爸最反感的是见异思迁。你17岁就有了女朋友,这女孩是你到目前为止认识的最好的女孩。可是你将来会有更多的机会,到那会儿你怎么办?你会不会后悔?

子:可是,现在让我离开她,我很痛苦。

父:你初三买的那个MP3呢?

子:前两天,您给我买了比那个高级的,我觉得音质比那个好,就把它送给别人了。

父:儿子,这就叫一山更比一山高。你如果把握好每一个属于你的机会,你以后的成绩只会比今天好,你所看到的世界只会比今天更宽阔,到时候你的选择只会比今天更好,更适合你。如果你现在与这个女孩真有那份情缘,到那时再让它开花结果多好。孩子,一个人一生不可能不做些让自己后悔的事。但是,人生最关键的只有几步,人生大事也只有几件,后悔了,就遗憾终生了。

父亲的话说完了,儿子陷入了深思。

与其匆匆步入爱河,不如静静地等待它的成长。"人生最关键的只有几步,人生大事也只有几件,后悔了,就遗憾终生了!"

感悟分享:

_____
_____
_____
_____
_____
_____

中学生打赏起纠纷,女主播晒出其信息

有媒体报道,小男孩想让女主播叫老公,疯狂打赏女主播16万,花光父母十余年积蓄。

彭先生14岁的儿子在暑假中沉溺于看直播,还对女主播谎称18岁,偷得家中银行卡进行疯狂打赏,父母报警后直播平台回复只能退回一小部分。而过分的是,当小彭发现自己"闯祸"并对该主播说明事实后,该名主播竟将小彭的个人信息公布在了平台主

模块三 人际交往 多彩人生

页上。

直播平台的乱象早已有之,此前就有"8 岁男童将家里 9 万元的积蓄用于打赏游戏主播""女孩用父母 25 万积蓄打赏主播"等新闻见诸报端。但此次事件的恶劣之处在于,该主播在小彭"坦诚相见"后,竟将小彭的个人信息进行公布,并任由其他人嘲讽。

感悟分享:

_____

_____

_____

如何与异性健康交往

随着青春期的到来,青少年学生在生理上发生了巨大的变化,心理上也出现了前所未有的新特点、新体验,进入了人生发展的关键期。他们开始对异性产生朦胧的好感,产生了解异性、接近异性的欲望。异性同学间相互欣赏、相互吸引,这是他们走向成熟的表现。

一、青春期学生生理、心理特点

青春期是人生发展的一个重要阶段,是人类从性不成熟、不能生育的儿童时期转变为性成熟、具有生育能力的成年期的过渡时期。通俗地说,也就是我们从儿童少年长成大人的这个过渡期。从年龄上看,一般是指从十岁到十九岁这个发展阶段。

青春期是人的一生中最为关键的发展阶段。在这一时期,我们的身体将会发生显著的变化,这种变化主要表现在三个方面:身体外形的变化,身体内部器官的完善,性机能的成熟。由于生理上的迅速发育,特别是性机能发育成熟导致心理上的急剧变化,形成一系列独特的心理特征。

1. 认知的发展

中职生的感知、观察能力在目的性、持久性、精确性和概括性上有显著发展。

2. 情感的发展

中职生情感发展一般有几个显著的特点。一是中职生的情绪高亢强烈,充满热情和激情,活泼向上,富有朝气。二是情感的两极性明显,易从一个极端走向另一个极端。三是情感内容的社会性越来越深刻,道德感、理智感、美感的内容与水平日益丰富和提高。四是情感的自我调节和表现形式进一步发展。五是中职生的友谊感迅速增强,并且出现两性爱情的萌芽。

3. 意志的发展

中职生意志行动的目的性不断提高,他们对外界或成人指令的依赖性逐渐下降,根据目的任务自觉做出意志决定的水平逐渐提高;克服困难的毅力、果断性、自制力等逐渐增强。

4. 个性的发展

中职生的自我意识发展迅速,并逐渐接近成熟,开始把自己看作"成年人",渴望与成年人一样具有平等的社会地位与权力,反对权威式的干涉。

二、青春期学生的健康异性交往

(一)异性交往的积极因素

向往异性本是青春发育期的一种正常生理反应和心理现象,是人的情感世界中美丽而珍贵的内容。男女同学相处是中职生社会交往不可缺少的内容,其积极因素体现在:

1)可在智力方面取长补短。
2)心情愉悦,互相激励前进。
3)利于性格的培养与发展。
4)提升性心理健康和日后处理婚恋问题能力。

(二)异性交往的原则

与异性交往是一门科学和艺术,我们应该积极、健康、大胆地参与到异性的交往活动中,不断提高人际交往能力。但异性交往时应把握以下原则:

(1)集体交往 尽量避免个别朋友的密切交往。集体交往可以吸收多个异性的优点;缓解初次与异性交往的羞涩与困窘;避免陷入"一对一"的交往。

(2)自然交往 言语表情、行为举止及情感流露要自然顺畅。既不过分夸张,也不闪烁其词;既不盲目冲动,也不矫揉造作,要恰当地表现自己。

(3)适度交往 不要故意疏远,也不能过分亲密,要保持适当的心理和空间距离,做到诚恳待人和热情大方。

(4)保持独立 要有独立性,不能过分依赖朋友。每个人都应有自己独立的心理世界,要学会独立思考与感受。

(5)尊重对方 交往中要尊重对方,所言所行要留有余地,不要毫无顾忌,谈话涉及一些敏感话题时要回避。不随便干扰对方。

(6)自尊自重 同异性交往时要自尊自重,不能自作多情。要注意衣着打扮和言谈举止,不随意打闹和挑逗,身体接触要有分寸。

(三)异性交往中的"危险"信号

1)男女生都希望单独相处,脱离群体,甚至不再与其他同学来往。
2)双方交往过于频繁,把大量课余时间花在散步、聊天或看电影等娱乐活动中,无心学习,成绩下降。
3)双方交往隐秘,瞒着老师、家长及同学,经常撒谎。
4)对方的一切都成为自己的牵挂,离开了对方就魂不守舍,看见对方与异性同学来往,就会心生不满和嫉妒。

(四)早恋的特点、后果与危害

1. 早恋的特点

青春期学生的早恋是纯洁而幼稚的,也是酸涩而令人遗憾的。他们往往分辨不清"爱情"与"好感"的区别,认识不到"爱情"与"友情"的差别。早恋呈现出盲目性、短期性、隐蔽性、朦胧性、冲动性、幻想性的特点。

2. 早恋的后果与危害

恋爱并非坏事或错事,一个人爱别人和被爱都是一件非常幸福的事情。但是,正处在青春期的职校生,由于经济上尚未独立,事业上尚未定向,思想上尚未定型,生理和心理上尚未成熟,正处于求学时期,不具备处理恋爱婚姻的各方面条件,早恋的后果往往是以分手告终。

早恋的危害主要有以下几点:

1)影响身心健康。他们追求的所谓的"爱情",其实是一种虚幻的理想化的感情生活,带有不成熟性和脆弱性,是一种缺乏责任感的感情,一旦把握不好,会产生如怀孕、堕胎等严重后果。

2)影响同学之间的正常交往。由于早恋使部分学生囿于"两人世界"而与其他同学渐渐疏远,同学之间产生隔阂,往往是得到一个人而失去一群人。

3)影响学习。有早恋现象的学生无论在课内还是课外,对恋人的表情、举止、言谈,以及形体、语言都十分敏感。上课时,目光经常扫视对方,听课注意力不集中。有的甚至上课互递纸条,互送照片,影响学习。由于早恋是一种强烈的情绪体验,一旦失恋,就会难以克制情绪,出现头痛、神经衰弱等症状,陷入巨大的痛苦中,影响学习。

桃李早熟多苦涩,罂粟早开毒天下。"早恋,是一枚包着糖衣的苦果!"著名教育家陶行知先生曾这样教导早恋的青少年:"每个人无论男女,到了一定年龄,是要谈恋爱,要过家庭生活的。但是树上的果子是熟的还是生的好吃?像我们这里的杏子,要是没成熟就摘下来,好吃吗?人就像果子,要长得成熟,有了学问会做工作,又有养育子女的能力,就好比果子熟了,那时就可以得到真正的幸福了。要是还没有多少学问,工作能力还没有培养好,谈恋爱会有好处吗?"

青少年学生要珍惜青春年华,切莫被异性的追捧冲昏了头脑,过早地涉入恋爱的区域。如果你喜欢一个人,那么就把这份感情埋藏在心底,将动力转移到学习上,努力使自己各方面完善,使自己成就一番事业,为自己也为对方创造共同幸福的条件。我们要为自己的感情负责,也要为未来的生活负责。

三、爱的真谛——正确的婚恋观

在大多数中职生眼里,爱就是两情相悦,爱就是花前月下,一起看电影,逛公园……那不就是爱吗?那当然不是真爱,那只是皮毛之爱。

1)爱情是一种建立在高级情感需要基础上的情绪体验。莎士比亚曾说:爱情不是树荫下的甜言,不是桃花源中的蜜语,不是轻绵的眼泪,更不是死硬的强迫,而是建立在共同基础上的心灵沟通。

2)爱情是建立在志同道合的基础上的,是理想、道德、义务、事业和性爱的有机结合。

3)爱情是人生内容的重要组成部分,但不是人生的全部,它应该服从于事业,促进事业的发展。一个人只有事业取得成功,其爱情之花才会开得更加鲜艳芬芳。

4)爱情是一种责任和奉献。爱情是一个男性与一个女性之间的爱慕关系。这种关系包括自己特有的感情和义务,它只能存在于恋爱者两人之间,不容许第三者介入。爱不仅是得到,更重要的是一种责任和奉献。

5）爱情意味着一个人对另一个人的尊重、关心、理解、帮助和责任。在恋爱过程中,应多一些理解、信任和宽容,互相尊重,共同进步。

只有真正理解了爱情的真谛,才能学会去爱和被爱,才能驾着爱情"小舟",载满着"爱",驶向幸福的"港湾"。

醒世·心语

★在我看来,真正的爱情是表现在恋人对他的偶像采取含蓄、谦逊甚至羞涩的态度,而绝不是表现在随意流露热情和过早的亲昵。
★爱情的意义在于帮助对方提高,同时也提高自己。
★爱是一种甜蜜的痛苦,真诚的爱情永不是走一条平坦的道路的。
★爱是苛求的,因为苛求而短暂。友谊是宽容的,因为宽容而长久。
★早恋是枚青苹果,谁摘了它,就只能品尝青果的酸涩,而品尝不到熟果的甜美。

心灵 鸡汤

无怨的青春

席慕蓉

在年轻的时候,如果你爱上了一个人,
请你,请你一定要温柔地对待他。
不管你们相爱的时间有多长或多短,
若你们能始终温柔地相待,那么,
所有的时刻都将是一种无瑕的美丽。
若不得不分离,也要好好地说声再见,

也要在心里存着感谢,
感谢他给了你一份记忆。
长大了以后,你才会知道,
在蓦然回首的刹那,
没有怨恨的青春才会了无遗憾,
如山冈上那轮静静的满月。

感悟分享:
_____
_____
_____

早开花的苹果树

一棵苹果树正在冬天里做梦，
一阵暖风把梦儿吹醒，
它误认为春天已经来临，
急匆匆把枝头点红。
是你根部积聚了过多的养分，
还是失去理智过于冲动？
也许是你羡慕春的美好，
竟忘记遵循时令……
冻僵的花瓣儿伴着残梦，
瑟缩着在寒风中飘零。
多么得不偿失啊……
减了春的光彩，
毁了秋的收成。

感悟分享：

_____

_____

_____

_____

给女儿的一封信

苏霍姆林斯基（苏联著名教育家）

亲爱的女儿：

你提出的问题使我忐忑不安。

现在你已经14岁了，已经迈进开始成为一个女人的年龄时期。你问我说："什么叫爱情？"

我的心经常为这样的念头而跳动，就是今天我不再是和一个小孩子交谈了。进入这样一个年龄时期，你将是幸福的。然而只有成为一个明智的人，你才是真正幸福的。

是的，几百万年轻的14岁少女怀着一颗跳动的心思考着这样一个问题：什么叫爱情？每一个人对它的理解都各不相同。希望成为男子汉的年轻小伙子也在思考这一问题。亲爱的小女儿，现在我给你写的信不再是过去那样的信了。我内心的愿望是：告诉你要明智地生活，也就是要善于生活。我希望做父亲的每一句话都能像一颗小小的种子，促使你自己的观点和信念的幼芽萌发出来。

爱情这个问题也曾同样使我不平静。在童年和少年时代，我最亲近的人是玛丽娅，她是一位了不起的人，渗透到我内心的一切美好、明智和真诚的品质都受恩于她。她在我面前打开了童话、本族语言和人性美的世界。有一天,在一个早秋的寂静的夜晚,我和她坐在一棵枝叶繁茂的苹果树下,望着空中正在飞往温暖的边远地区的仙鹤,我问祖母:"奶奶,什么叫爱情呀?"她能用童话讲解最复杂的事情。此刻她的一双眼睛呈现出沉思而惊异的神情。她以一种特别的、与往日不同的目光看了我一眼,说:"什么叫爱情?……当上帝创造人类时……他把土地分给一个男人和一个女人,告诉他们怎样搭窝棚,给男人一把铲子,给女人一捧种子……整整一年之后,有一天一大早,他看见这一对男女坐在小棚子旁边,地里的庄稼已经熟了,他们身旁放着一个摇篮,摇篮里睡着一个婴儿,这一对男女时而望望天,时而又彼此看看,就在这一瞬间,他俩的眼神相碰在一起,有一种不可思议的美和一种从未见过的力量。这种美丽远远超过蓝天和太阳、土地和长满小麦的田野。总之,比上帝所制作和创造的一切都美。这是什么?这是爱情。"

我的小女儿,这就是爱情!我们每一个人最终都会变成一把骨灰,但是,爱情将成为充满生机的、永不衰退的、使人类世代相传的纽带。世上各种有生命的东西生活、繁殖,成千上万地延续自己有生命的后代。但是,只有人懂得爱。而且说实在的,只有在他善于像人那样去爱的时候,他才是一个真正的人。如果他不懂得爱,不能提到人性美的高度,那就是说他只是一个能够成为人的人,但是还没有成为真正的人。

感悟分享:
_____
_____
_____
_____
_____

心灵工作坊

活动体验　酸涩的青苹果

——中职生早恋主题班会

【活动目的】

通过这节班会,使学生树立与异性交往的健康观念,认识到早恋的消极影响,树立正确的情感价值观,从而理智处理情感问题,形成拒绝早恋的自觉意识。

【活动步骤与内容】

(一)班会准备

1. 明确班会"不早恋"这一主题。选定主持人,准备串词。

2. 组织学生浏览一些青春期生理、心理方面的资料。

(二)班会过程

男女主持人导入。

第一环节:情景模拟,认识早恋。A、B同学的行为属于恋爱吗?(若干同学各抒己见)

播放幻灯片:心理学上对早恋的分析。"早恋"是我们对异性的一种好奇,并不是真正的恋爱。

第二环节:认清早恋的危害,学会处理情感,时刻敲响警钟。(播放PPT:早恋案例)

请同学们欣赏配乐诗——舒婷的《致橡树》。

第三环节:友谊天长地久。

男主持人:男女生之间的正常交往,那是一种纯真的友情。(播放PPT:异性之间交往的原则)

(三)班会总结

感悟分享:

心灵成长记

模块四
快乐学习　快乐成长

主题一　学习——我成长的需要
主题二　学习——我自信,我能行
主题三　科学的学习方法和策略

读史使人明智，读诗使人灵秀，数学使人周密，科学使人深刻，伦理学使人庄重，逻辑修辞之学使人善辩。凡有所学，皆成性格。

——培根

主题一　学习——我成长的需要

中职生正处于人生的黄金时代，要想成为有用的人才，必须通过学习来提升自己的专业技能和专业素养。人生百忌，最忌不时时进修。人生就是一个不断学习的过程。只有通过学习，才能随时给自己补充能量，才能跟上时代的步伐，活出更精彩的人生。

一般学习能力倾向测试

指导语：一般学习能力是人们在学习、工作及日常生活中必须具备并广泛使用的能力。职业或专业的水平越高，对人的一般学习能力的要求也就越高。下列关于各种学习能力，请根据你的实际情况回答。

1. 能快而容易地学习新内容。（　　）
   A. 非常符合　　B. 比较符合　　C. 不太符合　　D. 很不符合　　E. 难以回答
2. 能快而正确地解决数学题目。（　　）
   A. 非常符合　　B. 比较符合　　C. 不太符合　　D. 很不符合　　E. 难以回答
3. 学习成绩总是名列前茅。（　　）
   A. 非常符合　　B. 比较符合　　C. 不太符合　　D. 很不符合　　E. 难以回答
4. 对文章的理解、分析和综合能力较强。（　　）
   A. 非常符合　　B. 比较符合　　C. 不太符合　　D. 很不符合　　E. 难以回答
5. 对所学知识的记忆能力较好，不容易忘记。（　　）
   A. 非常符合　　B. 比较符合　　C. 不太符合　　D. 很不符合　　E. 难以回答

数据分析：

评分标准：A. 5 分，B. 4 分，C. 3 分，D. 2 分，E. 1 分。

5~9 分：你的学习主动性偏低，对未来的发展目标不是很明确，建议寻找自己学习上的兴奋点,培养主动学习的能力,这会使你在未来职场上和生活中更具魅力和竞争力!加油!

10~15分:你的学习能力水平在及格水平以上。还不错,要想提高还是有很大空间的,偏科可能是你曾经遇到的主要困难,别担心,人无完人,就从你喜欢的学科入手吧,你会发现知识的无穷魅力!

16~24分:你的学习能力较强。很不错,你可能遭遇过学习上的挫折,但那都是过去式了,没什么,继续努力,你有能力使自己越来越好!成为所从事行业的佼佼者不是梦哦!

25分:这个水平基本上很难达到,但你达到了,恭喜你!你可以在专业上走得更远,你有着超强的学习力,再加上你的勇气和不服输的精神,成功非你莫属!加油!

案例故事

子贡厌学

有一次,子贡对孔子说:"我已厌倦不停地学习,很想去辅佐君主,那样可以得到休息。"

孔子听了,温和地对他说:"《诗经》上说,'每天要勤勤恳恳地去侍奉国君,而且态度要温顺恭敬,办事要小心谨慎。'辅佐君主是很难很累的,怎么会得到休息呢?"

子贡想了想,继续向孔子恳求道:"那就让我停下学习去侍奉父母吧。"

孔子仍然和蔼地对他说:"《诗经》上说,'一个孝子是永远不会停止做孝敬父母的事情的。'侍奉父母也是件不容易的事,哪里会得到休息?"

子贡听了,又说道:"既然这样,那就让我停下学习回到妻子身边好啦。"

孔子笑了笑,说道:"《诗经》上说,'对自己的妻子要多加疼爱,只有这样才能把家庭整治好。'可见这也是一件不容易办到的事。"

子贡看了孔子好一会儿,说道:"那么,就让我停下学习去结交朋友好啦。"

孔子对他说:"《诗经》上说,'朋友之间要互相帮助,同时在交友中还要注意仪表的庄重。'交朋友也很难,更需要认真对待。"

子贡有点火了,说道:"那我回家种地,这样可以得到休息了吧?"

孔子说道:"《诗经》上说,'就是到了冬天,农夫们也是白天割茅草,晚上搓草绳,还得赶急盖房子,新年一开始便又要忙于耕田播种了。'耕田种地是很辛苦的,一点也不能懒惰。"

子贡无可奈何了,便冲着孔子说:"这样说来,我就不能得到休息了吗?"

孔子站起身来,指了指窗外,严肃地说道:"你看到远处那大大小小的山丘了吧,它们多么像坟墓啊!你现在知道什么时候可以得到休息了吧?"

子贡恍然大悟:"老师,我明白了。一个人的一生应该孜孜不倦地学习,奋斗不息,死而后已,而不能苟且偷生啊!"

感悟分享:

_____

_____

从学生到职场丽人的华丽转身

上了中专以后,肖丽丽非常希望自己以崭新的面貌投入到一个新的环境里。新的同学、新的课程、新的老师,这一切都是那么的新鲜和刺激。她告诉自己:"我一定要脱胎换骨,让那些曾经轻视我的人大跌眼镜。"

丽丽对自己在职业学校的学习生活进行了一番规划,包括上课时间、自习时间、课外活动时间(包括社团时间)都进行了具体的划分,确定了每个学期的小目标、中期目标和大目标,甚至寒暑假也做出了一些初步的阅读和工作实习的安排。

当别的同学在困惑里悲春哀秋时,丽丽的脚步却是匆匆忙忙,眼睛里的光芒一直都是那么的自信。丽丽学的是计算机专业,她不但成绩优异,还代表学校参加了市里和省里的平面设计比赛,取得了非常好的成绩,还获得很多笔奖学金。丽丽在学生会工作中表现出色,她所在的团队多次被学校和系部表彰。丽丽在寒暑假参加了几份与专业相关的实习工作,其认真负责的工作态度和工作能力受到用人单位的好评和奖励。

毕业时,当别的同学都在为去哪里工作、去做什么工作而感到焦头烂额时,肖丽丽已经接收到好几个用人单位伸过来的"橄榄枝",顺利进入了自己喜欢的岗位,完成了从学生到职场丽人的华丽转身。

感悟分享:
_____
_____
_____
_____
_____

心理知识

学习点亮生命

一、打开学习之窗

学习是人类在认识与实践过程中获取经验和知识,掌握客观规律,使身心获得发展的社会活动。学习的本质是人类个体和人类整体的自我意识与自我超越。在中国,"学习"一词是由"学"和"习"复合而组成的。孔子说:"学而时习之,不亦说乎?"意思是,学了之后及时、经常地进行温习和实习,不是一件很愉快的事情吗?按照孔子和其他中国古代教育家的看法,"学"就是闻、见与模仿,获得信息、技能,主要是指接受感官信息(图像信息、声音信息及触觉味觉等信息)与书本知识,有时还包括思想的含义。"学"是自学或他人教授。"习"是巩固知识、技能的行为,如温习、实习、练习。"学"偏重于思想意识的理论领域,"习"偏重于行动实习的实践方面。学习就是获得知识、形成技能、获得适应环境和改变环境能力的过程,实质上就是学、思、习、行的总称。

你认识图片中的两个字吗？在你看来，图中数字①～⑤各代表什么意思？

图片中的数字①～⑤的意思分别是：学——①小孩的一双手；②绳结；③房屋；④小孩。习——⑤小鸟反复试飞。

对学习二字的释义：还没有启蒙的小孩子，两只手模仿大人的绳结，就是学；羽毛还未长全的小鸟反复试飞，就是习。

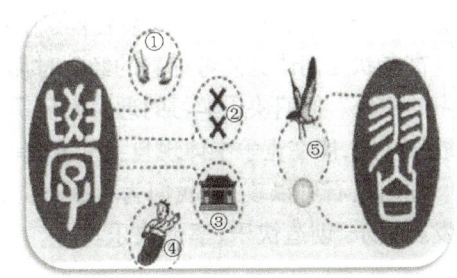

二、学习——成长的需要

（一）我们为什么要学习

1. 为生存而学习

每天，当太阳升起来的时候，非洲大草原上的动物们就开始奔跑了。狮子妈妈在教育自己的孩子："孩子，你必须跑得再快一点，再快一点，你要是跑不过最慢的羚羊，你就会被活活地饿死。"在另外一片草地上，羚羊妈妈也在教育自己的孩子："孩子，你必须跑得再快一点，再快一点，如果你不能比跑得最快的狮子还要快，你就肯定会被他们吃掉。"记住，别人跑得快，你跑得更快，这就是生存的需要。

2. 为发展而学习

真正的学习是为了自我发展，是一种自我认同的需要的驱使。不努力学习，不刻苦训练，就不可能得到发展，更不可能取得成功。

3. 为志向而学习

人的才智能否得到充分的发挥，和其志向大小关系密切。我国有句名言："人若志趣不远，心不在焉，虽学无成"，充分说明了立志的重要性。古人云："修身齐家治国平天下。"也就是说，修身是一个人、一个读书人、一个想成为堂堂君子之人成才的第一道门坎。己身之道德不修养，情操不陶冶，私欲不约束，你就做不了一个纯粹的人、一个高尚的人、一个精神完美的人。那么齐家治国平天下，这些作为也就无从谈起。什么是修身的第一要务呢？两个字：立志。孔子曰：三军可夺帅也，匹夫不可夺志也。人无志，则没有目标；没有目标，修身就成了无源之水。因此，凡修身，必先立志。志存高远，则心自纯净。

4. 为拥有更充实的生活而学习

学习，不仅让我们能够生存，而且可以让我们拥有更充实的生活，让我们能够认知这个世界及我们与它的关系，做到从未能做到的事情。学习是点亮我们内心不熄的明灯，是激发我们前进的持续动力，是人生中不可缺少的一部分。如果不学习，人的生命就会枯萎。学习就是给生命添加养料。在学习中我们分享生命经验，获得成长，同时也可以帮助他人服务社会，为幸福生活奠基。

（二）快乐学习

什么是快乐学习？"快乐学习"是积极求知、理性学习的热情体现，是享受学习所带来的知识更新、观念进步的精神境界。学习是快乐的，因为无论在什么时候，我们大脑储存的信息总不会嫌多,知识可以武装我们,用学习的成果换取的快乐难道不是快乐吗?

高考状元们谈到高考夺魁的经验时都会谈到,他们在以快乐的心态对待学习,并体味到了学习的快乐。他们快乐学习的理由大多是:能学到无穷的知识,使自己进步,有收获;在学习中能取长补短,能在竞争中体现自我价值;有同学交流学习心得,有好朋友分享学习的乐趣。

他山之石可以攻玉,我们为什么不向这些快乐学习的同学看齐呢?像他们一样在学习中发现快乐、创造快乐、享受快乐。

三、终身学习

终身学习是指社会每个成员为适应社会发展和实现个体发展的需要,贯穿于人一生的持续的学习过程。

那么,我们为什么要终身学习呢?

学习伴随着我们的成长。人有学习的天性,人的成长是一个不断学习和发展的过程。学习没有终点。我们终身都需要学习,即使离开了学校,也要不断地学习,不断地充实自己。只有善于抓住和利用各种机会去学习,才能适应不断发展的社会。古人云:"吾生也有涯,而知也无涯。"当今时代,世界在飞速变化,新情况、新问题层出不穷,知识更新的速度大大加快。人们要适应不断发展变化的客观世界,就必须把学习从单纯的求知变为一种生活方式,努力做到活到老、学到老,终身学习。

醒世·心语

★ 玉不琢,不成器;人不学,不知义。
★ 立身以立学为先,立学以读书为本。
★ 读万卷书,行万里路。
★ 我学习了一生,现在我还在学习,而将来,只要我还有精力,我还要学习下去。
★ 学习赋予能力,知识改变命运。
★ 我们"人生这辆车"只有不断地学习加油,才能驶向远方——我们的目的地。
★ 我,一个黑人,能在美国白人世界站住脚,能有今天,完全靠学习高人的智慧!学习不能决定你的起点,但一定会决定你的终点!

心灵 鸡汤

一对父子的对话——人为什么要上学

子:爸爸,人为什么要上学?

父:打个比方,一个小孩子如果不上学,他7岁就可以放羊,长大了能放一大群羊,但他

除了放羊,基本上干不了别的;

如果他小学毕业,在农村他可以用一些新技术种地,在城市可以到建筑工地打工,做保安,也可以当个小商小贩,小学的知识够用了;

如果初中毕业,他就可以学习一些机械的操作了;

如果高中毕业,他就可以学很多机械的修理了;

如果大学毕业,他就可以设计高楼大厦、铁路桥梁了;

如果硕士、博士毕业,他就可能发明创造出一些我们原来没有的东西。

通往幸福的路有多种,最简单的一种就是让自己变得更好,而读书是最快捷的方式。

子:爸爸,我明白了,我也要上学,将来建高楼大厦,修铁路,发明创造出一些我们原来没有的东西。

感悟分享:

_____

_____

_____

_____

仅有57美分的费城大学始建者

美国费城大学是享誉世界的著名高等学府,然而这所占地近百亩㊀的综合性大学在最初营建时,仅仅付出了57美分的采购地价。如今人们慕名前来费城大学参观时,选择的第一个目标就是主楼的展览大厅,在那里悬挂着一个衣衫褴褛、面黄肌瘦的小女孩画像,而这个不知姓名、年龄和出生地的小女孩,居然被公认为是这所著名学府的始建者。

故事发生在1803年,那时候的美国刚刚摆脱殖民统治,人民生活苦不堪言。一位体弱多病的母亲牵着女儿来到了费城,但是她们找不到任何营生,被迫四处乞讨。

一天,母女俩来到城郊一所学校大门外,蹲在墙根处晒太阳。从墙的另一边传出的琅琅读书声和钢琴的弹奏声深深吸引了母亲身旁的小女孩,她不解地问母亲这是什么声音,为何会如此动听。母亲愁苦地一笑,随后告诉女儿,那是一所贵族学校,是专门供有钱人家的小孩子读书和弹奏钢琴的地方。

从此,小女孩一有机会就跑到学校围墙外倾听里面传出的悦耳声音。有一次学校礼堂举行音乐会,小女孩实在按捺不住强烈的好奇心,就恳求看门人放自己进去,却被看门人拒绝了。

㊀ 1亩=666.6平方米。

就在小女孩泪水涟涟地要走开时,一位老师恰好从旁边经过。他问清缘由后,以自己的名义做担保带小女孩进到校园里。小女孩疑惑地问那位老师:"既然富人和穷人家的小孩都喜欢这里,那么为何只接纳富人子弟而拒绝穷人家的孩子进入校园呢?"

老师也许是为了保护小女孩那颗脆弱的自尊心,用善意的谎言笑着答道:"哦,因为这所学校太小了,小到只能容纳下富人家的孩子。如果等到学校扩建的时候,一定也会欢迎穷人家的孩子来读书的。"

小女孩此后一边憧憬着美好的读书梦,一边继续随母亲在城市里乞讨。但是就在第二年,母亲不幸染病身亡,只留下孤苦伶仃的小女孩。一个寒雪飘飞的冬日,有人在学校围墙外发现这个小女孩也被冻死了。

人们在处理小女孩尸体时,意外地从其口袋里翻出57美分硬币和一张字迹歪歪扭扭的纸条:"为了能把这所学校扩建得更大,使所有的穷孩子都能进到里面读书,我已经忍饥挨饿足足攒了57美分啦……"

人们读过字条后,才晓得那些文字是小女孩母亲生前教给她的。小女孩为了实现心中渴盼已久的夙愿,整整乞讨了一年时间才攒下57美分。但她不是把这些钱留给自己,而是想捐给学校用来扩建校舍以便全城穷人家的孩子都能被收纳进去。

小女孩和57美分的凄婉故事被媒体报道后,人们无不为之动容落泪,同时纷纷把这种感动付诸行动。

一个房地产富商主动请求把近百亩土地出售给那所学校以扩建校舍,而且售价仅仅是57美分;接着有木材商、砖石经销商等各个商贾巨头更是倾其全力捐献建材用品,继而有无数能工巧匠到学校报名,甘愿义务出工扩建校舍。那所本来小得不能再小的贵族学校就这样逐渐扩大为占地近百亩的大型公立高等教育学府,并更名为费城大学。

费城大学从正式建校至今已200余年,它对待家境贫寒的优秀学子一直是减免费用和实行经济补贴的。这一切都是因为当年那个不知姓名的小女孩,是她把天真的爱散落成心灵的花粉,并传播给更多心灵的花朵,酿造出了人间最甘甜的花蜜。

感悟分享:

心灵工作坊

活动体验一　点燃书香——捐建小小图书角

【活动目的】

通过此次活动,让同学们有更多的书籍可以阅读,学习资源得到更大化利用,同时,使同学们养成爱读书的好习惯。

【活动要求】

(1)捐赠的图书应适合学生阅读,题材不限。

(2)捐赠的图书应在八九成新。

(3)捐赠的图书应是自己喜爱的图书,而非闲置在家里的无用图书。

(4)在每一本捐赠书的扉页上贴上一张制作精美的图书漂流卡,在卡片上写上自己的班级与姓名,写上你的推荐理由,让每一个读到这本书的同学都能有自己的感受。

(5)本次活动根据自愿和量力而行的原则,家里书多的同学也可多捐。

【后期活动】

(1)将图书整理建册并和其他班轮流阅读,开展好书换客活动。

(2)对每本捐赠的图书,学校将会盖上专用图章以示纪念。

(3)班级开展读书分享活动、读书讲坛活动等丰富校园生活,营造读书氛围,打造书香校园。

感悟分享:

_____

_____

_____

_____

_____

_____

活动体验二　给自己寻找读书的十大理由

【活动目的】

针对班上有些同学纪律涣散、厌学的情况,策划"给自己寻找读书的十大理由"活动。通过此活动,使同学们体会到读书的价值,认识到唯有知识可以改变命运,从而激发学生读书学习的热情。

【活动步骤与内容】

1. 课下提前布置任务:请同学们给自己寻找读书的十个及以上的理由,准备在班会课上和大家一起分享。如果有同学不赞成,你可以找出不读书的十个及以上的理由。

2. 教师提前了解同学们所写的内容,如有同学不喜欢读书,可安排一场别开生面的辩论赛。

3. 班会课上,开展一次辩论赛:读书无用论和读书有用论。

4. 教师总结发言。

感悟分享：

_____
_____
_____
_____
_____

心灵成长记

_____
_____
_____
_____
_____

> 强者未必是胜利者,而胜利迟早都属于有信心的人。
>
> ——美国橄榄球联合会前主席杜根

主题二 学习——我自信,我能行

学会学习是21世纪学习的首要问题。同学们在学习中也会遇到各种各样的问题。如:有些同学在学习中为避免过多的失败,而不愿去主动尝试;有些同学虽然智商不差,但在学习的主动性、积极性方面存在着很大的不足;还有一些同学因为过度焦虑而不能将注意力集中于所学的知识,从而导致学习成绩下降等。以上这些问题都可以归结为学习动机问题。

兴趣是最好的老师。"知之者不如好之者,好之者不如乐之者。"学生对学习产生厌烦情绪的时候,学习会变得痛苦,成绩也会不稳定。只有时时激发出学生学习的兴趣和动机,才会铺就快乐学习、快乐成长的基石。

中职生学习动机测验

指导语:本问卷用于了解学生在学习动机、兴趣及目标制定上是否存在行为困扰。请根据自己的实际情况作答。

1. 如果别人不督促你,你极少主动地学习。

   A. 符合　　　　　B. 不符合

2. 当你读书时,需要很长的时间才能提起精神。

   A. 符合　　　　　B. 不符合

3. 你一看书就觉得疲劳与厌烦,只想睡觉。

   A. 符合　　　　　B. 不符合

4. 除了老师指定的作业外,你不想再多看书。

   A. 符合　　　　　B. 不符合

5. 如有不懂的地方,你根本不想设法弄懂它。

   A. 符合　　　　　B. 不符合

6. 你常想自己不用花太多的时间,成绩就能超过别人。

   A. 符合　　　　　B. 不符合

7. 你迫切希望自己在短时间内大幅度提高学习成绩。

   A. 符合   B. 不符合

8. 你常为短时间内成绩没能提高而烦恼不已。

   A. 符合   B. 不符合

9. 为了按时完成某项作业,你宁愿废寝忘食、通宵达旦。

   A. 符合   B. 不符合

10. 为了把功课学好,你放弃了许多你感兴趣的活动,如体育锻炼、看电影与郊游等。

   A. 符合   B. 不符合

11. 你觉得读书没意思,想去找个工作做。

   A. 符合   B. 不符合

12. 你常认为课本上的基础知识没什么好学的,只有看高深的理论、读大部头作品才带劲。

   A. 符合   B. 不符合

13. 你只在喜欢的科目上狠下功夫,对不喜欢的科目放任自流。

   A. 符合   B. 不符合

14. 你花在课外读物上的时间比花在教科书上的时间要多得多。

   A. 符合   B. 不符合

15. 你把自己的时间平均分配在各科上。

   A. 符合   B. 不符合

16. 你给自己定下的学习目标,多数因做不到而不得不放弃。

   A. 符合   B. 不符合

17. 你几乎可以毫不费力就能实现你的学习目标。

   A. 符合   B. 不符合

18. 你总是同时为实现几个学习目标而忙得焦头烂额。

   A. 符合   B. 不符合

19. 为了对付每天的学习任务,你已经感到力不从心。

   A. 符合   B. 不符合

20. 为实现一个大目标,你不再给自己制定循序渐进的小目标。

   A. 符合   B. 不符合

数据分析:

亲爱的朋友,你的选择中是 A 多还是 B 多呢?

A≥15 个,说明你在学习上的兴趣比较低,不够自信,总觉得自己学不好或者有些笨。

A≤10 个,说明你有一定的学习自觉性,同时也有些许的惰性,千万不要"聪明反被聪明误"呀!仔细思考一下你面前的状况,努力调整一下吧!

A≤5 个,说明你很有潜质,是个懂得管理自己学习的人。如果偶尔有困惑,也绝对不会影响你的大方向的,看好你哟!

案例故事   厌学女生完美蜕变，获高校奖学金留学

尹白雪，是市纺织服装学校（以下简称"纺校"）著名"学霸"，2013级春季服装设计班学生。

尹白雪没来到纺校，没有遇到班主任张允浩老师之前，是一个让人头疼的孩子，她成绩差、脾气坏、没目标，是老师和家长眼中的"问题学生"。因为早恋问题，尹白雪与父母、老师发生激烈冲突，从普通中学辍学。由于未成年，父母不放心让她过早踏入社会，于是把她送到了纺校继续学习。当时学校招生处领导问她想读什么专业，她说自己喜欢画画，于是，零基础的她选择了服装设计专业。就是这样一个快要被师长放弃的孩子，来到纺校，遇到了张允浩老师，在张老师的悉心教导与关怀下，她心里的坚冰慢慢融化，棱角也慢慢变得柔和。在服装设计专业学习的过程中，她找到了自己的专长和兴趣，渐渐地，她的人生发生了奇妙的改变。编者采访她时，眼前的女孩面容清秀，彬彬有礼，言辞里充满了对父母和师长的感恩，俨然是一个懂事、端庄的女孩子。

2014年，尹白雪获得了"大朗杯"服装设计大赛金奖，现已经被意大利卢索设计学院录取，并获得了15万元奖学金。尹白雪还获得中国服装设计师协会主办的第24届休闲装设计大赛优秀奖、第十届中国时装设计大赛成果奖、2015CoolKids Fashion童装设计大赛优秀奖。

感悟分享：

_____
_____
_____
_____

走不出去的沙漠

有一位探险家在撒哈拉大沙漠中发现了一个小村庄，令他奇怪的是，在此之前从没有任何人说起过这个地方，这里的村民居然对沙漠之外的世界也一无所知。

他就问村民为什么不走出沙漠看一看，村民的回答是：走不出去！原来自从他们的祖先定居此地之后，每隔几年就会有人试图走出沙漠去，但不管朝哪一个方向行进，结果都一样：绕一个大圈子之后又回到了村子里，没有一次例外！

探险家感觉非常有趣，他走过无数的地方，这样的情况还是头一次遇到。于是他决定做一个实验，邀请一位村里的年轻人做向导，收起自己的先进仪器，跟在年轻人身后。11天之后，他们两人果然在绕了个大圈子后又回到了村里！

尽管如此，探险家已经明白是怎么回事了。原来，村民们之所以走不出大漠，是因为他们根本就不认识北斗星！他们没有朝着一个目标努力！几天之后，当探险家准备离开时，他

找到了上次和他合作的那位年轻人，对他说："你按照我的办法，一定能走出沙漠！这个办法很简单——白天睡觉晚上走。但千万记住，一定要对着北方天空最亮的那颗星星走，绝对不能改变方向！"

探险家离开了村子，半信半疑的年轻人最后决定照着探险家的方法试一试。果然，只用了三个夜晚，他真的走出了大沙漠！

感悟分享：

_____
_____
_____
_____

让知识改变命运

一、学习的价值——让自己拥有别人拿不走的东西

一个人的财富可以被掠夺，头衔可以被摘走，但一个人的知识、技能、经验、思想是任何人都拿不走的。所以，知识高于一切。有了知识，我们就可以在困境中架起通向光明彼岸的桥梁，可以用它排除人生中的万难，改变我们的命运！

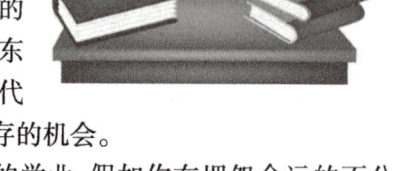

现代社会竞争异常激烈，一个不够优秀或一无所长的人很容易被社会淘汰。只有让自己拥有别人拿不走的东西，并不断地强化它，不断提升自己的正能量，才能在时代大潮中站稳脚跟，在面临意想不到的危机时获得更多生存的机会。

同学们，假如你对自己负责任，那么，请不要放弃你的学业；假如你在埋怨命运的不公，那么，就更不能放弃追求知识，因为，知识改变命运；放弃知识，就是放弃人生！

二、培养自己的学习兴趣

1. 培养好奇心

学习兴趣是在不断地探究之中培养起来的。平时要留心观察一切事物，多对自己提"为什么"，经常与同学、老师一起讨论研究学习中的问题，感受知识的魅力。牛顿发现万有引力，瓦特改进了蒸汽机，都是出于对日常生活现象的好奇，然后经过不断钻研而实现的。真正的学习是快乐的，快乐的学习使人振奋，主体的积极主动性高，大脑处于激活状态，知识信息易于被接受、储存和提取。

2. 不要强化自己对学习没兴趣

给自己贴一个学习不快乐的标签，你的学习就会越来越不快乐；给自己贴一个学习快乐的标签，你的学习就会越来越快乐，这在心理学上叫"标签效应"，也叫"心理暗示"。想让自己对学习产生兴趣,必须具有主动学习的良好态度,坚信学习是件有趣的事。如果一开始就断定自己对学习没有兴趣,就真的很难培养起兴趣了。要记住:千万不要亲手扼杀自己的兴趣。

3. 看到自己的进步,及时激励自己。

心理学家盖兹说过:"没有什么东西比成功更能增强满足的感觉;也没有什么东西让每个学生都能体验到成功的喜悦,更能引发学生的求知欲望。"所以,对学生来说,在学习过程中,要更多地看到自己的长处和取得的成绩;对老师来说,在教学过程中要多赏识和激励学生,带给学生更多的成功体验,让他们在理解、信任与赏识中主动学习,感受知识的奥妙和学习的乐趣。

一个很有效的自我激励的方法:每晚给自己写一张感谢条,内容不限,可以感激自己攻下了一道数学难题,也可以感激自己背熟了一篇课文,并细细体味其中的惬意。这就是自己的成功。这样,你每天都能发现琐碎学习生活中点滴的快乐,在平淡中捕捉到美好的感受。

三、调整学习心态——我自信,我能行

马克思说,在科学的道路上没有平坦的大道可走,只有沿着崎岖的小路肯攀登的人才能到达光辉的顶点。学生的求学之路不可能是一帆风顺的,会不可避免地遇到或大或小的难题,这就需要坚强的意志和克服困难的决心。

美国橄榄球联合会前主席杜根,曾经提出这样一个说法:强者未必是胜利者,而胜利迟早都属于有信心的人。换句话说,你若仅仅接受最好的,你最后得到的常常也就是最好的,只要你有自信。这就是心理学上的"杜根定律"。美国哈佛大学进行过一次调查,一个人胜任一件事,有85%取决于他的态度,15%取决于他的智力。如果他自信,事情肯定会办好。所以一个人的成败取决于他是否自信。假如这个人是自卑的,那么自卑就会扼杀他的聪明才智,消磨他的意志。

蜗牛不相信自己的缓慢,一步一个脚印地向自己的目标爬行,终于到达了自己的目的地;水滴不相信自己的脆弱,日复一日,年复一年,一点一滴地撞击岩石,终于造就了水滴石穿的奇迹;蝉蛹不相信坚硬的外壳,只要有一个小洞就往外挤,终于获得了破茧重生的光明。在生活中,你也许没有好的开始,但只要你一步一个脚印,每天努力一点,总会破茧为蝶,展翅高飞。

同学们,自信是成功的第一秘诀。大声地告诉自己:学习——我自信,我能行!

 **醒世心语**

- ★ 学习的最大动力,是对学习材料的兴趣。
- ★ 自信就是成功的第一秘诀。
- ★ 莫等闲,白了少年头,空悲切。
- ★ 学习这件事不在乎有没有人教你,最重要的是在于你自己有没有觉悟和恒心。
- ★ 没有知识就不能成为真正的商人。
- ★ 没有文化的军队是愚蠢的军队。

心灵鸡汤

目标与人生

哈佛大学有一个非常著名的关于目标对人生影响的跟踪调查，对象是一群智力、学历、环境等条件都差不多的年轻人，调查结果发现：

27% 的人，没有目标；

60% 的人，目标模糊；

10% 的人，有比较清晰的短期目标；

3% 的人，有十分清晰的长期目标。

25 年的跟踪调查发现，他们的生活变化十分有意思。

那 3% 的人，25 年来几乎从不曾更改过自己的人生目标，他们始终朝着同一个方向不懈地努力，25 年后，他们几乎都成了社会各界顶尖成功人士，他们中不乏白手创业者、行业领袖、社会精英。

那 10% 的人，大都生活在社会的中上层。他们的共同特征是，一些短期目标不断实现，生活质量稳步上升，他们成为各行各业不可缺少的专业人士，如医生、律师、工程师、高级主管等。

那 60% 的人，几乎都生活在社会的中下层，他们能安稳地生活与工作，但都没有什么特别的成绩。

剩下的 27% 的人，他们几乎都生活在社会的最底层，生活过得都很不如意，常常失业，靠社会救济，并且常常抱怨他人、抱怨社会。

调查者得出结论：目标对人生有巨大的导向作用。成功在一开始仅仅是一个选择，但是你选择了什么样的目标，就会有什么样的成就，就会有什么样的人生。由此看来，设定目标是你人生的一件大事，它将决定你在未来能取得多大的成就。也就是说，你究竟能飞多高，取决于你所设定人生目标的高度。

感悟分享：

_____

_____

_____

_____

_____

_____

飞轮效应

生活中有一种飞轮效应。为了使静止的飞轮转动起来，刚开始我们必须用很大的力气，一圈两圈，每转一圈都很费力。由于我们不断努力，累积起来的动量以及飞轮自身的重量使飞轮越转越快。虽然我们的推力依然和以前一样大,甚至比以前还小,但是飞轮的转速却比以前更快。最终飞轮将会以更大的动力转动。

我们不能说究竟是哪一次推动让飞轮达到了突破点,而应当说是每一次的推动都在起作用。从一般水平的学生向优秀学生转变,是一个渐进的不断累积的过程,一个行动接一个行动,一次努力接一次努力,一个成就接一个成就,所有这些的总和就会产生神奇的效果。

感悟分享:

我一生最大的爱好是读书

古往今来,用亲身经历无可辩驳地证明学习有用的卓越人物中,毛主席可谓是优秀代表。无论是求学于湖南省立第一师范学校之时,抑或在战乱年代的马背上,还是处于和平建设时期,毛主席均把学习看得像生命一样宝贵。

毛泽东曾说:"我一生最大的爱好是读书""饭可以一日不吃,觉可以一日不睡,书不可以一日不读。"书对他来说就是生命,生活的一部分,不可须臾相离。

给国人留下深刻印象的是主席的睡床,它比一般的床大许多,为什么会这样呢?因为睡床的一多半要摆放书籍,以便随时进行翻阅。

毛泽东的书可以伴眠,可以伴行,可以伴厕。

毛泽东的菊香书屋,堪称一个资料齐全又适合毛泽东需要的个人藏书室。除马克思、恩格斯、列宁、斯大林和鲁迅的全集外,还基本上配齐了一些著名史书,如《永乐大典》《四库全书》《四部备要》《万有文库》(部分)《古今图书集成》,以及各类世界著名翻译丛书等。

毛泽东寓所里没有任何豪华的摆设,唯独藏书,即使学富五车的专家学者也难与他相比。

读书造就了毛泽东。毛泽东从一个农民的儿子成为中华人民共和国的主要缔造者和领导人,都和他"饭可以一日不吃,觉可以一日不睡,书不可以一日不读"的精神有着必然的联系。

感悟分享:

模块四 快乐学习 快乐成长

 心灵工作坊

活动体验　寻找学习的快乐

【活动目的】

通过活动,找到学习的快乐,找回自信。

【活动步骤与内容】

1. 三至五人一组。首先,每个人找到以往在学习方面两三件快乐的事情。

2. 第一人做三分钟的讲述。同时说出自己当时的内心感受。其他人认真倾听,然后分别给予其积极的回应,如,"你是一个很聪明的人""你是一个很有学习潜力的人"等。

3. 第一人讲完后,交换角色;最后,各组分享感受。

感悟分享:

心灵成长记

> 良好的学习方法能使我们更好地发挥运用天赋的才能。
>
> ——贝尔纳

主题三　科学的学习方法和策略

学习方法就是学生学习时所采用的方式、手段、途径和技巧。科学的学习方法是人们认识规律和学习规律的反映,它具有共同性和普遍性。由于受学习目的、学习内容、学习条件、教育者的个体特征、学习者的个体特征等因素制约,学习方法呈现出多样性并具有个性化。

授之以鱼,不如授之以渔。如果能够掌握必要的、科学的学习方法和策略,就可以少走弯路,提高效率。尤其在当前科技飞速发展的信息化时代,拥有科学的学习方法和策略就如同拥有一把开启知识大门的金钥匙。

你的学习是否得法

指导语:下面是一份测试学习方法是否得法的心理测试题。本测验共有10道题,每题3个备选答案,A——很符合自己的情况(0分),B——不一定符合自己的情况(5分),C——不符合自己的情况(10分)。请你根据自己的实际情况,在题目后面括号中填上相应的字母。

1. 学习除了书本还是书本(　　)
2. 对书本的观点、内容从来不加怀疑和批判。(　　)
3. 除了小说等一些有趣的书外,对其他理论的书根本不看。(　　)
4. 读书从来不做任务笔记。(　　)
5. 除了学会运用公式定理,还知道它们是如何推导的。(　　)
6. 认为基础知识没啥好学的,只有看高深的大部头才过瘾。(　　)
7. 能够经常使用各种工具书。(　　)
8. 上课或自学都能聚精会神。(　　)
9. 能够见缝插针,利用好点滴时间。(　　)
10. 常找同学讨论学习上的问题。(　　)

数据分析:

把你所得的分数全部相加,算出总分,互相对比一下,了解自己的学习方法是否正确。

总分 80 分以上,说明学习方法很好;
总分 61~80 分,说明学习方法较好;
总分 45~60 分,说明学习方法一般;
总分 45 分以下,说明学习方法较差。

案例故事　"泥瓦匠""喷漆工"被请进中南海

"你现在不仅能给父母盖房子,更是在为我们国家的大厦砌砖加瓦!"李克强总理对 19 岁的广东小伙梁智滨说。梁智滨的梦想,是用自己"建筑工程施工"的专业本领,给父母在村里盖一栋房子。经过 3 年的专业学习,他在第 44 届世界技能大赛上拿到了砌筑项目金牌,还在 2017 年 11 月 21 日走进中南海国务院小礼堂,与李克强总理一起座谈。

李克强说:"你们代表了国家的未来,是中国制造的未来!要做大国工匠,建制造强国!"

在全社会弘扬工匠精神的时代风尚

与梁智滨一起参加这场活动的,是第 44 届世界技能大赛中国代表团全体团员。此次座谈的一个月前,在阿联酋阿布扎比举办的第 44 届世界技能大赛中,中国选手共获得 15 枚金牌、7 枚银牌、8 枚铜牌和 12 个优胜奖,金牌数、奖牌数和团体总分均居榜首,取得了参赛以来的最好成绩。

座谈开始前,李克强总理首先与这些年轻的选手们握手、合影,并参观了获奖选手们的部分参赛作品。

"你们的成绩让我感到很振奋,也让我感受到中国制造、中国服务向中高端发展的广阔前景。"总理说,"今天把大家请到国务院来,既是祝贺你们的优异成绩,更希望在全社会弘扬工匠精神的时代风尚!"

参加世界技能大赛的 52 名选手,有不少人来自农村。李克强说,中国过去 30 多年的高速发展,很大程度上依靠着你们父辈的勤劳汗水,也就是数亿农民工的"人口红利"。现在中国制造、中国服务要提高质量、迈向世界一流,需要数以亿计像你们一样的技能人才,充分释放"人才红利"。"希望你们和同龄人一起肩负起自己的历史使命,推动中国制造和中国服务迈向中高端!"总理说。

不仅成为自己专业的"行家里手",更能成为工匠精神的"领跑者"

另一位受邀与总理座谈的选手代表,是 19 岁的江苏小伙宋彪。凭借在工业机械装调项目中的优异表现,他拿到了本届世界技能大赛所有项目的最高分,获得了被称为"金牌中的金牌"的阿尔伯特·维达大奖。

李克强详细询问了比赛内容、所用装备产地等情况后说:"机械装调是一个传统行业,如果越来越多的技能人才在这个行业异军突起,那中国制造的未来就大有希望!"

总理说,现在我国合资品牌的一些产品,即使是进口核心部件、国内组装,价格仍然低于进口原装产品。"一个重要原因,就是我们机械装配调试等方面的技术还需要进一步提高。"他对宋彪说,"你为国家赢得了荣誉,也为中国制造升级助力!"

李克强说，中国早有古话：三百六十行，行行出状元。当前我国正在实施创新驱动发展战略，推动大众创业、万众创新，这不仅需要实验室里科研人员的努力，更需要把工匠精神贯穿生产的每一道工序、每一个环节中去。

"希望你们永存匠心，始终不渝追求卓越、弘扬工匠精神。不仅成为自己专业的'行家里手'，更能成为工匠精神的'领跑者'，用卓越匠心带动千千万万的技能人才。"总理说。

一定要让大国工匠拥有更高的荣誉

汽车喷漆项目金牌获得者、来自浙江的蒋应成向总理展示了他参赛的作品：在车门上手工喷出图案，不仅形状位置精准，线条边缘也笔直清晰，"像刀刻出来的一样"。

"学习喷漆很辛苦吧？拿着喷枪，喷出来的每个区域都要均匀、不能抖动，是不是还要练习臂力？"李克强问道，"我看到很多选手获奖的作品，感受到了不同领域学技的艰辛。也希望大家始终牢记'山外有山'，在未来的学习中不断磨炼、创新，始终走在前列、永不掉队。"

总理寄望各位参赛选手，在今后的日常生产、工作中守住一条"底线"：凡是经过自己这道工序的产品，一定要让消费者感到是第一流的！

"国家会出台政策的，一定要让大国工匠拥有更高的荣誉！"李克强明确强调，"希望大家继续埋头学艺，不断追求工匠精神的新境界，生产更多第一流的产品，推动中国制造、中国服务跃上中高端！"

感悟分享：

_____

_____

_____

_____

_____

心理知识

科学的学习方法和策略

一、学习金字塔

学习金字塔是美国缅因州的国家训练实验室研究成果，它用数字形式形象显示了采用不同的学习方式，学习者在两周以后还能记住多少内容（平均学习保持率）。它是一种现代学习方式的理论，是由美国学者、著名的学习专家爱德加·戴尔于1946年首先发现并提出的。

在塔尖，第一种学习方式是"听讲"，也就是老师在上面说，学生在下面听，这种我们最熟悉、最常用的方式，学习效果却是最低的，两周以后学习的内容只能留下5%。

第二种，通过"阅读"方式学到的内容，可以保留10%。

第三种，用"声音/图片"的方式学习，可以达到20%。

第四种，采用"示范/演示"的学习方式，可以记住30%。

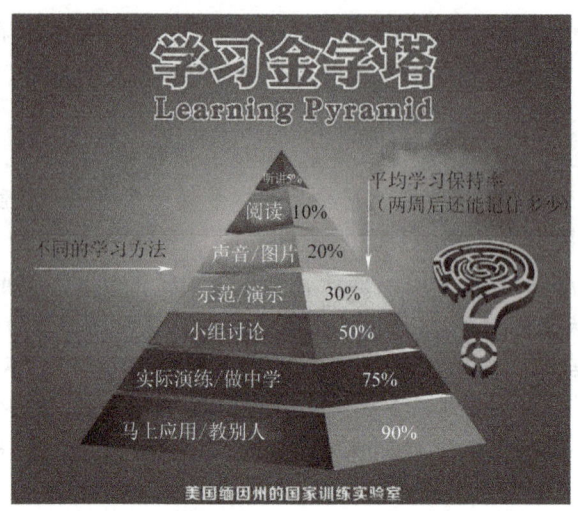

第五种,通过"小组讨论",可以记住50%的内容。

第六种,通过"实际演练/做中学",可以达到75%。

第七种,在金字塔基座位置的学习方式是"马上应用/教别人",可以记住90%的学习内容。

爱德加·戴尔提出,学习效果在30%以下的几种传统方式,都是个人学习或被动学习;而学习效果在50%以上的,都是团队学习、主动学习和参与式学习。

二、高效学习法

1. 变化学习环境,增强记忆的法宝

很多人在学习的时候都愿意找固定、安静的场所作为自己的学习专用场地。但科学家们却发现,比起墨守成规的学习场所,频繁更换不同的地方,学习效率反而更高。在学习环境的实验中,不同场所的学习效果比相同场所提升了40%。

2. 拉开时间间隔,学习效率升级

如果想熟练掌握某项技能或学会某个知识,我们通常愿意花整块时间,就同一内容反复练习,直到学会为止。在记忆科学中,有一个简单易行且效率更高的学习方法,就是分散式学习。科学家们通过记忆单词的实验证明,一次学习20分钟,不如每次用10分钟,共学习2次,并拉开每次学习之间的时间间隔,学习效果会更好。

3. 考试不是目的,而是高效学习

提起考试,大多数人感受到的都是压力,都很排斥。但其实,考试本身是一种非常有效的学习和记忆方式。有两位心理学家就记忆和考试的关系做过多次实验。其中一次是他们让两组学生学习一篇文章,其中一组学习两次,每次7分钟;另一组学习7分钟,第二个7分钟以考试的形式默写下来。学习全部完毕之后,对学生进行测试。结果显示,学习+默写的效果远大于单纯学习的效果,而且随着时间增长,其遗忘速度也更慢。

4. 刻意练习,不如交替学习

不管是学习技能还是知识,我们都很信奉反复练习。而如今,很多科学实验证明比起反复练习,交替学习效果更好。科学家发现,学习时把不同的物件、技巧、概念等穿插到一起来练习,经过一段时间的积累之后,不但能使我们更清楚地了解每一项之间的不同之处,还能

使我们更彻底地掌握好每一项内容。交替学习看来不仅适用于数学,也适用于几乎任何课题或是技巧的学习。

5. 分心不是敌人,而是解决难题的契机

在如今这个信息纷杂的世界,微信、游戏、推送等,这些都在打扰我们的学习。对电子媒体的痴迷而造成的学习上的分心固然令人担忧。然而科学的新发现告诉我们,当我们被卡在某道难题上,当我们的思路被捆住了手脚时,适当地让自己分分心,是一件十分有益的事。实在做不下去的时候,休息一下,很多时候都能有助于我们最终解决问题。

三、科学的学习策略

1. 制订计划

良好的开端是成功的一半。凡事预则立,不预则废。制订一个科学的计划,学习目标就会明确,学生在平时的学习中就会按照计划进行,合理分配学习时间,合理安排学习内容,不打无准备之仗。长此下去,学生就会养成良好的学习习惯,相应地学习能力就会提高。

2. 专心听讲

课上集中精力听课,是掌握知识的捷径。听讲时,要把自己在预习中的理解与老师的讲解相比较,听的过程要始终伴随着思考。在听课的过程中学会记,合理地利用笔记本,目的是消化、吸收和巩固所学到的知识,并为今后的复习留下一份完整的资料。

3. 及时复习

著名的心理学家艾宾浩斯通过实验发现了人的记忆与遗忘规律。实验证明:在学习仅过了 20 分钟后,就会忘记记忆内容的 42%,1 天后忘却量已经达到了 66%,到了第 31 天,忘却量高达 79%。他根据实验结果,画成了著名的遗忘曲线,并表明遗忘的规律是"先快后慢"。这条规律提示我们,一定要尽早、及时地对所学知识进行复习,以便在大脑还存有知识时就加深印记,一旦大脑中已经没有了痕迹,只能重新学习。

4. 重视错题积累

在学习的过程中,同学们可能会一错再错。究其原因,多数是由于在学习中不求甚解,不注意总结积累所致。那么,该怎么办呢?实践证明,自编一本"易错题集"是避免做题一错再错的最好办法。到了最后临考复习时,你会发现,这绝对是一本只针对自己的宝贵资料。

5. 利用网络进行学习

信息化时代的学生接受新鲜事物的能力很强,应充分利用互联网,学习和自己专业相关的知识,了解自己专业的动态、走向,与将来走上工作岗位及早接轨。

四、探索适合自己的学习方法

学习有法,学无定法,贵在得法。只有适合自己的方法,才是最好的方法。所以我们在平时的学习中不能事事处处照搬别人的方法,而应该探索适合自己的学习方法,使自己各方面得到长足的发展。

快乐学习不但是一种态度、一种理念,更是一种学习方法。

学习是快乐的。学习中要荡起"乐学"和"巧思"的双桨,倡导"书山有路巧为径,学海无涯乐作舟"的学习态度和方法,这样才能做到融会贯通。

五、要克服听课中的十种坏习惯

(1) 认为课程单调无味　听课者一经判断某堂课单调无味之后,就会心不在焉。听课效果自然不会太好。

(2) 批评讲课者　听课者应该清楚地认识到上课的目的是追求观点、思想,而不是找批评的靶子。

(3) 过激反应　一个好的听课者是用脑子而不是用感情来听课。当自己的观点与讲课者出现分歧时,应把不同的观点记下来,以便课后向老师请教,然后继续听讲。

(4) 只听事实　事实固然重要,但只有和原理、概念、论点联系起来才有意义,避免只听事实。

(5) 概括一切　一个好的听课者应按照讲课者的题目和组织形式来校正自己的笔记,而不是将每一堂讲授的内容通过详细的概括硬套进一个刻板的模式,从而忽略了内容。

(6) 伪装注意　听课者要认识到,每堂课是获得讲课者花了几个小时才搜集起来的论据的一个机会。要摒弃伪装注意现象,集中注意力,认真听讲。

(7) 分心　听课时应约束自己不去理会使自己分心的事,将注意力集中在讲课者所讲的内容上。

(8) 仅仅选择简单的内容　听课时不能仅仅选择简单的内容,要保持较高的求知欲,对于困难的、技术性的或者复杂的思想并不惧怕。

(9) 对于感情反应过激　听课时听到一些激起个人感情的词句,不要有过激反应,反而应该更加仔细地听,以便领会讲课者的要旨或论点,并了解他的偏见在哪里。

(10) 浪费思想速度　听课者在思想上要紧紧跟上讲课者。要利用自己的思想速度和讲课过程中的每一次间歇来区分论据和主要观点,很快地概括出讲授的要点,预判讲课者下面所要讲授的要点。

一旦消除了这些坏习惯,你就能成为一名好的听课者,你的学习成绩也将会大大提升。

醒世心语

★ W(成功) = X(刻苦努力) + Y(方法正确) + Z(不说空话)。

★ 三更灯火五更鸡,正是男儿读书时。黑发不知勤学早,白首方悔读书迟。

★ 博学之,审问之,慎思之,明辨之,笃行之。

★ 差以毫厘,谬以千里。

★ 学而不厌,诲人不倦。

★ 重复是学习之母。

心灵鸡汤

十分钟

一位老师在空旷的琴房里弹《致爱丽丝》,那感觉之美妙、音质之纯美是我家中那套音响根本不能演绎出来的。

我很羡慕地问她:"如果我能这样熟悉地演奏这首《致爱丽丝》需要练多长时间?"她微笑着说:"10分钟。"我说:"你开玩笑吧?"她说:"不,是真的,不过是每天10分钟。"

她是一位语文老师,还是3年前开始学的琴,那架钢琴是一家私人企业捐赠的,一直放在琴房里。学校曾来过一个音乐教师,不过嫌学校待遇低,走了。于是,她便成了这架钢琴的主人,每次课间10分钟,她就到琴房里练习,从最初的音阶开始。不过,她只有10分钟,10分钟之后,上课铃声一响,她就得停止。

想起一个故事,有一个小男孩起初每天坚持4个小时练琴。她的老师知道后,对他说:"你不能这样练,马上停止。因为长大以后根本没有更多的时间来练琴,你应该养成习惯,一有空闲就练,即使几分钟也行。"他听从了老师的劝告,把练钢琴的时间分解到各个时间段。其他时间他用来写日记、培植标本、到草地上踢足球,而这一切,并没影响他的琴艺。

这个美国小男孩后来成为著名的诗人、小说家和极其出色的钢琴家,他之所以在各个领域取得辉煌的成就,就在于他能分解自己的爱好到每天的零碎时间中,即使只有5分钟的空闲也会利用起来,写几句诗,弹一首曲子。

几分钟的时间并不长,但如果能利用它并能成为一种习惯,这些短短的时间就有可能成就一个人,因为再大的事业和成就所需要的数年甚至数十年的时间都是由短短的几分钟累加起来的。当然,这些应该是毫不拖延并加以充分利用的几分钟。

感悟分享:
_____
_____
_____

有难度,才有高度

20世纪30年代初的美国芝加哥,有一名无业游民叫巴比克。一次搬家时,他不慎将祖传的一只中国瓷器打碎了。这是只价值很高的古玩,巴比克捧着那些碎片,心疼得不得了,总不甘心白白扔掉。好在他心灵手巧,当即将碎片重新收拾进行黏合,他发现瓷器还能将就着用,美中不足的是裂缝还是能够用肉眼看出来的,而且黏合得也不很牢固。巴比克不甘心,他决心找到一种更好的黏合剂来解决这类问题。

巴比克跑遍了整个市场,但结果令他失望。他决定自己动手,从传统的树胶、角胶、蛋清入手,先后试用了近百种胶液,进行了上千次试验,花费了 3 年多的时间,最后他成功地将那只打碎的瓷器黏合到了令自己满意的程度,不仅用肉眼无法找出裂缝,而且黏合得相当牢固,跟刚烧出来的不相上下。因为掌握了这手绝活,5 年之后,由巴比克执牛耳的 BBK 黏合剂公司成为芝加哥最有影响力的大公司之一。

每一项伟大的发明诞生之前,都有着貌似高不可攀的难度。这时候,有志之士往往选择迎难而上。这个迎难而上的过程就像爬山,尽管高处不胜寒,但因其有难度,才成就了高度;只有站到某一种高度的人,才有机会看到生命里更美的风景。

感悟分享:

_____
_____
_____
_____
_____

心灵工作坊

活动体验一 时间分割

【活动目的】

通过此次活动,体验时间的珍贵;同时启发学生思考如何合理安排自己的时间,让学生懂得珍惜时间,懂得合理安排时间。

【活动步骤及内容】

事先准备好宽 1 厘米、长 100 厘米的纸条,每人一条,印有圆形图案的白纸每人一张,笔每人一支,长短不一的小棍子 3 根为一副,需若干副。

1. 个人扮时钟:请若干位同学自愿上台,发给每人长、短小棍一副,长棍代表分针,短棍代表时针。听主持人的口令,表现出时钟上的时针与分针,如 6 点、8 点、3 点 20、11 点 05 分等。

2. 小组扮时钟:请同学自愿组成 3 人组,主持人分别发给每人一根小棍子,最长的代表秒针,次长的代表分针,最短的代表时针。听主持人的口令,3 人一起组合,表示一个时间点。

3. 撕纸条:主持人把事先准备好的长纸条发给每位同学。告诉大家,每个人手中的纸条代表一段时间,假如代表一天,那就是 24 小时。每个人想一想,自己的一天是怎样度过的,睡觉用了多长时间,把它撕去,吃饭、看电视、玩游戏、踢足球、聊天发呆等分别用了多长时间,把它们一一撕去,看看剩下多长时间是用来学习的。大家比一比,看看谁留给学习的时间最多。

4. 发给每个人印有圆形图案的一张白纸,请大家想一想,假如这个圆代表一周的时间,各自会怎样进行管理,如何合理分配。请各位画出"时间管理拼图",画完后进行交流。

感悟分享:
_____
_____
_____
_____
_____

活动体验二　学习方法经验交流会

【活动目的】

通过此次活动,交流分享提高学习效率的方法策略,同时体验交流和合作在成长中的作用。

【活动步骤及内容】

1. 主持人发言:期中考试结束了,我们班取得了较好的成绩。但每个同学的情况不同,有的同学付出了,得到了丰硕的回报;有的同学付出了,却事与愿违,这里就存在一个学习方法的问题。今天我们请部分优秀学生作为代表,让他们谈谈自己的学习方法,也许这些同学的方法还不完善,但愿能起到抛砖引玉的作用。

2. 优秀学生轮流发言,介绍自己的学习方法。

3. 班主任总结发言。

4. 全班学生齐唱《明天会更好》。

感悟分享:
_____
_____
_____
_____

心灵成长记

_____
_____
_____
_____

模块五
尊重生命　热爱生活

主题一　生命——一个美丽的旅程
主题二　爱生活——提升幸福指数
主题三　自我保护——筑起心灵防火墙

> 生命不是一场赛跑,而是一次旅行。比赛在乎终点,而旅行在乎沿途风景。

主题一　生命——一个美丽的旅程

暴风雨后的一个早晨,沙滩上有许多被海浪卷上岸来的小鱼。一个小男孩不停地捡起小鱼扔回大海。一位男士好奇地走过来说:"孩子,这沙滩上有几百几千条小鱼,你救不过来的。""我知道。"小男孩头也不回地回答。"哦?那你为什么还在救它们?谁在乎呢?""这条小鱼在乎!"男孩儿一边回答,一边捡起一条鱼扔向大海。

生命无处不在。生命是宝贵的,因其宝贵,我们就应该珍惜生命;生命也是脆弱的,因其脆弱,我们就应该呵护生命;生命也是顽强的,因其顽强,我们就应该敬畏生命。

我们是幸运的,因为我们拥有美好的生命。生命对于我们只有一次,我们要尊重生命、珍惜生命、热爱生命,让我们的生命旅程更加精彩。

你会选择哪项奖品

指导语:有一天,你收到一封挂号信,通知你此前参加的网站猜谜活动中了幸运奖,你可以从以下五项等值的奖品中任选一项,那么你会如何选择呢?

　　A. 名贵的植物盆栽　　B. 五星级饭店招待券
　　C. 数字摄影机　　　　D. 精致手表
　　E. 金饰珠宝

数据分析:

选择A的人:你的心地善良,非常关心周遭的人与物。看到别人幸福你会替他高兴,而别人痛苦时你也感同身受。你会找一些机会去做一些善事,尽一己之力帮助别

人，以宽厚温和的态度来对待身边的人，所以你认为人生的意义就是使身边的人都能够过得平安幸福。

选择 B 的人：你向往悠闲、没有压力的生活，日子中不要有太多变化与刺激。你的人生态度相当乐观与正面，凡事都会往好的方面想，做事也很积极努力，好像没有什么烦恼可以使你忧愁。因为你认为人的一生就是要好好过日子，凡事不要太过计较，自然会轻松自在，何必自寻烦恼呢？

选择 C 的人：你喜欢面对多变的挑战，发展自己的兴趣，锻炼自己的能力。一成不变的日子令你感到枯燥乏味，会使你觉得沉闷无聊。你认为人生在世就是要尽量体验各种经历，从中学习到新的事物，令自己成长，而不是趋乐避苦，每天粉饰太平。所以你对于喜欢的东西会积极去追求，享受成功的乐趣。

选择 D 的人：平稳与和谐是你人生追寻的目标，做任何事你都会考虑会不会对自己或其他人造成不愉快或不方便。你平时很有自己的想法与主张，不是那种人云亦云的墙头草，但是你也不会固执地坚持己见，如果别人的观点更具说服力，你也会欣然接受。与你在一起，会感觉到很安全与稳定，什么都不必担心。

选择 E 的人：你认为人生就是要实现自己的梦想，不管这个梦想是当个艺术家还是企业家，都值得全力去追求与实现。但是追寻梦想的前提是要有稳固的经济力量去支持，所以你会先累积财富与实力，有了足够的本钱才会去做。

案例故事　　没有四肢的励志演说家尼克·胡哲

一个人没有四肢如何生活？其潜能又会有多大呢？

看看没有四肢的全球知名励志演说家尼克·胡哲吧！他会告诉你答案。

尼克·胡哲(Nick Vujicic)1982 年 12 月 4 日生于澳大利亚墨尔本。他一生下来就没有双臂和双腿，只在左侧臀部以下的位置有一个带着两个脚指头的小"脚"。看到儿子这个样子，他的父亲吓了一大跳，甚至忍不住跑到医院产房外呕吐。他的母亲也无法接受这一残酷的事实，直到尼克 4 个月大她才敢抱他。尼克这种罕见的病症在医学上取名"海豹肢症"。父母对这一病症发生在尼克身上感到无法理解，多年来到处咨询医生也始终得不到医学上的合理解释。

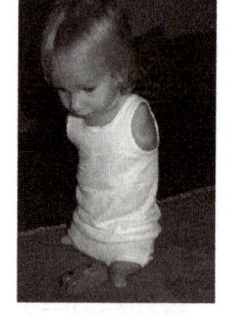

尼克的父母没有放弃对儿子的培养，希望他能像普通人一样生活和学习。尼克说："我 18 个月大时父亲把我放到水里，让我有勇气学习游泳。"尼克 6 岁时，父亲开始教他用两个脚指头打字。后来，父母把尼克送进当地一所普通小学就读。尼克行动得靠电动轮椅，还有护理人员负责照顾他。母亲还发明了一个特殊塑料装置，可以帮助他拿起笔。没有父母陪在身边，尼克难免受到同学欺凌。"8 岁时，我非常消沉，"他回忆说，"我冲妈妈大喊，告诉她我想死。"10 岁时他试图把自己溺死在浴缸里，但没成功。父母一直鼓励他学会战胜困难，他逐

渐交到了朋友。13岁时,尼克看到一篇刊登在报纸上的文章,介绍一名残疾人自强不息,给自己设定完成一系列伟大目标的故事。他受到启发,决定把帮助他人作为人生目标。

经过长期训练,残缺的左"脚"成了尼克的好帮手,不仅帮助他保持身体平衡,还可以踢球、打字。他要写字或取东西时,也是用两个脚指头夹着笔或其他物体。"我管它叫'小鸡腿(左脚掌及相连的两个趾头)',"尼克开玩笑地说,"我待在水里时可以漂起来,因为我身体的80%是肺,'小鸡腿'则像是推进器。"游泳并不是尼克唯一的体育运动,他对滑板、足球也很在行,他还能打高尔夫球。尼克还在美国夏威夷学会了冲浪。他甚至掌握了在冲浪板上360°旋转之类的超高难度动作。由于这个动作属首创,他完成旋转的照片还刊登在了《冲浪》杂志封面。"我的重心非常低,所以可以很好地掌握平衡,"他平静地说。

尼克走访了许多国家,与人们分享他动人的故事。尼克与他的听众分享远见与远大梦想的重要性,把他在世界各地的经历作为例子,他鼓励其他人要思索今后的前景并且要跳出现有的环境去展望未来。他劝告大家停止把阻碍看作麻烦、困难,相反地,应该把它们看作自身成长并学习到更多的机会。他强调作为我们现处位置最为有利的工具——态度是多么的重要,并且说明我们所做的选择会对我们自己及周围的人产生多么深远的影响。

尼克说:"人生最可悲的并非失去四肢,而是没有生存的希望和目标!人们经常埋怨什么也做不来,但如果我们只想着欠缺的东西,而不是珍惜已经拥有的,那根本解决不了问题!真正改变命运的,不是我们的际遇,而是我们的态度。"

尼克说:"有人问我,我觉得自己是这世界上最快乐的人吗?我说是的。我对人生的三个真谛——价值、目标、宗旨都很清楚,我知道我要往哪里去,所以我很快乐。无论怎样,满足于你所拥有的,比如我,就很珍惜我的'小鸡腿',不要放弃,爱别人,每天向前走一小步,你一定可以完成人生的目标。"

"有人经常问我:'活着有什么意义?'活着就是做有意义的事。而做有意义的事就是活着。过去的已经过去,我们改变不了;未来的还未到来,我们也无法把握。面对人生的困惑、愚钝、犹豫、无奈……我只想说,快乐进行时,幸福进行时。而且我相信,只要愿意,每个人都可以做到。不是吗?"

"人们常常埋怨社会埋没人才,其实,由于缺乏信心和勇气、自卑、懒惰、安于现状、不思进取,自我埋没的现象也是相当普遍的。如果我们能多给自己一点刺激,多一点信心、勇气、干劲,多一分胆略和毅力,就能使自己身上处于休眠状态的潜能发挥出来,创造出连自己也吃惊的成功来。"

尼克·胡哲天生没有四肢,但他用感恩、智慧以及仅有的"小鸡腿",奏响了生命的赞歌。

尼克·胡哲名言摘录:

· 只有一次又一次的尝试,没有失败,没有失败者。

· 失败,其实是放弃。生命的意义在于全心全意地投入。

· 做你自己,相信你自己,你能做到。

- 你每天都有选择。
- 要有希望，为梦想而前行。
- 选择就会被选择，拥有就会被拥有，而给予同样会被给予。

感悟分享：

_____

_____

_____

_____

生命的价值和意义

一、认识生命——生命是什么

生命是什么？它可以是石头下的种子，可以是路边的小草，可以是山间的野花，也可以是高山上的青松。生命是地球上最珍贵的财富，世界因生命的存在变得生动和精彩。

人生就是一次快乐而艰巨的生命之旅，在这次生命的旅途中，有一马平川，也有崎岖不平。当生命旅途一帆风顺时，我们应该学会珍惜和仰望；当生命旅途颠簸不平时，我们应该学会敬畏和尊重。

二、追问生命——我们为什么而活着

生命本身是没有价值的，关键在于如何赋予生命以价值，如何最大限度地发挥生命的价值，实现自我发展和自我创造。

生命脆弱，人生无常。天灾人祸、意外事故、疾病暴发等都可能会使人死亡。那么，我们活着的价值和意义是什么呢？活着，就应当带着感恩的心，珍惜自己拥有的，追求美好的理想，为人生目标不懈奋斗、开拓进取。同时，让我们爱着的人能够感受到我们的爱。这样，我们才活得快乐、活得充实、活得精彩。如果一辈子浑浑噩噩地活着，而始终没有明白活着的价值和意义，那么，简直是白在这世上走了一回。

正如裴多菲所说："生命的多少用时间计算，生命的价值用贡献计算。"巴金说："生命的意义在于付出，在于给予，而不是在于接受，也不是在于争取。"

三、珍惜生命——生与死的反思

对于每个人来说，生命都是美好的。面对美好的生命，我们不能漠视，更多的是要懂得尊重和珍惜，只有珍惜生命的美丽，才会懂得生命的意义。人生不能假设，更不可重新再来。错过了就是错过了，失去的也不再属于你，与其伤心感叹，倒不如更好地珍惜现在所拥有的。

生命是有限的，人生之途不过几十年的道路，我们无法去无限延长它，无法求得它的永存。但是我们可以追求美好，可以奉献自己的一切，几十年默默的奉献可以换得永恒；一次轰轰烈烈的壮举，一次瞬间美好的展现，也可以说是生命的永恒。

生命是世界上最宝贵的财富，所有的财富都可以失而复得，唯有生命只有一次，请珍爱生命！尊重自己的生命！

四、经营生命——让生命之树常青

当生命之花绽放的时候，也是它最美的时候。我们要在生命最美的时候，珍惜生命的每一天，好好地生活，让自己每天都充实起来，每天都活出别样的精彩。这就是我们给生命价值献上的最好礼物。

奥斯特洛夫斯基在《钢铁是怎样炼成的》一书中曾写道："人最宝贵的东西是生命，生命只属于人一次，一个人的生命应当这样过：当他回首往事的时候，不会因虚度年华而悔恨，也不会因碌碌无为而羞耻，这样在临死的时候，他就能够说：'我整个生命和全部的精力已奉献给世界上最壮丽的事业——为人类的解放而斗争。'"

醒世心语

★生命是美丽的，对人来说，美丽不可能与人体的正常发育和人体的健康分开。

★我们最好把自己的生命看作前人生命的延续，是现在共同生命的一部分，同时也是后人生命的开端，如此延续下去，科学就会一天比一天灿烂，社会就会一天比一天更美好。

★懂得生命真谛的人，可以使短暂的生命延长。

★做人也要像蜡烛一样，在有限的一生中发一分热，发一分光，给人以温暖，给人以光明。

★你活着的每一天都是一个特殊的日子。

心灵 鸡汤

一只蜘蛛和三个人

雨后，一只蜘蛛艰难地向墙上已经支离破碎的网爬去。由于墙壁潮湿，每当它爬到一定的高度就会掉下来。它一次次地向上爬，一次次地掉下来……

第一个人看到了，他叹了一口气，自言自语道："我的一生不正如这只蜘蛛吗？忙忙碌碌而无所得。"于是，他日渐消沉。

第二个人看到了，说："这只蜘蛛真愚蠢，为什么不从

旁边干燥的地方绕一下爬上去？我以后可不能像它那样愚蠢。"于是，他变得聪明起来。

第三个人看到了，他立刻被蜘蛛屡败屡战的精神感动了。于是，他变得坚强起来。

感悟分享：

_____
_____
_____
_____
_____

人生最后悔的事

有什么事情会让你到临终前后悔不已？如果早点意识到，也许能让你换个活法、换种人生。

一篇《临终前你会后悔的事》的文章曾在国内外网站上被疯狂转载，瞬间点醒了数万人。它的作者是美国一名叫博朗尼·迈尔的临终关怀护士，文中总结了生命走到尽头时人们最后悔的5件事情。

1. 希望当初我有勇气过自己真正想要的生活。

2. 希望当初我没有花这么多精力在工作上，错过了关注孩子成长的乐趣，错过了爱人温暖的陪伴。

3. 希望当初能有勇气表达我的感受，而不是长期压抑愤怒与消极情绪。

4. 希望当初我能和朋友保持联系，而没有因忙碌的生活忽略了曾经闪亮的友情。

5. 希望当初我能让自己活得开心点，而不是习惯了掩饰，在人前堆起笑脸。

这些都成了临终病人最深的后悔与愧疚。

无独有偶，在日本也有这样一位年轻的临终关怀护士大津秀一。他在亲眼看到、亲耳听到1000例患者的临终遗憾后，写下了《临终前会后悔的25件事》一书。

第一个遗憾：没有做自己想做的事。

大津秀一说："人们临终前最常说的一句话就是，人这一辈子啊，太短了。"有人削尖脑袋往上爬，有人辞官归故里；有人自甘平庸，也有人孜孜以求。人生有很多活法，千万别被别人的价值观"绑架"，不要把别人希望你过的生活当作你想要的生活。想干点什么，现在就行动吧；想学点什么，现在就开始吧。人生就像一次旅行，既然已经启程了，不走完全程，岂不可惜？

第二个遗憾：没有实现梦想。

当人们在生命尽头往回看时，往往会发现有好多梦想没有实现。"真正的后悔，其实不是因为没有实现梦想，多半是责怪自己没能尽100%的力量去实现梦想。"坚持梦想是一件"知易行难"的事。一个没有期限的梦想只是个梦，给梦想加一个"截止日期"，把它变成现实的目标，才更容易实现。

其他，如"没有注意身体健康""没能谈一场永存记忆的恋爱""没有留下自己生存过的证据"等，也都成为人们的"人生至悔"。

亲爱的朋友，你做过的最后悔的事情有哪些呢？你又将如何去弥补呢？

感悟分享：

_____

_____

_____

_____

石头的价值

有一个生活在孤儿院的男孩，整日里郁郁寡欢。

这天，他问院长："像我这样没有人要的孩子，活着究竟有什么意思呢？"院长笑而不答，交给男孩一块石头，说："明天早上，你拿这块石头到市场去卖，但不是真卖，记住，无论别人出多少钱，绝对不能卖。"

第二天，男孩蹲在市场角落，意外地有好多人想要买他的那块石头，而且价钱越出越高。回到院里，男孩兴奋地向院长报告，院长笑了笑，要他明天拿到黄金市场去叫卖。在黄金市场，竟有人想出比昨天高十倍的价钱要买那块石头。

最后，院长叫男孩把石头拿到宝石市场上去展示。结果，石头的身价较前一天又涨了十倍，但由于男孩怎么都不卖，竟被传扬成"稀世珍宝"。

男孩兴冲冲地捧着石头回到孤儿院，将这一切禀报院长。院长望着男孩，徐徐说道："生命的价值就像这块石头一样，在不同的环境下就会有不同的意义。一块不起眼的石头，由于你的珍惜、惜售而提升了它的价值，被说成稀世珍宝。你不就像这块石头一样吗？只要自己看重自己，自我珍惜，生命就有意义、有价值。"

感悟分享：

_____

_____

_____

_____

心灵工作坊

活动体验一　心理游戏——生命的抉择

【活动目的】

通过此次活动，体验生命中的艰难抉择。

【活动步骤及内容】

1. 从你现在的年龄开始算,你的人生之路或许还有 60 年、70 年、80 年或更长时间,在这么长的时间里,你想做些什么事情?

生命数轴:

```
0   10   20   30   40   50   60   70   80   90   100（岁）
```

2. 请选择其中最重要的 6 件事,根据其发生的年份在数轴的相应位置用简短的词语写下来——这 6 件事应该是你经过思考后,发自内心地认为是你人生中最应该做、最有必要做、最值得做的事情。

3. 进行抉择游戏。

假如受日益恶劣的环境威胁,你只能再拥有 30 年的生命了,你能做的事情也只剩 4 件了,请用笔把另外两件画掉。画掉的事情将永远不再有机会完成,即使是你十分不愿割舍的,也不能实现了。感悟一下你此刻的心情。

因为疾病的侵扰,你被迫还要再舍弃将近 20 年的生命,从余下的 4 件事情中再减掉两件。请开始行动,画掉的事情今生将与你无缘。感悟一下你此刻的内心感受。

因为战乱的原因,你的生命只有 1 年的时间了,短短的 1 年中,你只能做好 1 件事情,请你把你无力去做的事情画掉。画掉意味着永远的舍弃。再次感悟一下你此刻的内心感受。

因为灾难的不期而至,你的生命只有 1 天了,你已经无力再做任何事情,请舍弃最后 1 件事情吧。这件事情的消失意味着你想做的什么事情都无法实现了。此时,你内心又有何感受?

生命旅程中你曾有许多美好的愿望,可是现在它们都无法实现了,你甘心吗?你有什么感想呢?能跟大家分享吗?

感悟分享:

_____

_____

活动体验二 课堂辩论——生命的意义和价值

【活动目的】

认识生命的意义和价值。

【活动步骤及内容】

1. 把班级学生分成两大组,以"生命的意义和价值"为话题开展辩论赛。

2. 甲方观点:今朝有酒今朝醉,莫管明日是与非。

乙方观点:生命的意义在于付出,在于给予,而不在于接受,也不在于争取。

3. 学生总结,教师点评。

感悟分享:

_____

活动体验三　拥有与丧失

【活动目的】
感悟生命的价值与意义。

【活动步骤及内容】
1. 在纸上写出你生活中最重要的 5 个人及选择他们的理由。
2. 在 5 人中必须去除 1 人(丧失体验),再依次去除 3 人,最后只剩 1 人。让学生认真体验过程,之后分享内心的感受。
3. 教师在黑板上书写一些词,如:亲情、知识、真诚、友情、生命、金钱、爱情、朋友、健康、事业、荣誉、诚信、技能、善良、正直等。

先要求学生从中挑选出对自己来说最重要的 5 个词语,写在纸上;然后再要求学生从挑选出来的 5 个词语中删掉 1 个,然后再要求学生删掉 1 个,直到最后只剩 1 个。让学生认真体验过程,之后分享内心的感受。

感悟分享:

> 当你有一件合理的事去做,你的生活就会显得特别美好。
>
> ——爱因斯坦

主题二 爱生活——提升幸福指数

每个人都在渴望幸福,可幸福是什么呢?

幸福没有标准,每个人对幸福的理解也不一样。

有人说,帮助别人、解救他人于危难之中就是一种幸福;有人说,健康才是最大的幸福,孩子出息了也是幸福;有人说,全家安康团圆、和睦生活,不愁吃不愁穿、升官发财好运连连就是幸福;有人说,幸福就是百万幸运大奖砸中脑袋……

拥有哗哗的自来水也算幸福吗?撒哈拉沙漠的人最清楚;拥有三天光明是幸福吗?海伦·凯勒会告诉你;能够听到潺潺的流水、簌簌落叶、清脆莺啼也是幸福?贝多芬会让你坚信;甚至,爸爸的训斥、妈妈的唠叨也是幸福吗?当你远离家的时候你就会知道……

幸福来源于生活的点点滴滴,存在于生活的方方面面。尊重生命,热爱生活,让我们一起用心来聆听世界,提升自己的幸福指数,感受幸福生活的美好。

幸福指数调查

指导语:亲爱的同学,你对你当前的生活学习状况还满意吗?以下是一份生活学习状况调查问卷,请你根据自己的实际情况,用"是、否、不确定"来作答。

1. 随着年龄增长,我发现事情似乎要比原先想象得好。   (   )
2. 与认识的多数人相比,我更好地把握了生活中的机遇。   (   )

3. 我现在做的事和以前一样有意思。   (   )
4. 回首往事,我相当满足。   (   )
5. 现在是我一生中最美好的时光。   (   )
6. 我并不为生活中的许许多多的事情感到烦恼。   (   )

7. 我已经为一个月甚至一年后该做的事制订了计划。　　　（　）
8. 我在生活中得到了相当多的我所期望的东西。　　　　　（　）
9. 我估计最近能遇到一些有趣而令人愉快的事。　　　　　（　）
10. 我现在和年少时一样幸福。　　　　　　　　　　　　　（　）
11. 我对学习感到很痛苦。　　　　　　　　　　　　　　　（　）
12. 与同龄人相比，我曾做出过更多的愚蠢决定。　　　　　（　）
13. 现在是我一生中最沉闷的时期。　　　　　　　　　　　（　）
14. 回顾以往，我有许多想得到的东西均未得到。　　　　　（　）
15. 与其他人相比，我惨遭的失败次数太多了。　　　　　　（　）
16. 我对一切都不抱乐观的态度。　　　　　　　　　　　　（　）
17. 我所做的事大多是令人厌烦和单调乏味的。　　　　　　（　）
18. 我不喜欢与人交往，经常与他人发生口角。　　　　　　（　）
19. 我不太喜欢学校的老师和同学。　　　　　　　　　　　（　）
20. 我认为许多普通人是越过越糟，而非越过越好。　　　　（　）

数据分析：

回答"否、不确定、是"三选项的分值分别是1、2、3。将各题所得分累加，得出总分。

20~29分：你的生活满意度很差，生活中你无法获得幸福感，你很有必要找个思想成熟的人或心理专家为自己把把脉，重新勾画和设计一下自己的生活蓝图，调整一下自己的生活方式，让日子过得好起来。

30~39分：你的生活幸福感较差，日子过得不怎么样，这让你容易沮丧，情绪低落。你不妨检讨一下自己的观念，看看是不是目标太高，过分追求完美。

40~54分：你的生活状态一般，有喜有忧的日子使你和多数人一样。

55~60分：你有相当高的生活满意度指数。你不一定是富人或有地位的人，但你的心态很好，一个人能感到幸福是件不容易的事，"知足常乐"是你信守的生活准则。

案例故事　　谁偷走了我的幸福

李晓彦是某职业中专的一名女生，她拥有花一样的年龄，却很少感觉到花季的美好和快乐。

不知道为什么，李晓彦觉得自己几乎没有高兴的时候，看到别人开心的样子，觉得自己和他们生活在两个不同的世界里。她觉得生活很没劲，对自己很不满意，有时还会把这种情绪传染给周围的同学。事实上，性格比较内向的李晓彦多么希望能和同学们一样说说笑笑，拥有更多朋友啊。然而，当面对其他同学的时候，她总是不知道该说些什么。有时对她们的话题很感兴趣，也很想参与她们的讨论，但就是害怕自己说不好，遭到同学们的嘲笑。这种矛盾的心理一直困扰着她，同学们的疏远又让她更加难过。她陷入深深的痛苦中，难以自拔，快乐与幸福好像与她无缘。渴望快乐与幸福的她到底该怎么办呢？

感悟分享：

_____
_____
_____
_____

幸福的信笺

鲍威森是意大利一家公司的管理人员，有一位贤惠的妻子和一个美丽健康、活泼可爱的女儿。一家三口，其乐融融。然而，几年前的一场车祸夺去了女儿的生命。妻子为此一病不起，住进了医院。公司、医院、一个人的家，鲍威森的生活变成了灰色的三点一线。

一天吃过晚饭，鲍威森随手翻起当天的报纸。报纸上尽是娱乐新闻，58岁的鲍威森对这些并不感兴趣。但是，他依然翻看着，心想，女儿生前喜欢时尚的东西。

看着看着，一封征友信引起了他的注意："我是个喜欢游泳的女生，这个暑假，我准备去海边把自己晒得黑黑的，游个痛快。如果你也喜欢游泳，喜欢在海边奔跑，就让我们交个朋友吧。我等待着同年级的高中生来信。"

信末留下了姓名、地址等信息：琴诗丽，17岁，高中生，××县××街7号。

看着这个名字，鲍威森眼前立即浮现出一个皮肤黝黑、一笑便露出雪白牙齿的姑娘。鲍威森想，如果女儿还活着，今年也是17岁。暑假里，她也会变成一个皮肤黝黑、牙齿雪白的姑娘吧？

鲍威森心中突然浮出一个令他激动的念头：给这个姑娘写信！

鲍威森立即拿出纸笔，写道："我今年58岁，妻子49岁。几年前，我们的独生女儿在一场交通事故中丧生。后来，我们还想再生个孩子，但已经不可能了。如果女儿活着，应该和你同岁，该上高中了。今天无意中看到了你的征友信，不由想起了我的女儿。你能不能代替女儿常常给我写写信，讲讲你的情况，谈谈你的学校和朋友呢？也许，你认为我是个奇怪的老头，但是，如果你把这件事告诉你的父母，他们一定会理解我们的心情。"

写完信，鲍威森自己都觉得不可思议：这么大岁数的人了，居然还像年轻人一样大胆。在屋里转了几圈后，他还是跑出去把信投进了邮筒。

一天天过去了，信箱始终空空如也，失望塞满了鲍威森的心头。

一天，鲍威森回到家，下意识地打开信箱，惊讶地发现里面躺着一个粉色卡通信封，寄信人处写着"琴诗丽"。

鲍威森激动地拿出信，读了起来："叔叔，我真吓了一跳，做梦也没想到您会给我写信。可是，读完您那感人肺腑的信，我不由热泪盈眶。我想，父母对子女的爱，是多么深厚啊！如果我死了，我的父母肯定也会像您一样时时怀念我。但我壮实得很，游泳时男孩子也追不上。我不喜欢学习，尤其是数学。如果这个世界上没有数学，那该有多美好啊！"读着信，鲍威森瘦削的脸上浮起了笑容，一股暖流在他心中流淌。

当天夜里，鲍威森就给琴诗丽回了信："健康比什么都重要，所以即使数学一点儿不会也不要紧，只要健康就行。反正叔叔是这样想的。"

就这样,一个58岁的老头和一个17岁的少女开始了书信来往。琴诗丽总是用绘有卡通图案的信纸和信封,字写得小小的;鲍威森则是用最普通的信纸和信封,并且字写得很大,一笔一画,一丝不苟。这一老一少几乎无所不谈。

三个月后的一天,公司通知鲍威森去××县出差,那正是琴诗丽的家乡。回到家,他马上给琴诗丽写了一封信,激动地告诉她自己要去她的家乡出差,但不知道被安排住在什么地方,希望她能给他洽谈业务的那个厂家打个电话。

鲍威森一边写信一边想,到那里办完公事后,就领着琴诗丽到海边,像一对真正的父女那样痛痛快快地玩一天,享受天伦之乐。行前,鲍威森还为琴诗丽的父母买了很多礼品,感谢他们允许女儿与自己通信。

飞机终于到了。一下飞机,鲍威森便急切地问接机人员是否有人打电话给他,接机人员说没有。

接下来的两天,鲍威森一直在忙着工作,仍没接到他期待已久的电话。第二天就要离开了,琴诗丽为什么没有打来电话?就在这时,收发室有人通知他:"有客人来看你。"

鲍威森一听,疾步来到收发室。只见里面站着一个穿水手服的女高中生,脸黑黑的,眼睛很大。

鲍威森激动地说:"啊……你到底来了。"

"我……"女孩有些发窘地望着鲍威森说,"我不是琴诗丽,我是她的朋友。"

"朋友?"鲍威森惊愕地说。

"对。琴诗丽让我给您带来一封信,她来不了了。"说着,女孩怯生生地从书包里掏出一封信递给鲍威森。"琴诗丽说,请您原谅……"说完,女孩向鲍威森鞠了一躬,就急急忙忙跑了出去。

鲍威森立刻拆开信:"叔叔,请您原谅我没有去看您。不是因为要上学,也不是因为有事。如果能去罗马看您,我恨不得马上飞过去,但是我不能。两年前,我也遭遇了一场交通事故,脊柱严重受伤,行走困难,衣食住行需要别人帮助才能完成。我常常感到寂寞、孤独,多么希望能像以前一样游泳,在海边奔跑啊!于是,我给报社写了那封征友信。只有在那封信中,我才能像过去一样强壮健康。后来,我收到了您的来信。叔叔的寂寞和我的寂寞交织在一起。在与您的通信中,我几次想向您道歉,告诉您我撒了谎。但是,我不想打碎叔叔的梦,叔叔梦中那个能跑能跳的女孩子是美好珍贵的。可是,我总觉得自己干了一件坏事,必须认错,但没想到这一天这么快就来临了。虽然我可以拄着拐杖去看您,但我不想让您看到我拄着拐杖的样子。因为叔叔梦中的我是一个皮肤黑黑的、牙齿白白的姑娘,是一个健康的、能游泳能奔跑的姑娘。所以我决定不去了,请我的好朋友把这封信带给您,尽管她说我应该亲自去赔礼道歉……"

鲍威森把信放在膝盖上,两行泪水不知不觉地从眼角流了出来……

感悟分享:

提升幸福指数

一、理解幸福

幸福是指人们在创造物质生活条件和精神生活条件的实践中,感受到目标和理想实现后而得到的精神上的满足。即幸福是努力之后的满足。

幸福是一种心境,它并非是一种生活的状态,而是一种心灵的状态;幸福是一种观念,它希望我们可以改变旧有的观念,从现在开始变得更加积极、更加珍惜我们的幸福生活;幸福也是一种行动,抓住现在的幸福最为重要。

幸福感来自于自己的优势与美德,通过自己努力获得的幸福才会有真正的幸福感受。

二、发现幸福

一个关于"是什么让我们变得不快乐"的调查表明,让我们变得不快乐的原因主要是有:①缺乏信仰;②总是比较;③对美好事物不感兴趣;④不懂施舍;⑤不知足;⑥压力大;⑦标准高;⑧不敢坚持做自己;⑨得失心强;⑩活得太闲或太忙;⑪过分向外追求快乐,而不是内心;⑫情感受困;⑬心灵封闭。

另有研究表明,在日常生活中,像忧愁、郁闷、焦虑、压力、畏惧、愤怒、怨恨、嫉妒等很多因素也会让我们的幸福感流失。西方心理学家称之为幸福窃贼。

要阻止幸福感的流失,就要去发现幸福,珍惜幸福,把幸福掌握在自己手中。

在风雨兼程的人生路上,对每个人来说,一生都在叩击幸福之门,都在寻找那份属于自己的幸福。我们苦苦追求幸福,却往往遭遇着痛苦。其实,幸福就在我们身边,我们没感觉到,往往是因为我们缺乏发现幸福的眼睛。如果我们认识到这一点,把目光收回来,把心力集中,聚焦在每一天每一刻每一个细微的正确选择上,就能时刻活在幸福中。简言之,人活着就是一种幸福。幸福就在我们的身边,幸福需要我们自己去发现。

三、创造幸福

人人都想拥有幸福,但幸福不是毛毛雨,不会自己从天上掉下来。幸福需要去感受、去发现、去创造、去追求,因而幸福也是一种能力。我们每个人都拥有创造幸福的强大力量。下面是一些提升我们幸福指数的方法:

1)不要把幸福寄托在除了自己之外的任何其他人身上,包括父母。
2)感激别人为你做的事,不要抱怨别人没有为你做的事。
3)改变一切可以改变的,接受一切不能改变的,用智慧去区分两者。
4)遵从自己内心的热情,选择自己认为有意义并感到快乐的事情。
5)学会接纳失败,看到失败的正向意义,不让失败阻挡你尝试新事物的脚步。

6）对自己有合理的期望,接受自己也是个普通人,允许自己偶尔失落和伤感。

7）不要和别人攀比。你就是你,过自己的生活,让别人羡慕去。

8）关注自己的优点,并不断地让它发展。

9）制定力所能及的目标。增强信心,给自己一种成就感。

10）学会遗忘,学会放弃。

11）学会慷慨。帮助别人,也是帮助自己;付出多少辛苦,你将收获多少幸福。

12）多和朋友在一起,亲密的人际关系是拥有幸福感的信号。

13）面向阳光,懂得感谢生活,多想生活中好的方面,为幸福找理由,不为不幸找借口。

14）勇敢向前。勇气不是不恐惧,而是心怀恐惧,仍然向前。

15）记录他人的点滴恩惠,始终保持感恩的心。

16）多跟家人待在一起。家是港湾,能给你安全感,家人才是你最大的依靠。

17）简化生活,知足常乐。更多不代表更好。

18）有规律的锻炼,保证足够睡眠。

四、感受幸福

美国著名的政治学教授罗伯特·莱恩认为:"当人们连衣食住行这样的基本需求都得不到满足时,他们不会感到幸福。因此,在基本需求得到满足之前,收入每提高一点,就会使人感到更幸福一些。但是,在基本需求得到满足之后,收入带动幸福的效应就开始呈递减态势,并且收入水平越高,这种效应越小,以至达到可以忽略不计的地步,这就是所谓的'快乐鸿沟'现象。"

前美国心理协会主席马丁·塞利格曼教授的团队通过对40多个国家进行生活满意度的调查发现:购买力强的国家,人民生活满意度也高;一旦国民收入超过人均8000美元之后,这个相关开始消失,财富的增加并不能继续增加生活的满意度。

醒世·心·语

★子曰:"学而时习之,不亦说乎!有朋自远方来,不亦乐乎!人不知,而不愠,不亦君子乎!"

★子曰:"君子求诸己,小人求诸人。"

★在这世上,恨绝不能止恨,唯有慈爱方能止恨,这是永恒的真理。

★不怕苦,吃苦半辈子;怕吃苦,吃苦一辈子。

★真正的幸福,是只有当你真实地认识到人生的价值时,才能体会到。

★看不到自己幸福的人,不可能幸福。

★要想自己成为幸福的人,就应当对别人关怀备至、体贴入微、赤诚相见。

★没有路可以通往幸福,幸福就是路本身。

心灵 鸡汤

两只老虎的命运

两只老虎,一只在笼子里,一只在田野里。在笼子里的老虎三餐无忧,在外面的老虎自由自在。两只老虎经常进行亲切的交谈。笼子里的老虎总是羡慕外面老虎的自由,外面的老虎却羡慕笼子里老虎的安逸。一日,一只老虎对另一只老虎说:"咱们换一换。"另一只老虎同意了。

于是,笼子里的老虎走进了大自然,野地里的老虎走进了笼子里。从笼子里走出来的老虎高高兴兴,在旷野里拼命地奔跑;走进笼子里的老虎也十分快乐,它再也不用为食物而发愁。

但不久,两只老虎都死了。

一只是饥饿而死,一只是忧郁而死。从笼子中走出的老虎获得了自由,却没有同时获得捕食的本领。走进笼子的老虎获得了安逸,却没有获得在狭小空间生活的心境。

感悟分享:

_____

_____

_____

_____

找寻幸福

一个20出头的年轻小伙子急匆匆地走在路上,对路边的景色与过往行人全然不顾。一个人拦住了他,问:"小伙子,你为何行色匆匆啊?"小伙子头也不回,飞快地向前跑着,只泛泛地甩了一句:"别拦我,我在寻求幸福。"转眼20年过去了,小伙子已变成了中年人,他依然在路上疾驰。又一个人拦住了他:"喂,伙计,你在忙什么呀?"

"别拦我,我在寻求幸福。"又是20年过去了,这个中年人已成了一个面色憔悴、老眼昏花的老人,还在路上挣扎着向前挪动。一个人拦住他:"老人家,还在寻找你的幸福吗?"

"是啊。"当老人回答完别人的问话,猛地惊醒,一行眼泪掉了下来。原来刚问他问题的那个人,就是幸福之神,他寻找了一辈子,可幸福之神实际上就在他身边。

幸福就是父母的关心呵护;

幸福就是老师的欣赏与鼓励;

幸福就是同学间的互帮互助;

幸福就是好朋友快乐地相聚;

幸福就是当有人需要帮助时施以援手;

幸福就是病床前的一个温柔的目光;

幸福就是离家时的一声轻声叮咛；
幸福就是成功时的衷心喜悦；
幸福就是失败时的安慰鼓励；
幸福就是错误时的忠言逆耳；
幸福就是……

感悟分享：

心灵工作坊

活动体验一　提升幸福感的小练习

【活动目的】

通过练习，训练你的大脑给生活中的每种情形都赋予更多的积极意义，提高发现并追求幸福的能力，提升你的幸福感。

【活动步骤及内容】

一、每天记录 3 件好事

每天晚上写下当天发生的 3 件好事，以及好事发生的原因。

所谓 3 件，是虚指，如果你想起了更多的好事，可以多写一点，如果想不起来，少写一两件也无妨。重要的是坚持。每天写一件好事，要胜过前两天写十件好事而后三天一件也不写。

二、用积极的语言描述一个物体或一件事

你可以专注于一个物体或一件事，30 秒钟内，测试你可以围绕它想到多少特征，给它贴上多少标签，用多少词语来形容它。不要管语法和其他规则，一定要快。每想到一个积极的描述语，可以加 3 分；每想到一个消极的描述语，加 -3 分。处于积极与消极中间的描述语，加 0 分。记住，要想得 3 分，你提出的特征或属性必须是积极且真实的。

感悟分享：

模块五　尊重生命　热爱生活

活动体验二　课堂辩论——金钱与幸福的关系

【活动目的】
通过辩论,引导学生树立正确的金钱观、幸福观。
【活动内容】
组织全班同学分组进行辩论。
辩论主题:"有钱才幸福"和"金钱换不来幸福"。
学生辩论完之后由学生代表发表己方的结论,并说说理由。
最后,教师总结点评。
感悟分享:

心灵成长记

> 学会说不吧！那样你的生活将会美好得多。
>
> ——卓别林

主题三　自我保护——筑起心灵防火墙

现代社会飞速发展，各种新奇事物层出不穷。如毒品、网瘾、游戏等不良诱惑时刻影响着在校的学生，如果分辨能力不足，一些学生势必经受不住诱惑而逐渐地放纵自己，最终导致学业上的困难。

人生的成败无非就是看你对诱惑有没有足够的定力和特有的洒脱。当你诱而不惑时，那是催人向上的诱惑；当你诱而被惑时，就会一失足成千古恨，毁了自己。面对各种诱惑，我们要学会说——不。

不因受他人的诱惑而痛苦，不被外界的诱惑左右自己的思想，固守做人的原则，守住心灵的防线，这样的人生才会精彩，才有意义，才能拥有更美好的未来。

自制力测试

指导语：下列各题中，每题有 5 个备选答案，根据你的实际情况，选择一个最适合你的答案：A. 很符合，B. 比较符合，C. 介于符合与不符合之间，D. 不太符合，E. 很不符合。

1. 我很喜欢长跑、远足、爬山等体育运动，并不是因为我的身体条件适合这些项目，而是因为这些运动能够锻炼我的体质和毅力。　　　　　　　　　　　　　　　（　　）
2. 我给自己订的计划，常常因为主观原因不能如期完成。　　　　　　　（　　）
3. 一般来说，我每天都按时起床，不睡懒觉。　　　　　　　　　　　　（　　）
4. 我的作息没有什么规律性，经常随自己的情绪和兴致而变换。　　　　（　　）
5. 我信奉"凡事不干则已，干则必成"的信条，并身体力行。　　　　　（　　）
6. 我认为做事情不必太认真，做得成就做，做不成便罢。　　　　　　　（　　）
7. 我做一件事情的积极性，主要取决于这件事情的重要性，即该不该做；而不在于对这件事情的兴趣，即想不想做。　　　　　　　　　　　　　　　　　　（　　）
8. 有时我躺在床上，下决心第二天要做一件重要的事情，但到第二天这种劲头又消失了。　　　　　　　　　　　　　　　　　　　　　　　　　　　　　　（　　）

9. 在工作和娱乐发生冲突的时候,即使这种娱乐很有吸引力,我也会马上决定去工作。
(　　)
10. 我常因读一本引人入胜的小说或看一出精彩的话剧而忘记时间。　　(　　)
11. 我下决心办成的事情(如练长跑),无论遇到什么困难(如腰酸腿疼),都会坚持下去。　　(　　)
12. 我在学习和工作中遇到困难时,首先想到的就是问问别人有什么办法。(　　)
13. 我能长时间做一件事情,即使它枯燥无味。　　(　　)
14. 我的兴趣多变,做事时常常是这山望着那山高。　　(　　)
15. 我决定做一件事时,说干就干,决不拖延或者落空。　　(　　)
16. 我办事喜欢先挑容易的做,难做的能拖则拖,实在不能拖时,就抓紧时间匆匆做完,所以别人不太放心让我做难度大的工作。　　(　　)
17. 对于别人的意见,我从不盲从,总喜欢分析、鉴别一下。　　(　　)
18. 凡是比我能干的人,我不太怀疑他们的看法。　　(　　)
19. 我喜欢遇事自己拿主意,当然也不排斥听取别人的建议。　　(　　)
20. 生活中遇到复杂情况时,我常常举棋不定,拿不定主意。　　(　　)
21. 我不怕做我从来没有做过的事情,也不怕一个人独立负责重要的工作,我认为这是对自己很好的锻炼。　　(　　)
22. 我生来胆怯,没有十二分把握的事情,我从来不敢去做。　　(　　)
23. 我和同事、朋友、家人相处时,很有克制能力,从不无缘无故发脾气。(　　)
24. 在和别人争吵时,我有时虽明知自己不对,却忍不住要说一些过头的话,甚至骂对方几句。　　(　　)
25. 我希望做一个坚强的、有毅力的人,因为我深信"有志者事竟成"。(　　)
26. 我相信机遇,很多事实证明,机遇的作用有时大大超过个人的努力。(　　)

测评分析:
单数题号:A记5分,B记4分,C记3分,D记2分,E记1分
双数题号:A记1分,B记2分,C记3分,D记4分,E记5分
各题得分相加,总分:_____。
111分以上:自制力很强;91～110分:自制力比较强;71～90分:自制力一般;51～70分:自制力比较弱;50分以下:自制力很薄弱。

案例故事

不为诱惑所动

一位年轻人问老者:"我怎样才能成功地攀登到梦想的山巅?"

老者微微一笑,从地上捡起一张纸,叠只小船放在身边的小河里。小船不喧哗,不急躁,借着水流,一声不吭地驶向前方。途中,蝴蝶、鲜花向它搔首弄姿,它不为所动,默默前行。

老者说:"人的一生,金钱、美色、地位、名誉、诱惑太多。选定了奋斗目标,途中因思谋金钱而驻足,因贪恋美色而沉沦,因渴求名誉而浮躁,因攫取地位而难眠,故难以像小船一样不为诱惑所动,向着既定目标前行。这就是为什么有些人做事往往半途而废,不能成功的原因。"

年轻人恍然大悟,打点起行囊,迎着风向山顶爬去。

感悟分享:

_____
_____
_____
_____

一粒糖果的诱惑

一天,在美国得克萨斯州的一所小学,一个陌生的中年男子在老师的引导下,走进了一个班的教室。

他一脸和蔼地来到孩子们中间,给每个人都发了一颗包装十分精美的糖果,并告诉他们:"这颗糖果是属于你的,可以随时吃掉;但如果谁能坚持等我回来以后再吃,那就会得到两颗同样的糖果作为奖励。"说完,他和老师一起转身离开了这里。

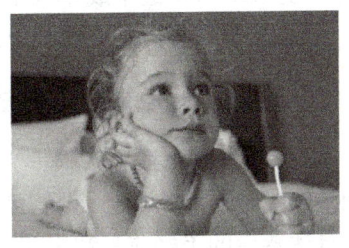

等待是漫长的,许诺是遥远的,而那颗糖果却真真切切地摆在每个孩子的面前。

时间一分一秒地过去了。这颗糖果对孩子们的诱惑也越来越大,伴随着窗外苹果花的芬芳,这种诱惑几乎不可抗拒。

有一个孩子剥掉了精美的糖纸,把糖放进嘴里并发出"啧啧"的声音。受他的影响,有几个孩子忍不住了,纷纷剥开了精美的糖纸。但仍有一半以上的孩子在努力地控制着自己,一直等到那个陌生人回来。

那是一个比暑假还漫长的40分钟。但陌生人最终实现了自己的承诺,那些付出等待的孩子得到了应有的奖励。

事实上,这是一次由斯坦福大学主持的著名的"软糖实验",也叫"延迟满足"心理实验。后来,实验者跟踪这些孩子整整20年,发现能够"延迟满足"的学生,数学、语文的成绩要比那些熬不住的学生平均高出20分,品行上也都有显著优秀的表现,参加工作后,他们从来不在困难面前低头,总是能走出困境,获得成功。

感悟分享:

_____
_____
_____

筑起心灵的防火墙

一、中职学生要提高自我保护意识和能力

青少年的健康成长,除了需要家庭、学校、社会等给予特殊的保护外,更需要自身不断增强自我保护意识,提高自我保护能力,在实际生活中学会依法保护自己。

首先,要学习科学文化知识,学习法律知识,提高道德素养,树立正确的价值观,注意培养自己对真与假、是与非、美与丑的分析和辨别能力。

其次,提高防范意识,防止伤害事故发生。

再次,要自觉抵制各种不良诱惑,积极参加各种有益的集体活动,自觉把自己置于正面教育的氛围中,不进未成年人不宜进入的场所,不乱交朋友。

最后,被侵害后用正确的方式保护自己,运用法律武器保护自己的合法权益。

二、拒绝不良诱惑的方法

(1)后果联想抵制诱惑　为了坚定自己拒绝和抵制不良诱惑的决心,我们可以联想自己拒绝不良诱惑后的美好前景和未来,我们还可以联想不能拒绝不良诱惑的不良后果。

不健康的读物、音像制品、电子出版物和网络信息容易诱发未成年人违法犯罪。

(2)请求他人帮助　单靠自己的力量有时很难战胜对自己具有强烈吸引力的诱惑,在这种情况下,我们可以请求别人(如父母、老师、同学和朋友)帮助和监督自己战胜对自己具有强烈吸引力的诱惑(如做作业时想看武侠小说、看电视或想玩游戏等),从而坚定自己拒绝和抵制不良诱惑的决心,增强自己拒绝和抵制不良诱惑的毅力。

(3)避开诱因、转移视线　最好把引起诱惑的实物隐藏起来,眼不见心不动,或者参加积极健康的班集体活动,或者多与同学交流谈心,避开诱因,转移视线。这种方法适用于接触诱因的起始阶段。

(4)婉言谢绝朋友,提高自制能力　当不良诱惑来自朋友方面(如做作业时想看电视或想玩游戏,身边的同学赌博时要拉自己入伙或者从事其他自己都比较感兴趣的活动),我们可以依靠自己的自制力、智慧和一定的技巧来回绝朋友的邀请,避免他们的不理解和嘲弄。

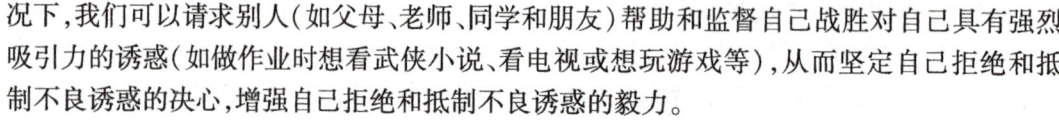

(5)专时专用,改正不良习惯　为了防止在做某种自己着迷的事情而超时,严格分配自己的时间,以不同的方式提醒自己:这是什么时间该做什么事情。比如,这是学习时间,应该认真学习;这是锻炼时间,应该进行体育锻炼;这是娱乐时间,可以适当开展一

些自己感兴趣的活动,调节自己的身心;这是休息时间,应该好好地休息。在什么时间,就做什么事情,改掉因为对某件事情着迷而误时的坏习惯。

三、网上行为的自我管理策略

(1)明确上网目的,制定上网目标　在上网前花一两分钟时间想一想上网的目的,然后把具体要完成的任务列在纸上,放在计算机旁醒目的地方,打开计算机就直奔目标,这样就不会在网上无目的地乱逛,也不会被网上眼花缭乱的东西吸引,可以节省许多时间。

(2)限定上网时间　根据列在纸上的上网任务,估计一下此次上网大概需要多长时间。假设估计要用30分钟,就先把闹钟定到15分钟,到时候看看进展,以便能够充分利用余下的时间。也可以在计算机中安装一个定时提醒的软件,在上网的同时打开,以便能及时提醒自己,有效控制上网时间。

(3)制作上网警示卡　在警示卡的一边逐条列出网络成瘾的危害,另一边列出减少网络使用的好处,放在房间醒目的地方,特别是计算机旁边。上网前先看看上网警示卡,警告自己及时从网络中退出。

(4)转移注意力,消除网络依赖　如想上网时,可有意识地找本书看,或到户外跑步、爬山等,从事自己喜欢的运动。在决心消除网络依赖的时期内,可逐渐延长上网的次数间隔,通过减少上网的次数和时间来解除网络依赖。

(5)自我暗示　每次想上网时,反复进行自我暗示:"不行,不是时候……""我能行,我能坚持住"。在内心进行一番冲突和斗争,控制住上网冲动后及时进行自我鼓励,如"我很棒,很了不起"。除言语暗示外,还要进行自我奖惩,可通过实施剥夺自己最感兴趣的活动等方式进行。假设5天内如果不碰计算机,周末就允许自己玩几个小时,如果违反了规定,该周末就不得上网。

(6)厌恶疗法　指某种不良习惯一出现,就立即给予刺激性的惩罚,使其感到厌恶,从而控制不良习惯的重现。青少年可以预先在手腕上套一根橡皮筋,每当有上网冲动时,就用力拉橡皮筋,力度逐渐加大,让自己感觉到肉体的疼痛,从而抑制住上网的冲动。

另外,有网络依赖倾向的学生还应明确认识上网诱因,不把上网作为逃避现实生活问题或者发泄消极情绪的工具。心情不好时,可通过在无人的地方大喊、跑步、哭、倾诉等途径发泄出来,不压抑自己的情绪;遇到问题要敢于面对,通过寻求家长、老师及心理咨询人员的帮助找到解决的办法。只要青少年发挥自我管理的积极主动性,就一定能运用好网络工具,促进学习和自身的成长发展。

四、坚决杜绝不良行为

严重不良行为是指严重危害社会,尚未达到刑事处罚程度的非法行为:

1)纠集他人结伙滋事,扰乱治安。
2)携带管制刀具,屡教不改。
3)多次拦截殴打他人或者强行索要他人财物。
4)传播淫秽的读物或者音像制品等。
5)进行淫乱或者色情、卖淫活动。

6）多次偷窃。

7）参与赌博,屡教不改。

8）吸食、注射毒品。

9）其他严重危害社会的行为。

中度不良行为是指未成年人父母或其他监护人和学校应当教育未成年人不得有以下不良行为：

1）旷课,夜不归宿。

2）携带管制刀具。

3）打架斗殴、辱骂他人。

4）强行向他人索要财物。

5）偷窃,故意损坏财物。

6）参与赌博或变相赌博。

7）观看收听色情、淫秽的音像制品及读物等。

8）进入法律、法规规定未成年人不适宜进入的营业歌舞厅等场所。

9）其他严重违背社会的行为。

10）吸烟、酗酒。

五、遇到突发性、有危害的事件时的应对策略

（1）金蝉脱壳法　情况若不许可,或者受到威逼利诱,可以借口婉转拒绝："我,我肚子痛,我要去厕所。"然后立刻离开。

（2）直截了当法　坚定直接地拒绝引诱。

（3）主动出击法　立刻提出反建议,例如相约一起游泳、看电影、看球赛等,借以转换话题。

（4）秘密报案法　如果实在无法脱身,趁人不注意时,偷偷告诉你信赖的人,或者拨打电话110,警察叔叔会迅速给予你帮助。

（5）及时告知师长法　当有人威胁你,不许你告诉家人或老师,否则就要对你或家人下手时,一定不要被他们威吓住,要第一时间告诉你的师长。

 醒世·心语

★谄谀我者,吾贼也。

★伟大人物最明显的标志就是他坚强的意志。

★闪光的东西,并不都是金子。动听的语言,并不都是好话。

★自我控制,是最强者的本能。

★只有抗拒诱惑,你才有更多的机会做出高尚的行为来。

★人不可为了荣华与虚名给自己招来危险。

★诅咒使人振奋,赞誉使人松懈。

心灵鸡汤

灵活应对危险

一个小姑娘刚打开门,看到门前站着一个持刀的人,看情形,她立即明白——这是一个打劫的人。但小姑娘冷静之后,甜甜地叫了一声:"大哥,卖刀啊!""这把刀真漂亮,我买了……"在小姑娘甜美的诱导下,他居然改邪归正,从此踏上了正途。

我们不知道是小姑娘的智慧还是她的冷静,打动了一个走投无路的持刀人。试想,如果以全防卫的面孔出现,大喊大叫,不知又是一种什么样的后果。

在人的一生中,总会有相互对立的力量在起作用,正与邪、真与假、善与恶、美与丑,人性中的光辉与丑恶交织在一起,影响着每一个人,有的人还没有形成固定人生观、世界观,他们是可以改变的,这就是移情的力量。

感悟分享:

_____

_____

_____

女巫的诱惑

传说古希腊有一个海峡女巫,她用自己的歌声诱惑所有经过这里的船只,使它们触礁沉没。

智勇双全的奥德赛船长勇敢地接受了横渡海峡的任务。为了抵御女巫的歌声,他想出了一个办法:让船员把他紧紧地绑在桅杆上,这样即使他听到歌声也无法指挥水手。他又让所有的水手把耳朵堵上,使他们听不到女巫的歌声。结果,船只顺利地渡过了海峡。

感悟分享:

_____

_____

_____

_____

温水煮青蛙

美国康奈尔大学实验研究人员精心策划了一个有名的实验,他们把一只青蛙冷不防丢进煮沸的油锅里,这只反应灵敏的青蛙在千钧一发的生死关头,用尽全力跃出滚烫的油锅,逃过一劫。

隔了半个小时,他们使用一个同样大小的铁锅,里面放满了冷水,然后把那只死里逃生的青蛙放进锅里,青蛙不时来回

模块五 尊重生命 热爱生活

泅游。接着实验人员偷偷在锅底下用炭火慢慢烧热。青蛙仍然在微温的水中享受温暖。等到他感到锅中的水温已经熬受不住，必须奋力跳出时，为时已晚，它跃跃无力，全身瘫痪，只能卧以待毙。

感悟分享：

_____
_____
_____
_____
_____
_____

心灵工作坊

活动体验一 "网瘾的危害"主题班会

【活动目的】

让学生了解正常上网和网瘾的区别，认识到网瘾对人的危害，学会如何正确和科学地使用网络。

【活动内容】

组织班内讨论正常上网和网瘾的区别，以及网瘾对人的危害，学会科学正确地使用网络。可以从身边发生的耳闻目睹的人和事说起。

感悟分享：

_____
_____
_____

活动体验二 危机时刻怎么办

【活动目的】

通过情景模拟，使学生掌握应对危机的方法。

【活动步骤及内容】

1. 情境再现：一天，小明放学回家，在路上遇到社会上不良青年的敲诈勒索。如果你是小明的同学，遇到这样的事情，你认为他应该怎么做呢？

2. 组织班内讨论：针对上面的问题，你有哪些应对方法和建议？

【应对方法】

可能的应对方法：

1. 找几个朋友把他们教训一下。
2. 尽量不与他们发生正面冲突，惹不起可以先躲开。
3. 如果对方过于强大，可以先把钱物给他们，然后报告老师和家长。
4. 在劫持者经常出没的地带，可以请警察出面干预。
5. 同学们上、下学时最好结伴一起走。

其他：用法律武器来维护自己的合法权益。

【应对口诀】

有人抢劫不要怕，保持镇静最主要，切忌撕扯硬碰硬，记住特征报警去。

感悟分享：

心灵成长记

模块六
择业就业 人生新征程

主题一　职业规划——生命里程的新起点
主题二　职业选择——我的职业生涯角色
主题三　择业心理——我的未来不是梦

> 人生的道路虽然漫长,但紧要处常常只有几步,特别是当人年轻的时候。
>
> ——柳青

主题一　职业规划——生命里程的新起点

当你即将告别学生时代,生命之舟将从校园扬帆于茫茫的社会人海,职业的风帆将引领你开启新的生命里程。

迈入社会,走向职场的第一步就是做好人生的第一份职业规划设计。职业规划就是规划人生的远景,描绘生命的蓝图。常言道:凡事预则立,不预则废;领先百步先领先半步。好的职业规划能够让你赢在起跑线上,避免"就业错位",使你充分发挥自己的才能,写出人生的精彩剧本。

选择职业,就是选择将来的自己。亲爱的同学,相信你一定会规划好人生的远景,彩绘出生命的蓝图。加油吧,同学们!

测一测你的职业倾向

指导语:从心理学讲,选择一个适合自己的职业,要涉及性格、气质、兴趣、能力、教育状况等许多方面。下面两组20道调查问题,可以帮助你进行选择。你只要在题后回答"是"或"否"即可。

第一组

1. 读侦探小说时,你能事先猜到凶手吗?(　　)
2. 宁愿听音乐会,也不看摇滚乐队演出吗?(　　)
3. 拼读速度很快吗?(　　)
4. 如果画没挂正,你感到别扭吗?(　　)
5. 喜欢读杂文而非小说吗?(　　)
6. 常能想起看过或听过的事情吗?(　　)
7. 认为用不同的方法可以将一件事情做好吗?(　　)
8. 想知道发动机、开关、钟表等机器的工作原理吗?(　　)
9. 喜欢玩跳棋而非纸牌吗?(　　)
10. 你会借钱买某些急需的书吗?(　　)

第二组

11. 喜欢生活中的变化吗?（　　）
12. 如有空余时间,宁愿参加体育锻炼而不读书吗?（　　）
13. 算术和数学对你来说很难吗?（　　）
14. 喜欢和比自己小的人在一起吗?（　　）
15. 能说出你认为是朋友的人的姓名吗?（　　）
16. 喜欢节日、联欢会吗?（　　）
17. 讨厌要求精细的工作吗?（　　）
18. 阅读速度快吗?（　　）
19. 认为"不要把所有鸡蛋都放到一个篮子里"的谚语对吗?（　　）
20. 喜欢结交陌生人、见识陌生的地方或东西吗?（　　）

数据分析:

评分方法:计算出两组答案各有几个"是"。比较两组答案:第一组中答"是"比第二组多,为A;第二组中答"是"比第一组多,为B;如果两组回答"是"大致相等,为C。

A. 你具有耐心、谨慎、刻苦钻研的品质,是个稳重的人。适于要求精细的工作,如选择编辑、律师、医生、技术人员、工程师、会计师、科学工作等职业。

B. 你的最大长处是思想活跃,善于与人交往,是一个开拓型的人。你喜欢把自己的想法让别人去实现,或者与大家共同去实现,适合你的职业是记者、参谋、演员、导游、推销员、采购员、服务员、节目主持人、广告宣传人员等。

C. 你具备A、B两种类型的长处,不仅能独立思考,也能维持、处理良好的人际关系。你适合做一些需要集中精力并具有较好人际关系要求的工作,供你选择的职业包括教师、教练、护士、秘书、美容师、理发师、公务员、心理咨询员、艺术家、演说家、图书管理员、各类管理人员等。

案例故事

向上走？向下走？

小李和小刘是某中等职业学校机电专业的同学,来自同一个小镇。毕业时,省会一家知名大企业吸引了两人的目光,但这家企业没有适合机电专业的岗位。

小李托关系进入这家企业,并庆幸自己有衣食无忧的前程。小刘决心学以致用,进了家乡的一家小工厂,收入少但专业对口,能利用自己的才能为家乡出一份力。

3年后,凭借自己过硬的技术、踏实肯干的工作态度和良好的人际关系,小刘被提拔为车间主任。有一天,两人相遇,小李西装革履,小刘身着工作服。小李拍拍小刘的肩膀说:"向上走,在大城市舒服一点,向下走,在小地方太苦喽!"

又过了几年,没有特长的小李被企业裁员。他拿着招聘简章到一家公司求职,与小刘不期而遇。原来小刘所在的工厂扩大规模,改制公司,广招人才,小刘升任公司副总经理。小刘握着小李的手说:"来吧,公司需要学机电专业的人。"

感悟分享：

_____

_____

_____

为自己的梦想打工

齐瓦勃出生在美国乡村，小时候家中一贫如洗，他只上过几年学。15岁那年，齐瓦勃到一个山村做了马夫。然而雄心勃勃的齐瓦勃并不甘心自己的人生一直如此，他有自己的梦想——做一个优秀的人。

3年后，齐瓦勃来到钢铁大王卡内基所属的一个建筑工地打工。刚一踏进建筑工地，他就听到很多人抱怨工作太辛苦，有些人因薪水低而怠工，齐瓦勃当时就决定要成为所有同事中最优秀的人。

于是，他自学建筑知识，并默默地积累工作经验。尽管有些人总是嘲讽挖苦他，认为他太傻，没有必要为了讨好老板而如此勤奋。齐瓦勃却回答说："我不是在为老板打工，更不是单纯为了赚钱，我是在为自己的远大前途打工，为自己的梦想打工。我们只有在追求业绩中不断提升自己，使自己工作所产生的价值远远超过所得的薪水，只有这样我们才有机会被重用，也才有可能获得机遇！"

一天晚上，大家和往常一样都在闲聊，唯独齐瓦勃在角落里看书。恰巧那天公司经理到工地检查工作，他在众多闲聊的工人堆中，一眼就发现了专心致志读书的齐瓦勃。经理走了过去，看了看齐瓦勃手中的书，又翻开了他的笔记本，什么也没说就走了。

第二天，经理把齐瓦勃叫到了办公室，问他："工人只要努力做活就可以了，你学那些东西干什么？"齐瓦勃说："我想我们公司并不缺少打工者，缺少的是那些既有工作经验，又有专业知识的技术人员或管理者，对吗？"经理点了点头。不久，齐瓦勃就被升任为技师。后来一步步升到了总工程师的职位上。

几年后，齐瓦勃被卡内基任命为钢铁公司的董事长，毫无疑问，他早就是一个非常优秀的人了。

齐瓦勃之所以能够成功，主要还是因为他能够主动提升自我，不断增强自身吸引力，让成功主动来"敲门"。

感悟分享：

_____

_____

_____

_____

职业生涯规划

时下,越来越多的求职者开始重视职业规划,因为一份好的职业生涯规划可以直接影响到求职、就业甚至未来职业生涯的成败。

一、职业规划的含义及重要性

职业生涯规划,就是将自己的理想转化为现实的统筹安排,把对未来事业发展的预期转变为明确的行动步骤。它是职业的准备期,目的是为未来的就业和事业发展做好准备。

职业生涯规划可以使我们充分认识自己,客观分析环境,科学地树立目标,正确选择职业;可以鞭策我们努力学习,找准努力的方向,促使我们集中精力,专注于自己的优势,引导我们发挥潜能,最终实现成功的人生。

中职学生从迈进职业学校大门的那天起,就应开始为自己的职业生涯做准备,提早做好职业规划。具体来说,应该从以下几个方面努力:

1)要掌握扎实的专业知识和技能。
2)要具备良好的职业道德。
3)要树立正确的职业观念和职业理想。
4)要锻炼和培养创业精神和成才意识。
5)尽早开展职业规划设计,了解就业形势,积极寻求就业信息,树立正确的就业观念,为就业创业早做准备。

如此,才能不断提高自己的职业适应能力,做好从中职学生到合格职业人的角色转换,使自己在未来的就业竞争中占据优势地位。

二、职业生涯规划要考虑的因素

职业生涯规划要考虑的因素包括:个人事业愿景、优势特长、专业技能、成长经历、职业价值观、地域因素、行业因素、公司因素、职业发展远景等。其中最主要的有以下几方面。

1)你的职业愿景是什么?

你内心一直在追求的、不曾放弃的是什么?你曾经想成为什么样的人?你长期的人生目标或职业价值观是什么?你想过一种什么样的生活?正是这种不断思考的目标愿景,才是驱使我们不断前进的最原始动力。它对于一个人的事业成败,起着至关重要的决定性作用。

2)你的兴趣在哪里?你的成就动机是什么?

3)你的性格是何种类型的?

美国著名人力资源顾问罗杰·安德生研究发现:98%的成功人士之所以成功,是因为他们从事的职业与自己的性格相适应;相反,失败者们总是想在与自己性格不适宜的领域获得成功。如果找对职业,每一种性格都能成功。性格测评的工具有很多,如自行测评,建议使用DISC行为模式测评。

4)从专业技能/工作技能上来说,你现在能够掌握的能力是什么?你的优势特长又是什么？如果这些能力不具备，可以通过什么样的方式进行弥补？最优化的知识储备方案是什么？

5）现实因素，包括地域因素、行业因素、公司因素、职业发展远景等。

三、职业生涯规划中择业的八大误区

1. 期望值过高

有些学生在择业过程中对就业形势和用人单位的需求了解不够，完全按照自己的理想一厢情愿地谋求高薪职位，由于目标不切合实际，在择业过程中屡屡碰壁，结果导致心灰意冷，甚至丧失自信心。

2. 角色错位

一些学生习惯了校园生活，对父母和学校的依赖性很强，一旦独立面对社会，面对社会角色的客观要求，面对复杂的社会关系，常常产生逃避心理和抵触情绪，因此很难找到理想的工作。

3. 追求高薪职业

不少学生在求职过程中，不顾职位是否能使自己学以致用，也不管是否是自己的专业特长、兴趣能力所及，而优先考虑那些高薪高酬、福利好的职业和单位，在多个单位选择中难以取舍，结果高不成低不就，丧失就业机会。

4. 急功近利心理

一些学生一心只想留在大城市挣钱多、待遇好的单位，或者到合资企业、外企或沿海发达地区，为了功利不惜抛弃自己的专业和兴趣，但心理上难免会感到困惑。况且，越是大城市或沿海发达地区，人才就越密集，竞争也越激烈，离开自己的专业优势去竞争，更容易遭受挫折。

5. 狭隘地理解专业

职业是人们满足兴趣、发展自我的一个途径。由于社会现实的种种限制，个人所学专业与社会需要并不能一一对接。如果不顾主客观条件，便会在择业时遇到许多冲突和阻碍。

6. "铁饭碗"情结

一些学生受传统观念影响，固守着一次择业定终身的思维模式，希望一次择业就能抢占生活的制高点，一劳永逸。其实在现代社会中，每个人都有多次择业的机会，那种"从一而终"的传统择业观念违背了社会发展潮流，应该摒弃。

7. 畏难情绪

一些毕业生在择业时避苦就易，目光总盯着工作轻松、稳定、竞争不激烈的单位，在职业选择上有些学生虽然意识到基层艰苦需要人才，最能锻炼自己，却又怕基层条件差，埋没了自己的才能。

8. 同伴攀比心理

一些学生在择业时不是从自身实际出发，而是与同学攀比，特别是看到与自己成绩、能力差不多的同学找到令人羡慕的工作、获得可观的收入时，觉得自己找不到理想职业，很没面子。为了获得心理上的平衡，将自己择业的目标设计过高，其结果是高不成低不就，陷入苦恼之中。

四、职业生涯规划书范例

下面是一份毕业生职业生涯规划书的基本格式。

1. 封面:署上作品名称和日期,可以在封面插入图片和警示格言。
2. 扉页:个人资料。包括姓名、性别、年龄、籍贯、学校及专业、联系地址、电话等。
3. 目录:主要包括以下内容:

引言

第一章 认识自我

1. 个人基本情况
2. 职业兴趣
3. 职业能力及适应性
4. 个人性格
5. 职业价值观
6. 胜任能力

自我分析小结

第二章 职业生涯条件分析

1. 家庭环境分析
2. 学校环境分析
3. 社会环境分析
4. 职业环境分析

职业生涯条件分析小结

第三章 职业目标定位及其分解组合

1. 职业目标的确定
2. 职业目标的分解与组合

第四章 具体执行计划

第五章 评估调整

1. 评估的内容
2. 评估的时间
3. 规划调整的原则
4. 正文

结束语

醒世心语

★ 人生最重要的是确立一个远大的目标,并下决心实现它。
★ 生涯要规划,更要经营;起点是自己,终点也是自己,没有人能代劳。
★ 所谓生涯赢家,就是对自己了解很清楚,知道自己想要什么,想做什么,人生想怎样过的人。

★ 了解自己的长项，才能选准人生的职业方向；练好自己的长项，才能成就自己的事业。

★ 人的一生，是一连串决定交织而成的过程，其精华在于自己如何选择。生命的最高境界，就是选对舞台，尽情挥洒才华，走出自己的路。

★ 择己所爱；择己所长；择己所利；择世所需。

心灵鸡汤

三只鸟的不同命运

有三只小鸟，它们一起出生，一起长大，等到羽翼丰满的时候，一起寻找成家立业的地方。

它们飞过了很多高山、河流和丛林，飞到了一座小山上。一只小鸟落到一棵树上说："这里真好，真高。你们看，那成群的鸡鸭牛羊，甚至大名鼎鼎的千里马都在羡慕地向我仰望呢。能够生活在这里，我们应该满足了。"它决定在这里停留，不再往前飞了。

另外两只小鸟摇了摇头说："你既然满足，就留在这里吧，我们还想到更高的地方去看看。"

这两只小鸟继续飞行，它们的翅膀变得更强壮了，终于飞到了五彩斑斓的云彩里。其中一只陶醉了，情不自禁地引吭高歌起来。它沾沾自喜地说："我不想再飞了，这辈子能飞上云端，便是最大的成就了，你不觉得已经十分了不起了吗？"另一只鸟说："不，我坚信一定还有更高的境界。"

说完，它振翅翱翔，向着云霄，向着太阳，执着地飞去……

最后，落在树上的小鸟成了麻雀，留在云端的成了大雁，飞向太阳的成了雄鹰。

麻雀、大雁和雄鹰，它们的命运为什么不同呢？显然是因为它们对自我的要求不同。麻雀满足于树梢，所以它的世界只有几丈之高；大雁满足于云层，所以它永远都飞不出层层云雾的缠绕；雄鹰则不懈追求，力求最高，所以它的世界阔及宇宙。

三只小鸟不同的生命追求，恰与企业中三种人的状况相似。

第一种人如同麻雀。与他人起点相同，却飞得最低。因为他们在工作过程中一味地满足于"差不多就行了"，做事不到位，处处找借口，拖延、倦怠、失责已经成为他们的标签，最后只能成为企业中的"烂苹果"，被企业踢出去。这类员工若想继续在职场中立足，必须转变工作观念、端正工作态度，将目标"拔高"，努力前进，如此才能扭转职场中的不利态势，赢得发展先机。

第二种人好似大雁。对麻雀的"树梢高度"充满了不屑和惋惜，所以他们选择了继续高飞，但也仅仅止于表面上斑斓无比的云层。这些人虽然做事勤恳，能够尽量将任务完成，但容易满足于现状而失去进取心，最后也只能沦落为平庸的员工，时刻处于被剔除的边缘地带。这类员工若想避免厄运，就必须改进自己的工作方式，树立更高的工作要求，尽职尽责，积极充电，成为职场中的常青树。

第三种人犹如雄鹰。志向高远，目标是云霄，是太阳，是无止境的高度。所以它能够飞得最高、看得更远。这样的员工也是企业最需要的人。他们目标高远，尽职尽责，精益求精，做事高效，把工作视为生命的信仰，拥有最完美的执行力，永远超出领导的期待。他们是企业里无可替代的最受欢迎的人，也是企业里升职最快的人。

感悟分享：

_____
_____
_____
_____
_____

机会总留给有准备的人

有个人，一天晚上碰到了一个神仙。神仙告诉他，有大事要发生在他身上了，他有机会得到很多的财富，在社会上获得卓越的地位，并且娶到一个漂亮的妻子。

这个人终其一生都在等待这个承诺的实现，可是到头来什么事也没发生。他穷困潦倒地度过了他的一生，最后孤独地死去。当他上了西天，他又看到了那个神仙。他很气愤地对神仙说："你说过要给我财富、很高的社会地位和漂亮的妻子，可我等了一辈子，却什么也没有，你在骗我。"

神仙回答他："我没说过那种话，我只承诺过要给你机会得到财富，一个受人尊重的社会地位和一个漂亮的妻子，可是你却让这些机会从你身边溜走了。"

这个人迷惑了，"我不明白你的意思。"

神仙回答道："你是否记得，你曾经有一次想到了一个很好的点子，可是你没有行动，因为你怕失败而不敢去尝试？"这个人点点头。

神仙继续说："因为你没有去行动，这个点子几年后给了另外一个人，那个人一点儿也不害怕地去做了。他就是后来全国最有钱的那个人。还有一次，城里发生了大地震，城里大半的房子都毁了，好几千人被困在倒塌的房子里，你有机会去帮助那些人，可是你害怕小偷会趁你不在家的时候，到你家里去打劫偷东西，所以你没有去。"这个人不好意思地点点头。

神仙说："那是你去拯救几千人的好机会，而那个机会可以使你在城里得到莫大的尊敬和荣耀啊。"

神仙继续说："有一次你遇到一个头发乌黑的漂亮女子，当时你就被她强烈地吸引了，你从来不曾这么喜欢过一个女人,之后也没有碰到过像她这么好的女人了。可是你想她不可能会喜欢你,更不可能会答应跟你结婚,因为害怕被拒绝,你眼睁睁地看着她从身旁溜走了。"这个人点点头,流下了眼泪。

神仙最后说:"我的朋友啊,那位美女本来应是你的妻子,你们会有好几个聪明漂亮的孩子,而且跟她在一起,你的人生将会有许许多多的乐趣。可惜,你把机会丢掉了。"

这个人无言以对,懊恼不已。

感悟分享:
_____
_____
_____
_____
_____

活动体验一　画出自己的职业基因树

【活动目的】
通过绘出家庭职业树,了解家庭各成员的职业发展目标,并结合自身的价值观、兴趣和职业倾向确定自身的职业发展目标。

【活动步骤及内容】
画出自己的职业基因树(如下图):
1. 画一棵"树",每个枝杈代表一个家庭成员或自己生活周围的重要人物。
2. 将这些成员的过去、现在的职业填在上面,找出它们的共同点。

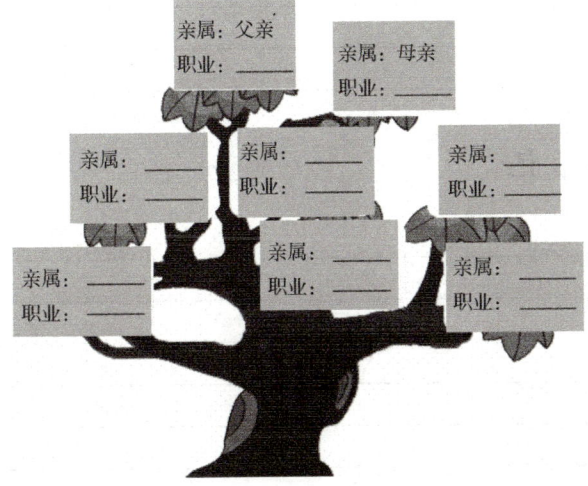

3. 分析以下问题：
1）这些成员对你的职业期望是什么？
2）谁对你的影响最大？
3）你和他们中的哪些人最接近？
4）在这些家庭成员的职业中，哪些工作特质对你的职业发展是有帮助的？哪些工作特质是没有帮助的？
5）如何根据自己的兴趣和爱好来选择将来要从事的职业？

感悟分享：

活动体验二　我的职业生涯规划书

【活动目的】
通过此次活动，明确自己的职业梦想，并为此早做准备。
【活动步骤及内容】
1. 按照前面提到的职业生涯规划书范例，编撰自己的职业生涯规划书。
2. 将全班同学分组，4~6人一组，分成若干组，然后以小组为单位讨论分享，听取同学们的意见后修改完善。

感悟分享：

心灵成长记

> 如果方向选错了,越努力失败得越彻底。
>
> ——李嘉诚

主题二 职业选择——我的职业生涯角色

任何已具备劳动能力的人,都要进入社会职业领域选择特定的职业。选择职业是人生大事,因为职业决定了一个人的未来。你今天站在哪里并不重要,但是你下一步迈向哪里却很重要!

在当代竞争日益激烈的情况下,选择什么职业,如何找出适合自己的职业,向什么方向发展自己,是你将要面临的一个重要问题。在职业选择过程中,社会的需求程度、职位的地位、经济收入、地理环境、单位性质、工作条件等都是择业者选择职业时要考虑的因素。

性格决定职业

指导语:也许你的性格决定了你将来要从事的职业,想了解吗?赶紧来做下面的测试吧。

问题:如果有机会让你到下列岛屿旅游(不必考虑费用等问题),你最想去的是哪个?

A 岛

美丽浪漫的岛屿。岛上充满了美术馆、音乐厅,弥漫着浓厚的艺术文化气息。同时,当地的原住民还保留了传统的舞蹈、音乐与绘画,许多文艺界的朋友都喜欢来这里找寻灵感。

B 岛

深思冥想的岛屿。岛上人迹较少,平畴绿野,适合夜观星象。岛上有多处天文馆、科博馆以及科学图书馆等。岛上的居民喜好沉思、追求真知,喜欢和来自各地的哲学家、科学家、心理学家等交换心得。

C 岛

现代井然的岛屿。岛上建筑十分现代化,呈现出进步的都市形态,以完善的户政管理、地政管理、金融管理见长。岛民个性冷静保守,处事有条不紊,善于组织规划。

D 岛

自然原始的岛屿。岛上保留有热带的原始植物,自然生态保护得很好,也有相当规模的动物园、植物园、水族馆。岛上居民以手工见长,自己种植花果蔬菜、修缮房屋、打造器物、制作工具。

E 岛

温暖友善的岛屿。岛上居民个性温和、十分友善、乐于助人。社区均自成一个密切互动的服务网络,人们多互助合作,重视教育,弦歌不辍,充满人文气息。

F 岛

显赫富庶的岛屿。岛上的居民热情豪爽,善于企业经营和贸易。岛上的经济高度发展,处处是高级饭店、俱乐部、高尔夫球场。来往者多是企业家、经理人、政治家、律师等,衣香鬓影,夜夜笙歌。

数据分析:

不同的岛屿代表不同的职业兴趣类型。

选择 A 岛——类型:艺术型

喜欢的活动:创造,喜欢自我表达,喜欢写作、音乐、艺术和戏剧。

喜欢的职业:作家、艺术家、音乐家、诗人、漫画家、演员、戏剧导演、作曲家、乐队指挥和室内装潢师。

选择 B 岛——类型:研究型

喜欢的活动:处理信息(观点、理论),喜欢探索和理解、研究那些需要分析、思考的抽象问题。喜欢独立工作。

喜欢的职业:实验室工作人员、生物学家、化学家、社会学家、工程设计师、物理学家和程序设计员。

选择 C 岛——类型:事务型

喜欢的活动:组织和处理数据,喜欢固定的、有秩序的工作或活动,希望确切地知道工作的要求和标准。愿意在一个大的机构中处于从属地位。

喜欢的职业:会计师、银行出纳员、行政助理、秘书、档案文书、税务专家和计算机操作员。

选择 D 岛——类型:实用型

喜欢的活动:愿意从事事务性的工作,喜欢户外活动或操作机器,而不喜欢在办公室工作。

喜欢的职业:制造业、渔业、野外生活管理业、技术贸易业、机械业、农业、林业工作人员,技术人员,特种工程师和军事工作人员。

选择 E 岛——类型:社会型

喜欢的活动:喜欢帮助别人,与人合作,热情关心他人的幸福,愿意帮助别人解决困难。

喜欢的职业:教师、社会工作者、牧师、心理咨询员、服务性行业人员。

选择 F 岛——类型:企业型

喜欢的活动:喜欢领导和影响别人,或为了达到个人或组织的目的而善于说服别人。

喜欢的职业：商业管理人员、律师、政治运动领袖、营销人员、市场或销售经理、公关人员、采购员、投资商、电视制片人和保险代理。

案例故事

抱怨的负能量

清早，唐华刚刚进入工作状态，就听到坐在对面的陆强气呼呼地说："迟到两分钟就要扣钱，真不是人过的日子。扣吧，真没劲，早想跳槽了。"

陆强的抱怨把唐华从工作状态中拽了出来，抬头看看表，9点过5分，看来陆强又迟到了。陆强是一个喜欢把个人情绪当众展示的人，非常喜欢抱怨，所以办公室里经常会听到他的牢骚声，言语里总是充满了挑剔，唐华感到自己时常会受他情绪的影响。

刚进公司的时候，唐华虽然没有踌躇满志准备大干一场的劲头和激情，但对工作还是充满热情，他渴望通过自己的努力得到上司的赏识。因为陆强在公司已经4年多了，算是老员工，唐华有什么问题自己无法解决时，就会虚心地向他请教，每次陆强都懒洋洋地说："这有什么意思？想那么多干吗？说实话，我来的时候和你一样，结果呢？还不是这样？"也许陆强的抱怨是无意的，但是大大削弱了唐华的冲劲与热情。

有时候，唐华也会与他争辩说，只要努力，就一定会有机会。他会不屑地说："算了吧，收起你的那点梦想吧，这个社会只有会混的人、有关系的人，才有未来。你没看咱们公司那个小赵，比我还晚来一年呢，人家现在是部门经理，听说他是老板的远房侄子。还有那个来了半年就被提升的小李，听说是老板朋友的儿子……"

听了陆强的话，唐华开始怀疑自己和老板没有任何"瓜葛"，努力会不会有用？

感悟分享：

_____

_____

_____

_____

取 得 它

每个人都希望找到自己热爱的工作，闯出自己的一片天。但有很多人只是羡慕别人有好的事业，期待有一天自己也能碰到好机会。日子久了，他们觉得这个世界不公平，然后把成长与发展的机会归因于命运，用消极的眼光看世事人生，这就是光想不做的失败者。

其实，你需要有一个目标，它必须是你喜欢的工作或职业；你要醉心于它，朝思暮想并采取行动。你可以请教别人，搜集更多资料，找机会去实践。然后，就能掌握更具体的蓝图和步骤。

发明电话的贝尔（Alexander G. Bell），醉心于透过电来传送声音。于是，千里迢迢去拜访当时的大科学家亨利(Joseph Henry),把他的希望和想法说给他听,并向他请教。两人的对话何等发人深省!

贝尔问:"先生,请你指教我,是把这构想公开,让别人去做,还是由自己努力来做?"

亨利说:"你已经有了伟大发明的构想,就该努力行动。"

"但是,这项工程有许许多多困难,它需要足够的电学方面的知识才能解决。可是,我不具备这些能力。"

这时亨利以坚定的语气对贝尔说:"取得它!"

贝尔因为得到亨利的鼓励和指导,终于完成了电话的发明工作。他回忆道:"如果没有'取得它'这几个字的激励,我绝不可能发明电话。"

在事业的发展上,只有一条路:朝着目标,专心于现在能做的事,边做边学,投入其中,汲取经验;在实际工作中学习、见识、历练和结缘。你的能力就会在工作中像滚雪球一样快速增加,机缘也渐渐伸出触角。采取行动去做一件最基层的实务,要比你枯坐梦想美丽的未来好。那些赋闲在家、落寞不振的人,有一个共同的弱点:他们缺乏行动的习惯。他们不甘从基层做起,实际上,他想做的都是他做不来的,于是成为职场上的游离人。

感悟分享:
_____
_____
_____
_____
_____

中职生择业谈

择业,就是择业者根据自己的职业理想和能力,从社会上各种职业中选择其中的一种作为自己从事的职业的过程。任何已具备劳动能力的人,都要进入社会职业领域选择特定的职业。在职业选择过程中,择业者不仅要考虑到个人的需要、兴趣、能力等因素,还要考虑社会发展的需要。

一、择业?就业?

按照是否有明确的职业发展目标来确定毕业生是否需要择业或是就业,我们可以把毕业生分为以下四类。

第一类是有着明确的长远发展目标的学生。这类学生非常清楚自己想干什么,要得到什么,充满了激情与奋斗精神,同时还能很好地分析自己。因此,踏入职场的第一步就应该是择业,找最有前途的、最适合自己的工作。这是对自己负责,也是对将要去的公司负责。

第二类是有着模糊长期目标的学生。这类学生也不乏刻苦学习和进取的精神,但是没有前者强烈。那么,这类学生的职场第一步应该是针对性择业——针对未来可能达成的目标选择工作,在以后的工作中再慢慢调整和细化方向,实现自己的目标。

第三类则是有短期目标的学生。有目标,但是短期的。此类学生应该是选择性择业。即选择与自己专业对口的或者是自己现在喜欢做的事情(工作),并付诸行动。

第四类是没有目标的学生。建议直接就业,先解决生活问题,让自己在社会上先有立足之地,然后等到有能力再去选择适合自己的工作。

二、职业选择的原则

(1)可行性原则　应考虑社会的现实需要,考虑特定的历史条件和时代要求,不能完全脱离社会需要的实际。如果一味从自我价值观念出发,做出不切实际的选择,往往会导致挫折和失意。

(2)胜任原则　应对自己的能力有一个客观实在的评价,包括学识水平、职业技能、身体素质以及个性特点等,是否符合职业要求,不能盲目攀比。

(3)兴趣原则　在考虑社会需求的前提下,在自己能够胜任的职业中,应当兼顾自己的兴趣爱好,只有对某一职业产生兴趣,才能将兴趣激发为敬业精神,有所创造,有所成就。

(4)独立原则　对不同的意见或建议要仔细分析利弊,不要盲目随从。只要是自己经过深思熟虑认准的路,就要永不回头地走下去。

(5)特长原则　应充分考虑自己的特长,扬长避短,最大限度地发挥自己的特长。

(6)发展原则　要把个性发展与职业发展结合起来,把个人发展与团体发展结合起来,综合考虑各种因素,才能实现自己美好的愿望。

三、职校生应具备的科学的择业观

1)坚持"面向基层、面向一线"的基本方针,树立"从小做起、从头做起"的就业观念。

2)按照"先就业、后择业、再创业"的就业思路,树立"循序渐进、不断发展"的就业观念。

3)具有"白天当老板、晚上睡地板"的吃苦精神,树立"不怕困难、艰苦创业"的就业观念。

4)抛弃"眼高手低、好高骛远"的不实心态,树立"脚踏实地、一步一个脚印"的就业观念。

5)克服"依靠家长和社会关系"的依赖心理,树立"自强自立、敢闯敢干"的就业观念。

6)消除"听天由命、不思进取"的传统思想,树立"勇于应聘、事在人为"的就业观念。

7)排除"不愿出门、不敢离家"的畏难情绪,树立"走出去,到外面经风雨、见世面"的就业观念。

8)打消"进正规单位、干体面工作"的陈旧观念,树立"三百六十行,行行出状元"的就业观念。

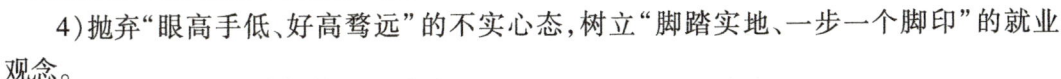

醒世·心语

★ 确定你的职业锚之日,就是你的职业转变为你的事业之时。

★ 在选择职业时,我们应该遵循的主要方针是人类的幸福和我们自身的完美。

★ 态度是成功的基础,目标是成功的主体,时间是成功的效率,行动是成功的保证,新知是永续成功的源泉。

★ 在追求有意义而又快乐的目标时,我们不再是消磨光阴,而是在让时间闪闪发光。

心灵 鸡汤

把职业当成事业

许多年前,日本一个妙龄少女来到东京帝国酒店当服务员。但她万万想不到的是上司竟然安排她洗厕所!这是谁也不愿干的活,更何况她是一个从未干过粗重活的细皮嫩肉的姑娘。

开始,她一接触马桶就恶心得呕吐。但上司要求必须把马桶抹洗得光洁如新。她困惑、苦恼过,也哭过鼻子,但她从一来就下决心,一定要走好人生的第一步,马虎不得!这时,同单位的一位前辈出现在她面前。首先,他一遍遍地抹洗着马桶,直到光洁如新;然后,他从马桶里盛了一杯水,一饮而尽喝了下去!同时送给她一个含蓄的、富有深意的微笑,一束关注、鼓励的目光。姑娘目瞪口呆,如梦初醒,热泪盈眶。她痛下决心:"就算一生洗厕所,也要做一名最出色的人!"果然,姑娘成了一名最出色的洗厕所的人,并从此踏上成功之路。

她就是野田圣子。后来做了日本政府的邮政大臣。

结论:择业并不难,难的是敬业。一个恪尽职守、忠诚敬业的人,必然能成就事业的辉煌;否则,好高骛远,眼高手低,挑精拣瘦,无所用心,把事业当成混饭吃的职业,最终将一事无成,平庸一生。

感悟分享:

_____

_____

_____

你是否真的渴望成功

一个从小练习芭蕾舞的女孩决定考取正规院校进行训练,并将跳舞作为终生职业。但她很想搞清楚自己是否有这个天分。于是,当一个芭蕾舞团来到女孩居住的城市时,她跑去求见该团团长。

女孩说:"我想成为最出色的芭蕾舞演员,但我不知道自己是否有这个天分。""你跳一段舞给我看看。"团长说。5分钟后,团长打断了女孩,摇了摇头说:"不,你没有这个条件。"

女孩伤心地回到家,把舞鞋扔到箱底后再也没穿上。后来,她结婚生子,当了超市的服务员。

多年后她去看芭蕾舞演出,在剧院出口又碰到了当年的团长。她想起当时的对话,于是给团长看了自己家人的照片,并聊起现在的生活。她说:"有一点我始终不明白,你怎么那么快就知道我没有当舞蹈家的天分呢?"

"哦,你跳舞的时候我几乎没怎么看,我只是对你说了对其他所有人都会说的话。""这真不可饶恕!"她叫道,"你这句话几乎毁掉了我的生活,我原本可以成为最出色的芭蕾舞演员的!"

"我不这么认为,"老团长反驳说,"如果你真的渴望成为一名舞蹈家,你是不会在意我对你说的话的。"

感悟分享:

_____

_____

_____

活动体验一 择业就业,你准备好了吗?

【活动目的】

通过讨论分享,帮助同学们消除就业方面的迷茫,对即将面临的选择有进一步的了解,打消自己的顾虑和犹豫,坚定信心,为择业就业做好准备。

【活动步骤与内容】

1. 请毕业的学长学姐来进行就业经验介绍,同学们讨论分享自己关于工作的想法。

2. 由老师补充总结关于就业各方面应做的准备,以及心态上的保持和调整,让同学们对择业就业有更为全面的认识和更好的规划,同时也让同学们对自己的选择充满信心。

感悟分享:

_____

_____

_____

活动体验二　职业观念大对抗（一）

【活动目的】
通过辩论,引导学生树立科学正确的择业观。
【活动步骤与内容】
辩论主题:职业有高低贵贱之分吗?
组织全班同学分成正方、反方两组,进行辩论。
1. 同学们分组准备各自一方的材料,确定参加辩论人选及角色。
2. 双方辩论。
3. 最后,由老师总结点评。
感悟分享:

 心灵成长记

> 凡事都要脚踏实地去做,不驰于空想,不骛于虚声,而唯以求真的态度作踏实的工夫。以此态度求学,则真理可明,以此态度做事,则功业可就。
>
> ——李大钊

主题三 择业心理——我的未来不是梦

择业是人生的一次重要选择,也是对职校学生综合素质尤其是心理素质的一次检验。

面对职业选择,目标明确的学生,择业时会按照职业生涯规划方向快速做出抉择;但举棋不定的学生,难免会出现种种心理矛盾和表现,甚至陷入某种心理误区,贻误择业时机。

择业心态是影响正确择业和顺利就业的重要因素之一。分析和把握自己面临的择业形势,树立正确的择业观,保持良好的择业心态,除了有利于维护学生的身心健康外,对择业的顺利开展都有十分重要的意义。

测试职业能力

指导语:当你用玻璃杯喝水或喝其他饮品的时候,你习惯怎样拿玻璃杯?

A:经常摇着杯子

B:手握杯子的底部

C:双手一起握住杯子

D:拿着玻璃杯的上方

E:紧握玻璃杯的中央

F:一边拿杯一边用手指夹着笔

数据分析:

选 A 的人

你的个性非常好动,喜欢参加一切团体活动。对任何新事物都感兴趣,好学习、好研究,也相当受朋友欢迎,相信你的未来会相当美好。

选 B 的人

你颇为神经质,很容易因一些小事就表现得很不高兴。不过你多半具有艺术家的天分,在这方面很有发展前途。

选C的人

你颇为孤独，不喜欢跟人交往，即使一定要出席交际场合，也只是独来独往，不擅应付，这会给你的人际交往带来障碍。

选D的人

你的性格非常爽朗、乐观，对前途充满自信。如果能多加入一些行动力的话，事业前景会更加明朗。

选E的人

你的适应力很强，对人也非常友善，乐于助人，有一股热诚。朋友托你做的事，你一定会尽力做到，容易被人赏识。

选F的人

你对自己充满信心，将来在事业上会相当成功，但你的潜在能力都在自己感兴趣的事情上，其实可以多方面拓展的。

案例故事

再试一次

有个年轻人去微软公司应聘，而该公司并没有刊登过招聘广告。见总经理疑惑不解，年轻人用不太娴熟的英语解释说自己是碰巧路过这里，就贸然进来了。总经理感觉很新鲜，破例让他一试。面试的结果出人意料，年轻人表现糟糕。他对总经理的解释是事先没有准备，总经理以为他不过是找个托词下台阶，就随口应道："等你准备好了再来试吧。"

一周后，年轻人再次走进微软公司的大门，这次他依然没有成功。但比起第一次，他的表现要好得多。而总经理给他的回答仍然同上次一样："等你准备好了再来试。"就这样，这个青年先后5次踏进微软公司的大门，最终被公司录用，成为公司的重点培养对象。

感悟分享：

_____
_____
_____
_____

怎么天天没有事情做呢

一天，强森看到以前的朋友霍华特无精打采的样子，于是就询问他的境况。

他刚一问完，霍华特立刻就倒出了一肚子的委屈，"我现在对工作一点儿也提不起兴趣来，这份工作和我学的专业也不对口，整天没有什么事情可以做，另外工资也非常低，刚刚够吃饭的。"

强森吃惊地问："你的工资这么低，怎么还天天没有事情做呢？"

"我感觉自己无事可做,而且我也没有像你所说的那种对成功的渴望。"霍华特无可奈何地说。

"你不是无事可做,也不是没有美好的愿望,而是被自己甘于现状的思想束缚住了。你明明知道自己不适合现在的位置,为什么不去学习其他的知识,积累经验,找机会自己跳出去呢?"强森诚恳地说道。

霍华特又向他抱怨道:"我的运气不好,什么样的好运都不会降到我头上的。"

强森叹了口气说:"不是你运气不好,而是你不知道好的机遇都被那些勤奋和跑在最前面的人抢走啦,你永远只是躲在不幸的思想阴影里走不出来,哪里还会有什么好运?"

面对这样的回答,霍华特沉默不语了,他通过回想发现确实是这样:自己将大部分的时间都用在了发牢骚上,却根本没有想过用一种积极的心态为自己设立一个目标去改变自己的生活,更不要说采取什么行动了。当别人都在为事业和前途奔波劳累的时候,自己却是在茫然地虚度大好的光阴,还被沉重的思想负担所压抑,并没有任何"跳"出误区的想法,结果只看到了误区中的绝望。

感悟分享:

_____
_____
_____
_____

择业心态决定事业成败

一、中职生应具备的职业素养

1. 职业道德

职业道德是"职业人"在一定的社会职业活动中遵循的、具有自身职业特征的道德准则和规范,并在个人从业的思想和行为中表现出来的比较稳定的特征和倾向。职业道德的基本规范是爱岗敬业、诚实守信、处事公道、服务群众、奉献社会;职业道德的基本素养有遵纪守法、严谨自律、诚实厚道、勤业精业、团结协作、任劳任怨、开拓创新。

乐业、勤业、精业是爱岗敬业的基本要求,三者相辅相成。乐业是爱岗敬业的前提,是一种职业情感;勤业是爱岗敬业的保证,是一种优秀的工作态度;精业是爱岗敬业的条件,是一种执着的完美的追求。

2. 职业形象

职业形象泛指职业人外在、内在的综合表现和反映。外在的职业形象指职业人的相貌、穿着、打扮、谈吐等他人能看到、听到的东西；内在的职业形象指职业人所表现出来的学识、风度、气质、魅力等他人看不到，却能通过互动感受到的东西。职业形象与个人的职业发展紧密相连，在个人的求职、社交活动中起关键作用，良好的职业形象对职业成功具有比较重要的意义。

3. 职业态度

职业态度是个人对职业生涯的设想及其有关问题的基本看法。它包括职业生涯设计、对正在从业或即将从业的看法等。对于中职学生而言，在校的职业技术教育给予的知识和技能是有限的，而以知识经济为特征的当代社会对学生的综合素质的要求却是无限的。以有限的知识能力满足无限的社会要求，在这一过程中可能出现的契机和途径是对学生职业态度养成的最好教育。

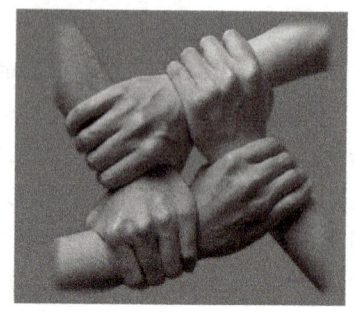

4. 职业技能

职业技能是人们运用理论知识和实践经验完成具体工作任务的活动方式。中职学生不仅需要掌握一定的专业知识，更要掌握一定的职业技能，同时具备较强的社会适应能力、团队作战能力、动手能力、市场竞争能力、交际沟通能力和开拓创新能力。这是走向"职场"的基本条件。

二、常见的择业不良心理

1. 自视清高的自负心理

在择业上好高骛远，没有将自己的位置摆正，没有认识到所从事的职业及岗位应是生产第一线，所做的工作必须从最基层做起，对用人单位挑剔，出现"高不成低不就""脚踩几只船"的恶性循环，造成择业受挫，产生心理失衡。

2. 妄自菲薄的自卑心理

经常自责、贬低或惩罚自己，潜意识中有自卑和压抑心理，对前途担忧，对未来丧失信心，不敢主动向用人单位推销自己，陷入不战自败的困境之中。

3. 瞻前顾后的矛盾心理

遇到各种各样的选择，左右为难，既想在待遇稳定、风险较小的机关事业单位就业，又嫌收入不高；既想自己创业，得到较高收入，又觉得很辛苦。于是举棋不定，总是进行痛苦而矛盾的选择，最终失去太多的时间与机会。

4. 无能为力的悲观心理

在择业中因受到挫折而感到无能为力，产生得过且过、不思进取、心灰意冷、情绪低落、看破红尘、听天由命等悲观心理。不主动争取择业机会。

5. 紧张恐惧的焦虑心理

不顾自身条件与市场定位，过于看重初次择业对一生的重要性，往往不自觉地加大自己的心理压力，精神过于紧张，一旦现实的求职目标与自身的理想职业不相符，就会产生挫折感，导致择业焦虑，产生紧张恐惧、愤世嫉俗的焦虑心理。

6. 随波逐流的从众心理

择业时,"人云亦云",大多数人选择哪里,自己就选择哪里;大多数人往哪里挤,自己就往哪里挤。毫无主见,盲目跟风,随波逐流,采取不切合实际的从众行为,最终一事无成,空留一声叹息。

7. 托亲靠友的依赖心理

由于家庭社会条件较好,在择业过程中把希望寄托在父母、亲戚或朋友上,寄托在拉关系、走后门上,有的甚至由家长出面与用人单位洽谈,缺乏开拓能力及独立生活和工作能力。

三、职场制胜之道

1. 永远不要因为工作辛苦而辞职

你讨厌或者厌倦现在的工作,换不是最根本的解决办法。就像不会游泳的人,换再多的泳池也没用。根本的办法是改变自己的态度。你对工作付出几分,工作就对你回报几分;如果暂时没有回报,证明你付出还不够。

2. 别在最能吃苦的年纪选择安逸

有一种陷阱,名叫安逸。别在最能吃苦的年纪选择安逸,没有危机是最大的危机。自己不上进,危机无时无刻不在吞噬你的理想和灵魂。当你周围都是米的时候,你很安逸;当有一天米缸见底,才发现想跳出去已无能为力。

3. 警惕负面心态

如果你认为世界是黑暗的,那就努力变成发光体,照亮自己,也温暖别人;如果你无法改变世界的轨迹,那就改变负面的心态,你光明,世界就不黑暗,警醒自己,感染他人。

4. 追求更重要的东西

除了金钱,还可以在工作中获得更重要的东西,如成就感、价值观、幸福感。对许多人来说,在职业生涯早期,对自己锻炼最大的工作是最好的工作;在职业生涯中期,收入最多的工作是最好的工作;在职业生涯后期,实现人生价值最大的工作是最好的工作。

5. 没有一种委屈是单为你准备的

职场上没有谁比谁过得更轻松如意。受了委屈,你以为摆脱这个岗位就会好了,你以为熬过这一段就好了,其实不然。那些让我们羡慕的成功者,谁不是承担更大的责任,有更重的压力、更多的委屈?谁不是打败了一个个委屈,负重前行?委屈的存在,不仅是为了打击和考验我们,也是提醒我们——还可以去努力变成更强更好的人。

6. 把事情做得超乎别人的想象

"把事情做得超乎别人的想象"不但是职场之路的制胜之道,也是所有渴望成功的人应该对自己提出的基本要求之一。在生活中,任何人在做任何事情的时候都要为自己设定一个目标,然后向着这个目标毫不懈怠地前进。如此一来,你就会发现体内的激情会越来越高涨,并成为你追求成功道路上不灭的灯塔。

7. 对工作负责，也是对自己负责

美国著名心理学博士艾尔森曾经对100名各领域的杰出人士做了一项调查，结果让他十分惊讶。其中61%的人承认，他们所从事的职业并非他们最喜欢的，至少不是最理想的一个。能够在自己不太喜欢的领域取得如此辉煌的业绩，除了聪明和勤奋，靠的是什么呢？他们给出的答案是：因为我在那个位置上，那里有我应尽的责任，我必须认真对待，不管是否喜欢，那都是自己必须面对的，都必须尽心尽力，那是对工作负责，也是对自己负责。

8. 不是工作如何成就人，而是人如何成就工作

人的想象、信念、智慧才是推动工作的驱策力，而不是工作为人的欲望与野心服务。工作不只是为了自我成就，更是为了转化自我。工作是和更进化的自我、更有意义的社会、更高的生命目标联结的平台。

四、假喜真干，快乐成功

有一个词叫"假喜真干"，是指明明内心里非常讨厌那份工作，但是假装自己非常喜欢，并且为之付出实际的行动。卡耐基曾经提出：假如你"假装"对工作感兴趣，这种态度往往就会使你的兴趣变成真的，并使你喜欢上这项自己以前很讨厌的枯燥、乏味的工作。这种态度还能缓解工作中的疲劳、紧张和忧虑，久而久之，这种喜欢就会转化为热爱，做起工作来也更有效率，你的业绩和职位也会很快地得以提升。

这正印证了心理学中的一个重要原理：当一个人装作怀有某种心情的时候，往往能够帮助这个人真的获得这样一种感受——在困境中较有自信心，在事情不如意时较为快乐。也就是说，即使是装出来的热情，同样能够激发人们的工作积极性，装出来的快乐也的确可以让人快乐。

正是因为随着情绪的改变而导致了行为也发生了改变，所以当你装作有好心情的时候，好心情也会随之而来。这样假喜真干，装出来的工作态度，真的可以帮助你实现自己的职业梦想。

 **醒世·心语**

★你受得了何种委屈，决定了你会成为何等的人！

★在职业生涯发展的进程中，什么时候你的工作热情、努力程度不为工资待遇不高、不为上级评价不公而减少，从那时起你就开始为自己打工了。

★每一种环境、每一项工作都是一种锻炼，每一个困难、每一次失败都是一次机会。

★在职业生涯发展的道路上，只要不放弃目标，每一次挫折、每一次失败都是有价值的。

★职场秘籍：敢于决断，克服犹豫；挑战弱点，弥补缺陷；突破困境，积累经验；抓住机遇，善于改变；调整心态，积极乐观；善于交往，巧用资源。

> 心灵 鸡汤

态度决定高度

有一句名言,"态度决定一切"。没有什么事情做不好,关键是你的态度。事情还没有开始做的时候,你就认为它不可能成功,那它当然不会成功,或者你在做事情的时候不认真,那么事情也不会有好的结果。没错,一切归结为态度,你对事情采取什么样的态度,你对事情付出了多少,就会有什么样的结果。

有这样一个小故事:

三个工人在砌一面墙。有一个好事的人过来问:"你们在干什么?"

第一个工人爱答不理地说:"没看见吗?我在砌墙。"

第二个工人抬头看了一眼他,说:"我们在盖一幢楼房。"

第三个工人真诚而又自信地说:"我们在建一座城市。"

十年后,第一个人在另一个工地上砌墙;第二个人坐在办公室中画图纸,他成了工程师;第三个人则成了一家房地产公司的老板,前两个人在为他打工。

态度决定高度。一个人有什么样的心态,就会有什么样的追求和目标。具有积极乐观心态的人,其人生目标必然高远;有了高远的目标,必然会为之努力,有努力必有回报。

感悟分享:

_____
_____
_____
_____
_____

我的未来不是梦

尤玮,图书情报管理专业学生,和其他同学不同的是,尤玮没有丝毫的挫败感。她曾回忆说,读重点高中考大学是为就业,读职业学校一样可以找到适合自己的岗位,与其郁郁终日说什么大志难酬,不如踏踏实实走好脚下的路。从踏入中职校门的那一刻起,她便告诉自己,这里是一个新的起点,一样可以实现人生目标,只不过需要将自己的人生道路进行一点点调整。

参加辩论赛、演讲比赛,担任学习委员、文学社社长……尤玮积极参加学校的各种社团活动,锻炼自己各方面的能力,不断学习与人交流、组织活动。尤玮坦言,参加各种活动,有失败也有成功,关键是让她渐渐明白了,结果并不重要,重要的是自己经历了磨炼。

寒假,尤玮开始捧着自己的简历去虹口区图书馆寻求实习机会。第一份实习的工作很简单:将原来手写的目录书卡输入计算机,没有限定的工作量,也不限时上交,"做多少""怎么做"完全取决于个人。熟练掌握五笔输入法的她,早到晚归,总希望能多为老师分担一些,多出一点力。实习结束时,虹口图书馆的馆长在实习鉴定书上认真地写下:欢迎今后的假期继续来参加志愿者服务。

鲁迅新馆改建完成,在虹口区图书馆老师的推荐下,尤玮到鲁迅纪念馆的图书馆参加志愿者服务,她一丝不苟地将手写的目录卡输入计算机。一次偶然的机会,她被调至宣教部门,担任双休日志愿讲解员。白天担任讲解员,晚上翻阅各种资料,自己写讲解词……渐渐地,尤玮开始喜欢上讲解员这一职业,并不断钻研,每讲解一次都会有新的收获和启迪。

后来,鲁迅纪念馆需要招聘一位讲解员,前来应聘的学生很多,面试者需要现场讲解介绍鲁迅纪念馆概况,并接受面试官的提问。此时,站在一旁做志愿者的尤玮胆怯地问道:"可以给我一次面试的机会吗?"现场的面试官说:"可以啊,你试试吧!"她声情并茂地讲解后,面试官们决定,无须招聘本科生、研究生,破格招聘一位中职学生。从此,她开启了自己优秀讲解员的幸福人生路!

感悟分享:

_____

_____

_____

_____

_____

_____

活动体验一 职业观念大对抗(二)

【活动目的】
通过辩论,引导学生树立科学正确的择业观。

【活动步骤与内容】
组织全班同学分组进行辩论。
观念对抗:学习好,不如长得好(生得好、嫁得好)?
最后,教师总结。

感悟分享：

活动体验二　未来之旅

【活动目的】

通过此次活动，明确自己的未来职业梦想以及实现路径，并以此激励自己。

【活动步骤及内容】

1. 展开想象，想象你正乘坐着自己的"梦想飞船"，穿越时空隧道，向着未来驶去，在你人生的各个停靠站，你将会看到一幅幅怎样的画面？请将你看到的记录下来。

引导词：请同学们闭上眼睛，深呼吸，完全放松下来，放飞自己的想象。现在大家乘坐一架时光机驶向我们的未来，一条人生的大路向我们慢慢展开，在路上，一些我们曾经向往的事情会变成现实。

现在，来到了我们职业学校的毕业典礼上。（停下来）我看到了毕业时的自己，在做什么？心里在想什么？（停下来）时光机器继续向未来开去，毕业3年后，（停顿）这时我在哪里？正在做什么？已经工作了吗？从事什么职业？还是到大学继续读书？（停顿）毕业5年后，（停顿）这时我在哪里？正在做什么？从事什么职业？和谁在一起？（停顿）毕业10年后，（停顿）这时我在哪里？正在做什么？和谁在一起？（停顿）我们继续向前，时光机器转眼就驶到了我们毕业20年的时候。（停顿）我所从事的职业是什么？和谁在一起？有没有取得一定的成绩？有没有实现自己年轻时的理想？过得幸福吗……（停顿）

好的，现在时光机器慢慢地回到了现实中，请同学们慢慢睁开眼睛。

2. 想一想，对你的未来之旅有何感想？将"未来梦想之旅"旅程表写下来，与同伴讨论一下。（可以自己录音指导，也可以让别人念给自己听，也可以由老师指导全班同学做）

"未来梦想之旅"旅程表

	时间	地点	和谁在一起	所做和所想
第一站	毕业时			
第二站	3年后			
第三站	5年后			
第四站	10年后			
第五站	20年后			

3. 现在你的梦想是什么？你为你的梦想已经做了多少准备？还要在哪些方面去努力？做一张"我的梦想"的卡片吧，贴在书桌上，时刻警醒自己。

感悟分享：

_____
_____
_____
_____

心灵成长记

_____
_____
_____
_____

附录
几个常用的心理测量量表

附录 A　自卑心理诊断量表
附录 B　自尊量表(SES)
附录 C　抑郁自评量表(SDS)
附录 D　伯恩斯抑郁症清单(BDC)
附录 E　焦虑自评量表(SAS)
附录 F　SCL-90 症状自评量表

附录 A 自卑心理诊断量表

一、题目

指导语：下面这份"自卑心理诊断量表"，有助于你了解自己是否存在明显的自卑感及造成自卑的主要根源。本测验共 15 个问题，每个问题有 A、B、C 三个选项，请你在与自己情况较符合的答案上打上"√"。

1. 你的身高与周围的人相比如何？
   A. 较矮　　　　　　B. 差不多　　　　　　C. 较高
2. 早晨，照镜子后的第一个念头是什么？
   A. 再漂亮一点就好了　B. 想精心打扮一下　　C. 别无他想，毫不在意
3. 看到最近拍的照片，你有何想法？
   A. 不称心　　　　　B. 拍得很好　　　　　C. 还算可以
4. 如果有来世，下列三项中你会选哪项？
   A. 做女人够受的，做男人好
   B. 做男人太苦，做女人好
   C. 什么都行，都一样
5. 你是否想过 5 年或 10 年后会有什么使自己极为不安的事？
   A. 多次想过　　　　B. 不曾想过　　　　　C. 偶尔想过
6. 你受周围人们的欢迎和爱戴吗？
   A. 常有　　　　　　B. 没有过　　　　　　C. 偶尔有
7. 你被别人起过绰号、挖苦过吗？
   A. 常有　　　　　　B. 没有过　　　　　　C. 偶尔有
8. 老师批过的考卷发下来，同学要看怎么办？
   A. 把分数折起来让他们看不到
   B. 让他们看
   C. 将考卷全部藏起来
9. 体育运动后，有过"自己体育能力不行"的想法吗？
   A. 常有　　　　　　B. 没有　　　　　　　C. 偶尔有
10. 你有过在某件事上绝不比他人差的自信吗？
    A. 一两次
    B. 从来没有过
    C. 在某些方面自己有这种自信，但对不是重要之事并不介意
11. 如果你所喜欢的异性同学与他人更亲近，你会怎样？
    A. 灰心丧气，以后去竭力避开那位异性
    B. 跟那位同性公开或暗地里展开竞争
    C. 毫不在乎，一如往常

12. 碰到寂寞或讨厌之事怎么办?

A. 陷入深深的厌烦中　　　B. 吃喝玩乐时就忘却了　　　C. 向朋友或父母诉说

13. 当被别人称作"不知趣的人"或者"蠢东西"时,你会怎么办?

A. 会回敬他"笨蛋!没教养的"

B. 心中感到不好受而流泪

C. 不在乎

14. 如果碰巧听到有人正在说你所要好的同学的坏话,你会怎么办?

A. 断然反驳:"根本没有那种事!"

B. 担心会不会真有那回事

C. 不管闲事,认为别人是别人,我是我

15. 不管怎样努力学习,你在主要学科上都会输给你的竞争对手,你会怎么办?

A. 尽管如此还是继续抗争,今后加劲干

B. 感到不行,只好认输

C. 从其他学科上竞争取胜

二、评分

1. 记分规则

题号	选项及得分		
	A	B	C
1	5	3	1
2	5	3	1
3	5	1	3
4	5	1	3
5	5	1	3
6	1	5	3
7	5	1	3
8	3	1	5
9	5	1	3
10	1	5	3
11	5	1	3
12	5	3	1
13	3	5	1
14	1	5	3
15	3	5	1

2. 类型与得分对照表

类型	1	2	3	4
得分	15~29	30~44	45~60	61~75

3. 数据分析

类型1：环境变化造成自卑

平时没有自卑感，是个乐天派，并且往往很自信。你对自己的才能、外表、风度充满自信和骄傲，极少有自卑感。如果有自卑感的话，那是环境起了变化的缘故，譬如当进入精英人物相聚一堂的学校或其他场所而未能体现你个人的价值时，才会引起自卑。

类型2：动机与期望过高引起自卑

你有过高的追求，有动机过强、期望值过高的缺点。你不满足于现状，想出人头地，以至于去追求不切实际的目标。也可以说，你过分地计较得失胜负，追求虚荣，无法实现时则往往陷入自卑，难以自拔。

类型3：自认为不行造成自卑

你经常贸然断定自己不行，自认为不如别人。这主要是因为你不了解周围人们的真实情况，不清楚使你焦虑的事情的本来面目。当你搞清楚后，会恍然大悟："怎么竟是这么回事！"随之则坦然自如。你的自卑感主要是你的无知造成的，症结在于你自认为不行就心灰意冷。

类型4：性格怯懦造成自卑

用消极的眼光看待事物，也与你的自卑有关。症结在于对自身的体魄和外表缺乏自信，光看到不足与不利之处，因而遇事退缩胆怯，不管与人交往还是学习功课，懦弱导致你自酿苦酒。

附录 B 自尊量表(SES)

一、题目

指导语:这个量表是用来了解你是怎样看待自己的。请仔细阅读下面的句子,选择最符合你的情况的选项。注意,这里要回答的是你实际上认为自己怎样,而不是回答你认为自己应该怎样。答案无正确与错误或好与坏之分,请按照你的真实情况来描述。

问 题	非常符合	符合	不符合	很不符合
1. 我感到我是一个有价值的人,至少与别人不相上下				
2. 我感到我有许多好的品质				
3. 归根结底,我倾向于觉得自己是一个失败者				
4. 我能像大多数人一样把事情做好				
5. 我感到自己值得自豪的地方不多				
6. 我对自己持肯定态度				
7. 总的来说,我对自己是满意的				
8. 我希望我能为自己赢得更多尊重				
9. 我时常感到自己毫无用处				
10. 我时常认为自己一无是处				

二、评分

自尊量表(SES)用以评定个体关于自我价值和自我接纳的总体感受。

对于第 1、2、4、6、7 题(正向记分题),"很不符合"记 1 分、"不符合"记 2 分、"符合"记 3 分、"非常符合"记 4 分;对于 3、5、8、9、10 题(反向记分题),"很不符合"记 4 分、"不符合"记 3 分、"符合"记 2 分、"非常符合"记 1 分。

本测验你的得分为:_____分。

总分范围是 10~40 分,分值越高,自尊程度越高。

附录 C 抑郁自评量表（SDS）

一、题目

指导语：下表列出了有些人可能会遇到的问题，每个项目按症状出现的程度分为四级：①没有或很少时间；②少部分时间；③相当多时间；④绝大部分或全部时间。请你根据最近一个星期内自己的实际情况，在每个问题后的相应程度选项上打√。

问　　题	没有或很少时间	少部分时间	相当多时间	绝大部分或全部时间
1. 我觉得闷闷不乐,情绪低沉				
*2. 我觉得一天中早晨最好				
3. 我要哭或觉得想哭				
4. 我晚上睡眠不好				
*5. 我吃得跟平常一样多				
*6. 我与异性密切接触时和以往一样感到愉快				
7. 我发觉我的体重在下降				
8. 我有便秘的苦恼				
9. 我的心跳比平常快				
10. 我无缘无故地感到疲乏				
*11. 我的头脑和平常一样清楚				
*12. 我觉得经常做的事情并没有困难				
13. 我觉得坐卧不安而平静不下来				
*14. 我对未来抱有希望				
15. 我比平常容易生气愤怒				
*16. 我觉得做出决定是容易的				
*17. 我觉得自己是个有用的人,有人需要我				
*18. 我的生活过得很有意义				
19. 我认为如果我死了,别人会生活得更好				
*20. 平常感兴趣的事我现在仍然感兴趣				

二、评分

带 * 的 10 个题目为反向评分题，其他 10 个为正向评分题。

若为正向评分题，依次评为粗分 1、2、3、4 分；反向评分题则评为 4、3、2、1 分。待评定结束后，把 20 个项目中的各项分数相加，即得总粗分（X），然后将粗分乘以 1.25 以后取整数部分，就得出标准分（Y）。

本测验你的得分为：_____分。

按照中国常模结果，SDS 标准分的分界值为 53 分，其中 53~62 分为轻度抑郁，63~72 分为中度抑郁，72 分以上为重度抑郁。分值越低，状态越好。

附录 D 伯恩斯抑郁症清单(BDC)

美国新一代心理治疗专家、宾夕法尼亚大学的伯恩斯博士设计出抑郁症的自我诊断表"伯恩斯抑郁症清单(BDC)",这个自我诊断表可帮助快速诊断出是否存在抑郁症。请为自己打分:"没有"记 0 分,"轻度"记 1 分,"中度"记 2 分,"严重"记 3 分。

1. 悲伤:你是否一直感到伤心或悲哀?
2. 泄气:你是否感到前景渺茫?
3. 缺乏自尊:你是否觉得自己没有价值或自以为是一个失败者?
4. 自卑:你是否觉得力不从心或自叹比不上别人?
5. 内疚:你是否对任何事都自责?
6. 犹豫:你是否在做决定时犹豫不决?
7. 焦躁不安:这段时间你是否一直处于愤怒和不满状态?
8. 对生活丧失兴趣:你对事业、家庭、爱好或朋友是否丧失了兴趣?
9. 丧失动机:你是否感到一蹶不振,做事情毫无动力?
10. 自我印象可怜:你是否以为自己已衰老或失去魅力?
11. 食欲变化:你是否感到食欲不振或情不自禁地暴饮暴食?
12. 睡眠变化:你是否患有失眠症或整天感到体力不支、昏昏欲睡?
13. 丧失性欲:你是否丧失了对性的兴趣?
14. 臆想症:你是否经常担心自己的健康?
15. 自杀冲动:你是否认为生存没有价值,或生不如死?

测试完之后,请算出你的总分:_____。根据总分评出你的抑郁程度。

A(0~4 分):没有抑郁症

你现在的心理状况非常好,请继续保持你的良好心态。

B(5~10 分):偶尔有抑郁情绪

偶尔的抑郁情绪就当作心灵的一次自我排毒吧,累的时候休息,想哭的时候大声哭,都是不错的宣泄方法。可以多和家人、朋友聊天,减少你的抑郁情绪。

C(11~20 分):有轻度抑郁症

给自己一个休整期和冷却期,让情绪有自然的出口。当然,这不意味着要自我封闭,而是多与人交往、接近大自然,用享受"长假"的心态来度过情绪的低谷。

D(21~30 分):有中度抑郁症

情绪特别低落、思维迟缓、动作或行为减少。应借助自身调节与专业心理干预来进行治疗。

E(31~45 分):有严重抑郁症

建议你尽快去接受专业帮助。因为当你需要援助而没有及时地寻求援助时,你可能被你的问题击毁。

附录 E 焦虑自评量表（SAS）

一、题目

指导语：以下列出了有些人可能会遇到的问题，每个项目按症状出现的程度分为四级：①没有或很少时间；②少部分时间；③相当多时间；④绝大部分或全部时间。请你根据最近一个星期内自己的实际情况，在每个问题后相应的程度选项上打√。

问　　题	没有或很少时间	少部分时间	相当多时间	绝大部分或全部时间
1. 我觉得比平常容易紧张和着急				
2. 我无缘无故地感到害怕				
3. 我容易心里烦乱或觉得惊恐				
4. 我觉得我可能将要发疯				
*5. 我觉得一切都很好，也不会发生什么不幸				
6. 我手脚发抖打战				
7. 我因为头疼、头颈痛和背痛而苦恼				
8. 我感到容易衰弱和疲乏				
*9. 我觉得心平气和，并且容易安静坐着				
10. 我觉得心跳得很快				
11. 我因为一阵阵头晕而苦恼				
12. 我曾晕倒或觉得要晕倒				
*13. 我呼气、吸气都感到很容易				
14. 我感到手脚麻木和刺痛				
15. 我因为胃痛和消化不良而苦恼				
16. 我常常要小便				
*17. 我的手脚常常是干燥温暖的				
18. 我脸红发热				
*19. 我容易入睡，并且一夜睡得很好				
20. 我容易做噩梦				

二、评分

带 * 的 5 个题目为反向评分题，其他 15 个题目为正向评分题。

若为正向评分题，依次评为粗分 1、2、3、4 分；反向评分题（带有 * 号者），则评为 4、3、2、1 分。与 SDS 一样，20 个题目得分相加即得粗分（X），经过公式换算，即用粗分乘以 1.25 以后取整数部分，就得出标准分（Y）。

本测验你的得分为：＿＿＿＿＿＿＿分。

按照中国常模结果，SAS 标准差的分界值为 50 分，其中 50～59 分为轻度焦虑，60～69 分为中度焦虑，69 分以上为重度焦虑。

附录 F　SCL-90 症状自评量表

一、题目

指导语：以下表格中列出了有些人可能有的症状或问题，请仔细阅读每一条，然后根据该句话与你自己的实际情况相符合的程度（最近一个星期或现在），选择相对应的程度选项。"从无"记 1 分，"很轻"记 2 分，"中等"记 3 分，"偏重"记 4 分，"严重"记 5 分。

序号	问题	从无	很轻	中等	偏重	严重
1	头痛					
2	神经过敏，心中不踏实					
3	头脑中有不必要的想法或字句盘旋					
4	头晕或晕倒					
5	对异性的兴趣减退					
6	对旁人求全责备					
7	感到别人能控制你的思想					
8	责怪别人制造麻烦					
9	忘性大					
10	担心自己的衣饰不整齐及仪态不端正					
11	容易烦恼和激动					
12	胸痛					
13	害怕空旷的场所或街道					
14	感到自己的精力下降，活动减慢					
15	想结束自己的生命					
16	听到旁人听不到的声音					
17	发抖					
18	感到大多数人都不可信任					
19	胃口不好					
20	容易哭泣					
21	同异性相处时感到害羞、不自在					
22	感到受骗，中了圈套或有人想抓住你					
23	无缘无故地突然感到害怕					
24	自己不能控制地大发脾气					
25	怕单独出门					
26	经常责怪自己					
27	腰痛					
28	感到难以完成任务					

(续)

序号	问题	从无	很轻	中等	偏重	严重
29	感到孤独					
30	感到苦闷					
31	过分担忧					
32	对事物不感兴趣					
33	感到害怕					
34	你的感情容易受到伤害					
35	别人能知道你的私下想法					
36	感到别人不理解你、不同情你					
37	感到人们对你不友好,不喜欢你					
38	做事必须做得很慢以保证做得正确					
39	心跳得很厉害					
40	恶心或胃部不舒服					
41	感到比不上他人					
42	肌肉酸痛					
43	感到有人在监视你、谈论你					
44	难以入睡					
45	做事必须反复检查					
46	难以做出决定					
47	怕乘电车、公共汽车、地铁或火车					
48	呼吸有困难					
49	一阵阵发冷或发热					
50	因为感到害怕而避开某些东西、场合或活动					
51	脑子空白					
52	身体发麻或刺痛					
53	喉咙有堵塞感					
54	感到前途没有希望					
55	不能集中注意力					
56	感到身体的某一部分软弱无力					
57	感到紧张或容易紧张					
58	感到手或脚发重					
59	想到死亡的事					
60	吃得太多					
61	当别人看着你或谈论你时感到不自在					
62	有一些不属于你自己的想法					
63	有想打人或伤害他人的冲动					
64	醒得太早					

(续)

序号	问题	从无	很轻	中等	偏重	严重
65	必须反复洗手、点数					
66	睡得不稳不深					
67	有想摔坏或破坏东西的想法					
68	有一些别人没有的想法					
69	感到对别人神经过敏					
70	在商店或电影院等人多的地方感到不自在					
71	感到任何事情都很困难					
72	一阵阵恐惧或惊恐					
73	感到在公共场合吃东西很不舒服					
74	经常与人争论					
75	单独一人时神经很紧张					
76	别人对你的成绩没有做出恰当的评价					
77	即使和别人在一起也感到孤单					
78	感到坐立不安，心神不定					
79	感到自己没有什么价值					
80	感到熟悉的东西变成陌生的或不像是真的					
81	大叫或摔东西					
82	害怕会在公共场合晕倒					
83	感到别人想占你的便宜					
84	为一些有关性的想法而感到苦恼					
85	认为应该为自己的过错接受惩罚					
86	感到要很快把事情做完					
87	感到自己的身体有严重问题					
88	从未感到和其他人很亲近					
89	感到自己有罪					
90	感到自己的脑子有毛病					

二、量表特点

"SCL-90症状自评量表"是世界上最著名的心理健康测试量表之一，又名90项症状清单（Symptom Checklist 90，SCL-90）。其适用对象为成人（16岁以上）。该量表共有90个项目，从感觉、情感、思维、意识、行为直至生活习惯、人际关系、饮食睡眠等，均有涉及，并采用10个因子分别反映10个方面的心理症状情况。

（1）躯体化　包括1、4、12、27、40、42、48、49、52、53、56和58，共12项。该因子主要反映主观的身体不适感。

（2）强迫症状　包括3、9、10、28、38、45、46、51、55和65，共10项，反映临床上的强迫症状群。

（3）人际关系敏感　包括6、21、34、36、37、41、61、69和73，共9项。主要反映某些个人不自在感和自卑感，尤其是在与其他人相比较时更突出。

（4）抑郁　包括5、14、15、20、22、26、29、30、31、32、54、71和79，共13项。反映与临床上抑郁症状群相联系的广泛的概念。

（5）焦虑　包括2、17、23、33、39、57、72、78、80和86，共10项。反映在临床上明显与焦虑症状群相联系的精神症状及体验。

（6）敌对　包括11、24、63、67、74和81，共6项。主要从思维、情感及行为三方面来反映病人的敌对表现。

（7）恐怖　包括13、25、47、50、70、75和82，共7项。它与传统的恐怖状态或广场恐怖所反映的内容基本一致。

（8）偏执　包括8、18、43、68、76和83，共6项。主要是指猜疑和关系妄想等。

（9）精神病性　包括7、16、35、62、77、84、85、87、88和90，共10项。其中包括幻听、思维播散、被洞悉感等反映精神分裂样症状项目。

（10）19、44、59、60、64、66及89共7个项目，未能归入上述因子，它们主要反映睡眠及饮食情况，在有些资料分析中，将之归为因子10"其他"。

三、评分

SCL-90的统计指标主要为两项，即总分和因子分。

1. 总分

（1）总分　90个项目单项分相加之和，能反映其病情严重程度。

（2）总均分　总分/90，表示从总体情况看，该受检者的自我感觉位于1～5级间的哪一个分值程度上。

（3）阳性项目数　单项分≥2的项目数，表示受检者在多少项目上呈现"病状"。

（4）阴性项目数　单项分=1的项目数，表示受检者"无症状"的项目有多少。

（5）阳性症状均分　（总分－阴性项目数）/阳性项目数，表示受检者在"有症状"项目中的平均得分。反映受检者自我感觉不佳的项目，其严重程度究竟介于哪个范围。

2. 因子分

SCL-90包括9个因子，每一个因子反映出个体某方面的症状情况，通过因子分可了解症状分布特点。因子分等于组成某一因子的各项总分除以组成某一因子的项目数。当个体在某一因子的得分大于2时，即超出正常均分，则个体在该方面就很有可能有心理健康方面的问题。

（1）躯体化　主要反映为身体不适感，包括心血管、胃肠道、呼吸和其他系统的不适，头痛、背痛、肌肉酸痛，以及焦虑等躯体不适表现。

该分量表的得分在12～60分。得分在36分以上，表明个体在身体上有较明显的不适感，并常伴有头痛、肌肉酸痛等症状。得分在24分以下，躯体症状表现不明显。总的说来，得分越高，躯体的不适感越强；得分越低，症状体验越不明显。

（2）强迫症状　主要指那些明知没有必要，但又无法摆脱的无意义的思想、冲动和行为，还有一些比较一般的认知障碍的行为征象也在这一因子中反映。

该分量表的得分在10～50分。得分在30分以上，强迫症状较明显。得分在20分以下,强迫症状不明显。总的说来,得分越高,表明个体越无法摆脱一些无意义的行为、思想和冲动,并可能表现出一些认知障碍的行为征兆;得分越低,表明个体在此种症状上表现越不明显,没有出现强迫行为。

(3)人际关系敏感　主要是指某些人际的不自在与自卑感,特别是与其他人相比较时更加突出。在人际交往中的自卑感,心神不安,明显的不自在,以及人际交流中的不良自我暗示、消极的期待等是这方面症状的典型原因。

该分量表的得分在 9~45 分。得分在 27 分以上,表明个体人际关系较为敏感,人际交往中自卑感较强,并伴有行为症状(如坐立不安、退缩等)。得分在 18 分以下,表明个体在人际关系上较为正常。总的说来,得分越高,个体在人际交往中表现出的问题就越多,自卑感和自我中心越突出,并且表现出消极的期待;得分越低,个体在人际关系上越能应付自如,人际交流自信、胸有成竹,并抱有积极的期待。

(4)抑郁　苦闷的情感与心境为代表性症状,还以生活兴趣的减退、动力缺乏、活力丧失等为特征。还表现出失望、悲观以及与抑郁相联系的认知和躯体方面的感受,另外还包括有关死亡的思想和自杀观念。

该分量表的得分在 13~65 分。得分在 39 分以上,表明个体的抑郁程度较强,对生活缺乏足够的兴趣,缺乏运动活力,极端情况下,可能会有想死亡和自杀的想法。得分在 26 分以下,表明个体抑郁程度较弱,生活态度乐观积极,充满活力,心境愉快。总的说来,得分越高,抑郁程度越明显;得分越低,抑郁程度越不明显。

(5)焦虑　一般指那些烦躁、坐立不安、神经过敏、紧张以及由此产生的躯体征象,如震颤等。

该分量表的得分在 10~50 分。得分在 30 分以上,表明个体较易焦虑,易表现出烦躁、不安静和神经过敏,极端时可能导致惊恐发作。得分在 20 分以下,表明个体不易焦虑,易表现出安定的状态。总的说来,得分越高,焦虑表现越明显;得分越低,越不会导致焦虑。

(6)敌对　主要从三方面来反映敌对的表现:思想、感情及行为。其项目包括厌烦的感觉、摔物、争论到不可控制地脾气暴发等各方面。

该分量表的得分在 6~30 分。得分在 18 分以上,表明个体易表现出敌对的思想、情感和行为。得分在 12 分以下,表明个体容易表现出友好的思想、情感和行为。总的说来,得分越高,个体越容易敌对,好争论,脾气难以控制;得分越低,个体的脾气越温和,待人友好,不喜欢争论,无破坏行为。

(7)恐惧　恐惧的对象包括出门旅行、空旷场地、人群或公共场所和交通工具。此外还有社交恐惧。

该分量表的得分在 7~35 分。得分在 21 分以上,表明个体恐惧症状较为明显,常表现出社交、广场和人群恐惧。得分在 14 分以下,表明个体的恐惧症状不明显。总的说来,得分越高,个体越容易对一些场所和物体发生恐惧,并伴有明显的躯体症状;得分越低,个体越不易产生恐惧心理,越能正常地交往和活动。

(8)偏执　主要指投射性思维、敌对、猜疑、妄想、被动体验和夸大等。

该分量表的得分在 6~30 分。得分在 18 分以上,表明个体的偏执症状明显,较易猜疑和敌对。得分在 12 分以下,表明个体的偏执症状不明显。总的说来,得分越高,个体越易偏执,表现出投射性的思维和妄想;得分越低,个体思维越不易走极端。

(9)精神病性　反映为各式各样的急性症状和行为,即限定不严的精神病性过程的症状表现。

该分量表的得分在 10~50 分。得分在 30 分以上,表明个体的精神病性症状较为明显。得分在 20 分以下,表明个体的精神病性症状不明显。总的说来,得分越高,越多地表现出精神病性症状和行为;得分越低,就越少表现出这些症状和行为。

(10)其他项目(睡眠、饮食等)　作为附加项目或其他来处理,以便使各因子分之和等于总分。

3. 常模

按全国常模结果,总分超过 160 分,或阳性项目数超过 43 项,或任一因子分超过 2 分,需考虑筛选阳性,需进一步检查。

4. 总症状指数

总症状指数的分数在 1~1.5 分,表明被试自我感觉没有量表中所列的症状;在 1.5~2.5 分,表明被试感觉有点症状,但发生得并不频繁;在 2.5~3.5 分,表明被试感觉有症状,其严重程度为轻度到中度;在 3.5~4.5 分,表明被试感觉有症状,其程度为中度到严重;在 4.5~5 分表明被试感觉有症状,且症状的频度和强度都十分严重。

5. 注意事项

由于自评量表是测量个体在一段时间内感觉到的症状的严重程度,所以在量表分数的解释上应该慎重,并不是得分高就一定说明个体出现了严重的心理问题。某些分量表上的得分较高,有可能只是由于个体当时遇到了一些难题,如失恋、面临考试、生病等,因此还应该对得分高的原因做进一步的了解。

如果个体在多个维度上自我感觉这些症状较为严重,应该加强心理健康的教育,严重时应该到比较权威的心理咨询和治疗机构进行进一步的检查和诊断。

参 考 文 献

[1] 张卉妍,白虹. 世界上最流行的500个心理测试和心理游戏[M]. 北京:中国华侨出版社,2014.
[2] 郭念锋.国家职业资格培训教程心理咨询师(三级)[M]. 北京:民族出版社,2005.
[3] 时勘. 心理健康教育[M]. 北京:外语教学与研究出版社,2014.
[4] 王延龄. 感动青少年心灵的感悟故事[M]. 合肥:安徽人民出版社,2013.
[5] 马登. 正能量:做最强大的自己[M]. 北京:新世界出版社,2012.
[6] 张建华,邵政. 大学生心理健康教育[M]. 北京:科学出版社,2011.
[7] 吕秀梅,陈晋,段桂芹. 心理健康教育[M]. 北京:北京师范大学出版社,2013.
[8] 张利. 高职心理健康教育实用教程[M]. 北京:清华大学出版社,2012.
[9] 赵铁英. 心理健康[M]. 石家庄:河北科技出版社,2011.
[10] 马彦,张春雨. 心理健康教育[M].2版. 北京:机械工业出版社,2012.
[11] 张玉臣,万玉环. 心理健康指导[M].北京:机械工业出版社,2013.
[12] 石建宁,张素梅.心理健康[M].长春:吉林大学出版社,2010.
[13] 刘峒. 心理健康教育[M]. 北京:清华大学出版社,2015.
[14] 马歇尔·卢森堡.非暴力沟通[M].阮胤华,译.北京:华夏出版社,2016.
[15] 连榕. 学校心理健康教育读本[M]. 北京:教育科学出版社,2013.
[16] 孟万金. 积极心理健康教育在中国[M]. 北京:教育科学出版社,2017.
[17] 郑希付,罗品超. 学校心理健康教育[M]. 北京:中国人民大学出版社,2016.
[18] 齐翠红. 心理健康教育[M]. 北京:人民邮电出版社,2013.
[19] 刘凡荣. 绿色的呼唤——心理健康教育校本模式研究[M]. 北京:光明日报出版社,2016.
[20] 宋专茂,耿永红. 心理健康教育[M]. 北京:中央广播电视大学出版社,2014.
[21] 杨小英,黄延海. 心理健康教育[M]. 北京:中国人民大学出版社,2017.
[22] 崔景贵. 职校生心理健康教育模式研究知识[M]. 北京:知识产权出版社,2014.
[23] 郭兴民. 心理健康教育[M]. 北京:冶金工业出版社,2014.
[24] 刘文敏,高燕,赵丹. 大学生心理健康教育[M]. 南京:东南大学出版社,2015.
[25] 李中莹. 重塑心灵[M]. 北京:北京联合出版公司,2015.
[26] 张德芬. 遇见未知的自己[M]. 长沙:湖南文艺出版社,2016.
[27] 霍华德·加德纳. 多元智能[M]. 沈致隆,译. 杭州:浙江人民出版社,2017.
[28] 斯蒂芬·吉利根,罗伯特·迪尔茨.英雄之旅[M]. 伍立恒,译. 北京:世界图书出版公司,2012.